Ma Vie, Ma Foi I

«J'aime ceux qui m'aiment,
Et ceux qui me cherchent me trouvent.»
(Proverbes 8:17)

Ma Vie, Ma Foi I

Dr. Jaerock Lee

 URIM BOOKS

MA VIE, MA FOI: Volume 1 par Dr. Jaerock Lee
Publié par les Éditions Urim (Représentant: Seongnam Vin)
73, Yeouidaebang-ro 22-gil, Dongjak-gu, Séoul, Corée
www.urimbooks.com

A moins d'une mention particulière, tous les passages bibliques proviennent de la Sainte Bible, Edition de Genève,version Louis Second Révisée 1979-Société Biblique de Genève.

Auparavant, publié en 2006 en coréen par la presse chrétienne, Séoul, Corée

Première édition Septembre 2011

Edité par Eunmi Lee
Conçu par le Bureau d'Edition de Urim Books
Pour plus d'informations, contactez urimbook@hotmail.com

Un Profond Arôme Spirituel

Il est dit que nous pouvons trouver le parfum le plus odorant de la rose chez les roses des Montagnes des Balkans. Cependant, on ne peut pas le trouver chez toutes les roses des Montagnes des Balkans. Pour obtenir le parfum de la plus haute qualité, nous devons extraire l'essence de la rose cueillie à 2 heures du matin, ce qui est l'heure la plus froide et la plus obscure.

'*Ma Vie, Ma Foi*', l'autobiographie du Révérend Dr. Jaerock Lee produit également le plus odorant arome spirituel pour les lecteurs. C'est parce que sa vie est extraite de l'amour de Dieu en ayant expérimenté les vagues noires, les jougs glacials et le plus profond désespoir.

Pourquoi le Dr. Lee n'aurait-il pas pu avoir du temps tout comme les autres jeunes gens de rêver à une vie brillante et grandiose? Il y a eu une fois une occasion pour lui quand il s'est battu pour être diplômé d'un bon collège, étudier à l'étranger et devenir un grand homme accompli. Mais contrairement à son rêve, sa vie a commencé à descendre dans la vallée du désespoir. Son corps a été couvert des blessures de la maladie. Au lieu de gagner la réputation, il a été négligé et considéré de haut par les gens les plus proches de lui. Il a profondément et entièrement réalisé combien l'amour de ce monde est insensé. Il a réalisé la signification de la pauvreté et combien cela brise le cœur d'être sans forces en tant que chef de la famille. Il a même essayé deux tentatives de suicide.

Lorsque dans cette vallée du désespoir où il ne pouvait même pas respirer, il a rencontré Dieu. Jusqu'à ce moment là, il avait combattu seul dans sa vie fatiguée. Mais le Dieu tout puissant qui est plein d'amour est venu vers lui, l'a rencontré et a commencé à marcher avec lui. Dieu l'a délivré de son désespoir et l'a rempli de l'espérance pour le royaume des cieux! 'Comment puis-je rendre cette étonnante grâce de Dieu?' est devenu tout dans la vie du Dr. Lee. Il a accompli les «Fais» que Dieu ordonnait. Il n'a pas fait ce que Dieu disait de ne pas faire. Il allait quand Dieu disait 'Va'. Il est devenu captif du profond et grand amour de Dieu, et son but ultime dans la vie est devenu d'être agréable à Dieu le Père.

La confession du profond amour de l'apôtre Paul est aussi la confession du Révérend Dr. Lee. «*Qui nous séparera de l'amour de Christ? Sera-ce la tribulation, ou l'angoisse, ou la persécution, ou la faim, ou la nudité, ou le péril, ou l'épée? Selon qu'il est écrit: C'est à cause de toi qu'on nous met à mort tout le jour, Qu'on nous regarde comme des brebis destinées à la boucherie. Mais dans toutes ces choses nous sommes plus que vainqueurs par celui qui nous a aimés. Car j'ai l'assurance que ni la mort ni la vie, ni les anges ni les dominations, ni les choses présentes ni les choses à venir, ni les puissances, ni la hauteur, ni la profondeur, ni aucune autre créature ne pourra nous séparer de l'amour de Dieu manifesté en Jésus-Christ notre Seigneur.»* (Romains 8 :35-39).

Comme il est écrit dans Proverbes 8 :17, *«J'aime ceux qui m'aiment, Et ceux qui me cherchent me trouvent.»* Si c'était la volonté de Dieu, le Dr. Lee ne répondait que par 'Oui' et 'Amen' de tout son cœur dans n'importe quelle situation. Dieu l'a revêtu de Sa puissance et l'a élevé au dessus du monde. Son église, l'Eglise Manmin (Toute la Création) Joong-ang (Centrale) prie pour tous les peuples dans toutes les nations comme le signifie le nom 'Manmin'. Elle accomplit une à une les visions données par Dieu et est devenue un lieu central de la manifestation des œuvres enflammées du Saint Esprit.

Parce que le Révérend Dr. Lee a lui-même souffert de beaucoup de sortes de maladies, il comprend la douleur de ceux qui sont malades. Parce que lui-même a été abandonné et insulté, il comprend le cœur de ceux qui ont le cœur brisé. Parce qu'il a expérimenté une sévère pauvreté, il comprend le cœur de ceux qui souffrent de la lourde charge de la pauvreté. C'est pourquoi des milliers de membres de son église se réunissent autour de lui uniquement pour le voir face à face.

Le Révérend Dr. Lee est l'un des cas les plus dramatiques dans lequel une vie peut tellement changer avant et après avoir rencontré Dieu. Sa vie nous démontre comment une vie menée en totale obéissance à Dieu et une complète dévotion peut porter tellement de fruits spirituellement et matériellement.

La marche de sa vie nous dit fermement que le secret vers toutes ces bénédictions est de se rendre sanctifié et pur comme le cristal, tout comme Dieu le Père est Saint, parfois comme un lion rugissant et en d'autres temps comme les douces et tendres mains d'une mère.

Tout comme la vie du Révérend Dr. Lee rend un profond arôme, j'espère que tous les lecteurs de ce livre seront également capables de rendre un arôme qui est plus profond que le parfum des roses des Montagnes des Balkans.

10 décembre 2006

Dr. Esther K. Chung

Ancienne Présidente de l'Université des Femmes de Séoul
Présidente du Séminaire Manmin International, Séoul, Corée
Professeur Honoraire à l'Université Nationale de San Antonio Abad del Cuzco, Pérou

Ardente Epreuve et Puissance

'Ma Vie, Ma Foi' donne une réponse claire à la question, «Comment devons-nous mener une vie Chrétienne?» Et, pour cette raison, c'est un livre pour tous ceux qui ont accepté Jésus Christ et qui croient en Son sang de la croix.

Parlant franchement, le Dr. Jaerock Lee, pasteur principal de l'Eglise Centrale Manmin est une personne que je ne connaissais pas bien. Un jour, un de mes collègues m'a donné son livre *'Ma Vie, Ma Foi'*, et lorsque j'ai lu le livre je n'ai pu m'empêcher de fondre en larmes. J'ai ouvert ce livre à un moment où je ne pouvais dormir, et il m'a complètement captivé.

Je n'ai pu lire sans larmes au sujet de ses souffrances de toutes sortes de maladies, de la pauvreté, et des problèmes familiaux, qui pouvaient être comparés aux souffrances de Job. C'était aussi le type de sentiment de détresse unique et coréen. Ses maladies étaient tellement graves qu'il en est même arrivé à boire le jus des déchets du corps humain et il a tenté à deux reprises de se suicider. J'ai aussi connu de nombreuses souffrances dans ma vie, mais c'était extrêmement douloureux et je ne pouvais m'empêcher de verser des larmes.

La plupart des coréens qui ont traversé l'époque où nous avons connu l'austérité de printemps dans les années 50 et 60 ont traversé de nombreuses souffrances. Mais même de nos jours, il y a des gens qui ne peuvent se permettre de chauffage en hiver ni d'avoir trois repas par jour. Il y en a aussi beaucoup qui ont des maladies mais qui ne peuvent se permettre un traitement à l'hôpital. Il y a ceux qui souffrent dans les logements temporaires après avoir connu une inondation ou toutes sortes de désastres. Nous les coréens, nous n'avons pas encore été complètement délivrés de la pauvreté et des souffrances.

Mais le Révérend Dr. Jaerock Lee en est arrivé à vivre une vie complètement différente après avoir surmonté toutes ces souffrances et douleurs, et son livre décrit chacune des étapes dans une telle marche en avant. Mais cela ne veut pas dire que ce livre ait été écrit avec des paroles faibles ou un langage fleuri ou un arôme littéraire. Mais plutôt des phrases honnêtes et simples qui ont touché mon cœur.

Devrais-je dire 'L'arôme de la Vérité'? Sa confession qui contient la vérité du salut de Dieu et qui ne donne gloire qu'à Jésus Christ seulement peut faire ressentir aux lecteurs la même grâce de Dieu.

Peut être est ce parce que je n'ai pu rencontrer de 'vrais bons livres', mais de toute manière, la raison pour laquelle ce livre m'a tellement touché est que cette vie de repentance de tous ses péchés après avoir rencontré Jésus, d'obéir à l'appel de Dieu et d'aller dans un séminaire pour devenir pasteur et d'essayer d'économiser même 'une seule briquette de charbon' était un genre de symbole pour ma vie et la vie de nos proches, nos enfants qui sont chefs de famille et ceux qui luttent contre les handicaps corporels. Après avoir lu ce livre, j'ai dû grandement changer le cours de ma vie Chrétienne.

Je crois que la vie du Révérend Dr. Jaerock Lee peut être un livre modèle pour notre vie Chrétienne. Nous croyons que nous sommes sanctifiés lorsque nous écoutons les prédications à l'église, mais lorsque nous retournons au monde, nous nous compromettons et recommençons à pécher. C'était le cercle vicieux de notre vie dans la foi.

Ainsi, *'Ma Vie, Ma Foi'* donne une réponse claire à la question, «Comment devons-nous mener une vie Chrétienne?» Le Révérend Dr. Jaerock Lee nous presse à nous écrier dans la prière au travers de ce livre. 'Priez pour devenir sanctifiés et pour être utile au plan de Dieu,' 'Priez pour recevoir la puissance de Dieu,' 'Priez pour recevoir les différents dons du Saint Esprit,' 'Priez pour votre église, votre pasteur et les autres serviteurs de Dieu,' 'Priez pour le royaume de Dieu et Sa justice,' et 'Priez pour l'amour spirituel.' Ses confessions de foi qui proviennent de ses expériences touchent nos vies.

Les miracles qui se sont accomplis juste après l'ouverture de son église, y compris les miracles de tant d'œuvres de guérison, la restauration de ceux qui mouraient et même la résurrection de ceux qui étaient déjà morts pouvaient rendre les autres pasteurs jaloux de lui. Il a étudié dans le séminaire orthodoxe de sanctification et il a été ordonné par eux, et pourquoi cette dénomination l'a-t-elle excommunié? Le processus malhonnête que la dénomination a suivi est aussi expliqué en détails.

Nous pouvons voir l'entité réelle en regardant au fruit. Aujourd'hui, le feu du Saint Esprit brûle chaque jour à l'Eglise Centrale Manmin et tant de personnes malades avec des maladies incurables reçoivent leur guérison. De grandes Croisades se sont déroulées aux Etats Unis, en Russie, en Afrique, au Moyen Orient, en Europe et en Amérique Latine et autant de gens ont suivi les signes et prodiges qui se déroulaient. Maintenant, la Corée est devenue le 'Centre de Mission' du monde!

Même après avoir élevé l'Eglise Centrale Manmin comme une des plus grandes dans le monde, il ne vit que par des prières et des jeûnes dans la montagne. Même lorsque ses filles se trouvaient dans des situations de danger pour leurs vies, et même lorsqu'il était aux portes de la mort après avoir saigné pendant plusieurs jours, en raison de surmenage excessivement accumulé, il a surmonté toutes ces épreuves rien qu'avec la foi. Malgré cela, il ne se vante d'aucune de ces choses. Sa foi est ce que nous devons suivre.

C'était un mystère en soi lorsque Jésus a changé l'eau en vin lors d'un banquet de noces, a guéri la perte de sang et les lépreux et a ressuscité Lazare mort. Alors pourquoi existe-t-il des gens pour critiquer les œuvres de la guérison divine et de la puissance de Dieu manifestées au travers du Révérend Dr. Jaerock Lee? Sommes-nous capables de parler des 100 années de la Chrétienté coréenne sans parler des œuvres de guérison?

La Corée possède le plus de croix d'églises dans le monde. C'est un pays où on peut voir des gens prier ensemble à haute voix, leurs corps secoués dans la prière et même danser lorsqu'ils offrent des louanges ; des cancers sont guéris dans les sessions de prières dans les 'Montagnes de Prières', et des gens mourants sont restaurés. La Corée a envoyé de nos jours un grand nombre de missionnaires. En lisant le livre du Révérend Dr. Jaerock Lee, j'ai pu voir une fois de plus que la Corée est un pays béni.

De nos jours, le Révérend Dr. Jaerock Lee prêche sur le 'Ciel', et nous ne savons pas quand cela va s'arrêter. Si quelqu'un devait traiter de ce sujet, il n'aurait plus rien à dire après avoir délivré ce message pendant quelques semaines. Mais le Révérend Dr. Jaerock Lee prêche chaque jour de manière plus vivante et avec plus de détails sur ce sujet. Je crois que c'est parce qu'il a reçu le don de prophétie et de nombreux autres dons, et tous ses sermons sortent comme la soie sort des cocons.

Tout comme le roi Salomon a écrit la métaphore dans les Proverbes, les messages du Révérend Dr. Jaerock Lee sont prononcés calmement et facilement compris, prophétisant la parole du Seigneur comme des pommes d'or dans des vases d'argent (Proverbes 25 :11). Il manifeste la puissance des miracles après avoir traversé d'ardentes épreuves.

Février 2007
Yoorim Han (Ecrivain TV)

Table des matières

Chapitre 3
Mon Appel

Chapitre 4
L'Appel de Dieu

Chapitre 5
Le Commencement de l'Eglise

Chapitre 6
La Croissance de l'Eglise et les Epreuves

Chapitre 7
Dieu a élargi les Limites du Ministère

Chapitre 1

Pensant qu'un Bébé Muet était Né

Mes parents m'ont Enseigné la Bonté et la Justice

« Tsk, tsk… un bébé muet est né. Pourquoi ne peut-il pas crier ? » Parce que je n'ai pas crié après ma naissance, mes parents étaient inquiets et m'ont frappé. Malgré cela, je ne criais toujours pas, mais je souriais plutôt. Les membres de ma famille étaient très tristes, pensant que j'étais muet.

Après avoir expérimenté la grâce de Dieu, je me suis un jour étonné de ne pas avoir crié en étant bébé. C'est peut être parce que mon esprit savait que je mènerais une vie bénie en tant que serviteur de Dieu, conduisant de nombreuses âmes vers le salut. Le 20 avril 1943 (selon le calendrier lunaire), j'étais le dernier-né (de trois fils et de trois filles) de mon père, Chabeon Lee et de ma mère, Gamjang Cho. Mon lieu de naissance est un petit village à Haeje Myeon, Muan Goon, dans la province de Jeollanam-do. Mon père était un professeur de classiques chinois et il aimait l'élégance et la musique. Pendant le temps de l'occupation japonaise en Corée, il a visité le Japon à de nombreuses reprises pour son business, mais après que la Corée soit devenue indépendante, il a quitté ses affaires et a cherché un endroit tranquille pour vivre. Lorsque j'avais trois ans, ma famille est allée à Changsung, qui était un village à Boon-hyang Ri, Nam Meyon, Changsung Goon. C'était un village exclusif. Les gens disaient qu'uniquement la famille 'Chung' pouvait s'installer là-bas, mais ma famille s'y est installée assez facilement.

Mon père – de ce que je me rappelle de lui pendant ma jeunesse – était une personne qui a perdu le contact avec le monde et qui a lu beaucoup de livres à la maison. Même alors, je me souviens que nous avions quelques invités à la maison. Lorsque mon, père avait des visiteurs, il buvait avec eux et récitait de vieux poèmes ou ils faisaient un concours de classiques chinois.

Mon père a toujours voulu m'élever pour que je devienne un grand homme

Il avait donc toujours l'habitude de me dire, «Jaerock, un homme doit avoir de la fidélité. Tu deviendras un jour un grand homme dans ce monde.» Il est probable que tous les parents veulent que leurs enfants grandissent bien et connaissent le succès dans tout ce qu'ils entreprennent. Je me souviens qu'en grandissant, mon père essayait très fort de planter en moi un bon sens des valeurs, et ma mère servait toujours et se sacrifiait pour la famille.

Mon père a commencé à m'enseigner les «*Mille Caractères Chinois*» alors que je n'avais que cinq ans. Il m'a aussi conté de nombreuses histoires de héros fameux. Lorsque j'ai entendu les histoires des «Trois Royaumes» au sujet de Guan Yu, Zhang Fei et Zhao Yun, qui ont risqué leurs vies dans une bataille pour protéger leur maître Liu Bei, ou l'histoire de Zhu Ge Lian qui a fait souffler le vent. Je me sentais tellement excité que mes mains se couvraient de sueur. Mon père avait l'habitude de me parler des enseignements des gens sages comme Confucius et Mencius, ou de l'intégrité de grands hommes. L'histoire de Mongju Jung qui a servi jusqu'à la fin la dynastie des Koryo (malgré qu'elle doive être détruite) sachant qu'il allait être tué et l'histoire de l'amiral Soonshin Lee qui a sauvé le pays alors qu'il était sur le point d'être détruit, étaient les histoires qui remuaient toujours mon cœur et cela peu importe le nombre de fois où je les entendais. Les histoires de grands hommes qui ont conservé leur position et leur fidélité – même dans des situations critiques pour leur vie – ont été gravées dans le cœur de ce jeune homme. En écoutant ces histoires, je gardais à la mémoire que je devais respecter mes parents, marcher sur le bon chemin et rendre toute grâce que j'avais reçue pour le restant de ma vie sans changer à mi-chemin.

Rêver de devenir un membre du Congrès

J'ai commencé l'école primaire avec le rêve de devenir député, et mon père avait l'habitude de m'emmener à de nombreuses réunions de discours de campagnes électorales. Nous avions l'habitude de marcher de 10 à 15 km vers un site de campagne électorale. Il m'a emmené voir les élections de l'assemblée provinciale, les élections générales et les élections présidentielles. Il voulait m'élever comme un politicien qui ferait un grand travail pour le pays.

En ce temps là, le Parti de la Liberté était au pouvoir et il y avait beaucoup de gens qui assistaient aux discours. Les orateurs me semblaient très bons et ils semblaient être de grands hommes. J'avais l'habitude de penser, «Je deviendrai comme l'un d'eux lorsque je grandirai...» En écoutant les discours des candidats, je rêvais chaque jour de devenir un membre du Congrès. J'ai continué à avoir ce rêve jusqu'à ce que j'entre à l'école secondaire et l'école supérieure. J'allais seul aux réunions et j'écoutais les candidats.

Avant que je n'entre à l'école primaire, j'avais déjà appris les tables de multiplication et l'écriture Hangul avec mes frères et sœurs, et l'école ne me semblait donc pas très intéressante. Je préférais jouer avec mes amis après l'école. J'aimais les jeux un peu violents, comme de jouer aux soldats, se battre et frapper. J'étais relativement plus fort que mes amis du même âge, et je voulais toujours gagner dans tous les jeux. J'étais relativement têtu et avais beaucoup d'orgueil. Je devais toujours continuer le jeu jusqu'à ce que je gagne. J'étais en bonne santé. Même dans des temps financièrement difficiles, ma mère me donnait toujours des médicaments homéopathiques fortifiants, ce qui était relativement onéreux. C'était assez inhabituel à la campagne de prendre de tels médicaments. L'amour de ma mère pour le fils cadet était très grand. Lorsque je sortais avec ma mère, la main dans la main, les vieux du village disaient des choses comme, «Ce garçon a l'air très intelligent... Il sera quelqu'un dans l'avenir... Je peux dire en regardant son visage qu'il sera un grand homme dans le futur... Prends bien soin de lui!» Lorsque ma mère entendait de telles remarques, je pouvais voir qu'elle était très contente. J'ai grandi en la voyant visiter occasionnellement un temple Bouddhiste avec des offrandes de riz en priant pour les bénédictions de la famille.

Ma mère a prié avec ferveur

Pendant la nuit, ma mère prenait une douche, se changeait en mettant son Hanbok blanc (robe traditionnelle coréenne), sortait, plaçait un bol d'eau claire sur un présentoir de vases, et priait aux étoiles. Etant le cadet, j'essayais de rester éveillé jusqu'à ce qu'elle revienne. Certaines nuits, quand elle restait plus longtemps que d'habitude, j'avais coutume de l'observer au travers d'un petit trou dans notre fenêtre de papier jusqu'à ce que je m'endorme.

J'ai une fois demandé, «Mère, pourquoi te prosternes-tu et pries-tu tellement?» et elle a répondu, «Parce que lorsque j'ai prié la Grande Ourse, ton grand frère est revenu sain et sauf de la Guerre de Corée, et la raison pour laquelle vous les enfants êtes en si bonne santé et grandissez bien c'est parce que je prie si fort.» Mais plus tard dans ma vie, lorsque je suis tombé malade et le suis resté pendant de nombreuses années, elle a prié aux étoiles pour ma santé, mais les prières ne fonctionnaient plus. Mais dès qu'elle a entendu que j'avais été complètement guéri par la puissance de Dieu, elle a commencé à venir à l'église d'elle-même. «J'ai offert de nombreuses prières aux étoiles et à Bouddha pendant longtemps, mais ni Bouddha, ni la Grande Ourse ne pouvaient guérir mon fils. Mais étant donné que mon fils a été guéri dans une église, j'irai à l'église.» Après qu'elle ait dit qu'elle jetterait toutes ses idoles elle est devenue une croyante fidèle, qui sert Dieu uniquement.

Mes parents se concentrent strictement sur l'éducation

Étant le cadet, j'avais tendance à me trouver du côté de

l'obéissance, et j'étais donc aimé de manière spéciale par mes parents. Mes parents étaient très stricts concernant l'éducation et la discipline dans tous les aspects de la vie. Ils m'ont appris ainsi qu'à mes proches non seulement les bases des relations humaines, mais aussi l'étiquette commune et la courtoisie, les bonnes voies sur lesquelles marcher, parler, s'habiller, manger à table, tenir sa cuillère, dormir et se réveiller. Ils ont aussi insisté sur le fait que lorsque nous parlons nous ne devons pas élever la voix ; que nous ne devons pas commencer à parler avant que l'autre ait fini de parler ; que nous en devons pas fixer directement les anciens dans les yeux lorsqu'ils nous parlent ; que nous ne devons pas interrompre nos voisins lorsqu'ils nous visitent ; et peu importe combien nous sommes pauvres, si nous sommes visités par un mendiant ne pas le laisser partir les mains vides, ainsi de suite. Ils nous ont aussi dit d'agir au départ de la bonté et de la patience. Je crois que parce que mes parents m'ont éduqué d'une telle manière, même avant que je ne connaisse Dieu, j'étais capable d'être conduit par ma conscience et les gens se référaient à moi comme étant 'l'homme qui n'a pas besoin de la loi'. Après que j'aie accepté le Seigneur, je crois que c'était grâce aux méthodes strictes d'éducation de mes parents que j'ai facilement été capable de dire «Amen» et d'agir en conséquence à chaque commandement qui provenait de la parole de Dieu.

En tant que professeur de Chinois classique, mon père a étudié la physionomie, qui est de juger les caractères en fonction des caractéristiques physiques, et la lecture des lignes de la main. Il avait l'habitude de prévoir correctement les événements importants qui se passaient dans le pays, et différentes choses qui allaient se passer dans le village. Il me disait, «Jaerock, tu vas devenir un grand homme. Tout parait bon, mais ta ligne de vie est un peu courte et abimée au milieu, et tu es prédestiné à mourir jeune. Mais il y a une fine ligne de connexion juste à côté de ta ligne de vie, et si donc tu parviens à passer la trentaine, tu deviendras une bénédiction pour de nombreuses personnes.»

Mon père était très heureux après avoir lu ma physionomie et les lignes de ma main. Il a dit que je pouvais mourir à un jeune âge, mais si j'arrive au-delà de la trentaine, je voyagerais dans diverses parties du monde et gagnerais le respect de nombreuses personnes. Lorsque j'ai eu 30 ans, je me suis enfoncé dans la maladie. Je me suis retrouvé dans l'antichambre de la mort à diverses occasions. À de nombreuses reprises je ne savais même pas si j'allais survivre jusqu'au lendemain. En vivant dans une telle condition, je ne pouvais même pas rêver de devenir un jour un grand homme. Mon père avait pitié de moi parce qu'il pensait que je pouvais mourir jeune, et ainsi il a fait de son mieux pour m'enseigner et me procurer de bonnes choses. Ma vie a aussi été une vie très diligente et fidèle pour moi, et toute la famille.

Un accident à l'école primaire

Depuis que j'étais un enfant, j'étais en très bonne santé. Parce que j'étais son dernier, ma mère m'aimait tellement, et elle me nourrissait de miel avec toutes sortes de suppléments et d'extraits végétaux. Et j'étais donc généralement plus fort que les autres enfants de ma catégorie d'âge. Malgré que je sois jeune, je gagnais toujours toutes les médailles dans la lutte coréenne, et les gens avaient coutume de m'appeler «Homme Fort». Beaucoup d'enfants me suivaient et voulaient que je sois leur chef.

En tant qu'enfants influencés par la guerre de Corée, mes amis et moi jouions à des jeux plutôt violents. Nous aimions jouer à la guerre, des combats d'épée, la boxe, la lutte et jouer à un jeu appelé 'Sahbi' qui consistait à essayer d'obliger l'opposant à la soumission. Dans la lutte, lorsque les enfants luttaient les uns contre les autres, ils levaient leurs mains en signe de reddition dès qu'ils se trouvaient dans une prise d'étranglement. Une fois j'ai simulé parce que je ne voulais pas me soumettre. Quelque soit la compétition, je combattais toujours jusqu'à ce que je gagnais, parce que j'étais fier et très têtu. Un jour dans le 4ème degré, je jouais avec un ami qui était à l'école secondaire et j'ai blessé une de mes côtes. Nous ne pouvions nous permettre en ce temps là d'aller à l'hôpital, et ainsi mes parents ont appliqué les médicaments homéopathiques et j'ai attendu la guérison. Mais chaque été la blessure continuait à faire mal. J'avais une douleur lancinante au côté, j'avais des difficultés à respirer, et je ne pouvais courir. Parce qu'il n'y avait aucun traitement spécifique, mon père a placé deux serpents venimeux dans de la liqueur de 'Soju' et me la faisait boire quotidiennement le matin et le soir. C'est ainsi que j'ai appris à boire à un si jeune âge.

Une autre fois en 4ème année, il y avait un élève dans mon école. Il avait le surnom, 'le Professeur Fou'. Je jouais le jeu 'Sahbi' sur le terrain de l'école avec mes amis et ce professeur croyait que nous nous bagarrions entre nous. Il nous a appelés dans le bureau des professeurs. Il nous a insulté et a commencé à nous frapper. Puis il nous a demandé de nous frapper les uns les autres vingt fois. J'ai été frappé non seulement par ce professeur mais aussi par mon ami. Par conséquent, mon visage a enflé et un des mes tympans s'est déchiré. J'avais du liquide qui coulait de mon oreille et cela a évolué en un trouble auditif. Le professeur a été plus tard renvoyé de l'école, mais j'ai continué à souffrir à cause de cet incident.

Mon Adolescence

J'étais introverti et pudique. En 1959, j'ai terminé l'école intermédiaire à Kwangju City et je me suis rendu à Séoul pour l'école secondaire. Je suis resté avec ma sœur aînée à Shindang Dong, Seongdong Gu, Séoul, Corée. Une fois, pendant mes années supérieures, j'ai raté plus de 40 jours de cours parce que j'étais malade. Et pendant que j'étais couché dans mon lit, quelqu'un que je n'avais jamais vu auparavant est venu vers la maison pour m'évangéliser et me faire accepter Jésus Christ. Je me suis dit, «Quelle personne insensée! Où est ce Dieu dont il parle? Je ne crois de toute manière pas en Jésus, mais si je le faisais, comment pourrais-je être capable de me promener en prêchant l'évangile comme cela? Je serais trop timide pour faire cela.»

Je me sentais désolé pour ces gens qui tournaient en parlant de Jésus. Etant un athée pudique et introverti de nature, je pensais, «Maintenant, il y a une autre raison pour laquelle je ne voulais pas croire en Dieu – parce que je ne voulais pas aller partout

À l'école secondaire

Au collège

comme cela pour évangéliser.» Mon père qui était un professeur de chinois classique m'a dit, «Tu es né avec une telle nature que tu ne serais même pas capable de demander une pincée de sel.» Malgré que les gens soient pauvres à la campagne en ce temps là, le sel était toujours très commun. Ce qu'il voulait nous dire était que j'avais un type de personnalité qui ne me permettait pas de me reposer sur elle ni de déranger les autres.

À l'école primaire, lorsque j'ai reçu la demande de payement du minerval, je n'ai pas pu l'apporter moi-même pour la montrer à mes parents. Je ratais toujours la date limite et ainsi le professeur me grondait sévèrement et me demandait de la donner à mes parents – alors seulement, je montrais la demande à ma mère. En voyant la facture, ma mère me donnait immédiatement l'argent. Je savais qu'elle me donnerait l'argent, mais c'était très difficile pour moi de lui demander de me donner l'argent. C'était la manière dont j'étais timide et introverti. Ma personnalité a aussi plus tard, affecté mon ministère.

Tentative de suicide après avoir perdu ma mémoire

Je ne pouvais pas très bien étudier à l'école secondaire, parce que je perdais tellement de jours de cours à cause de ma piètre santé. J'avais fait de passer l'examen d'entrée à l'école d'ingénierie de l'Université Nationale de Séoul, mon objectif principal. Je prenais chaque jour des pilules stimulantes pour rester éveillé et étudier plus. Mais tandis que le temps passait, je suis devenu habitué aux pilules et j'ai dû en augmenter la quantité. Plus tard, j'ai montré des symptômes d'addiction et je devais les prendre constamment. Sans elles, je suis devenu léthargique et je ne pouvais pas me concentrer. Je dormais des heures par jour et j'étudiais chaque jour à la Bibliothèque Nationale qui était située là où se trouve maintenant le magasin Lotte. Après avoir étudié comme cela pendant une année, j'ai acquis la confiance que je pouvais passer l'examen d'admission à l'école d'ingénierie à l'Université Nationale de Séoul.

En Novembre 1962, en me rapprochant de la date de l'examen, je me suis rendu compte que j'avais perdu la mémoire. Je lisais le journal pendant le temps de pause et soudain, je ne pouvais plus me souvenir du nom du président de la Corée de l'époque, le Dr. Synman Rhee. De plus, je ne pouvais me rappeler aucun des mots d'anglais ni des formules mathématiques que j'avais mises tant de temps à étudier et à mémoriser. Je ne pouvais me rappeler de rien. Ce n'était pas une chose temporaire. J'ai essayé de me souvenir de toutes les choses que j'avais étudiées si durement, mais je ne pouvais même pas me souvenir des fondements. Pendant un moment, je me sentais comme si je tombais dans un trou sans fond et je n'avais plus aucun espoir pour le futur, et j'étais au bord d'une profonde dépression. Avec une personnalité tellement timide et introvertie, j'ai passé une année de plus pour étudier pour l'examen d'admission et maintenant je me retrouvais avec une perte de mémoire.

Comment pourrais-je faire face à mes parents après tout leur soutien et toutes les difficultés qu'ils ont traversées pour moi ? J'avais trop honte pour continuer à vivre. Je me suis décidé à me suicider et j'ai commencé à réunir des pilules somnifères américaines dans diverses pharmacies. Les gens disaient que c'était les plus fortes et les plus efficaces. À ce moment, je louais une chambre près de la maison de ma sœur pour étudier, et je prenais mes repas à la maison de ma sœur.

Je lui ai dit, «Ma sœur, je m'en vais à la maison de mon ami pour étudier ce soir. Je ne prendrai donc pas mon dîner ici. Je t'en prie, ne m'attend pas.»

Ma sœur ne connaissait pas mon projet et a acquiescé. Après avoir emballé mes affaires et écrit ma dernière lettre à mes parents, frères et sœurs, j'ai fermé la porte de l'intérieur. J'ai placé la couverture dans la pièce, j'ai pris mes pilules et me suis couché. Pendant un certain temps, j'étais parfaitement conscient, mais en un instant, j'ai perdu conscience. Mais il y a un dicton qui dit que «la mort dans cette vie n'est que le commencement de la suivante.»

Mon frère et mon beau frère tenaient un magasin de lingerie au marché de Dongdaemon. Ils fermaient généralement le magasin à 22 heures, prenaient soin d'autres affaires et rentraient à la maison vers minuit. Mais, étrangement, ce jour là, mon frère et mon beau frère ont dit qu'ils voulaient rentrer à la maison plus tôt que d'habitude.

Mon frère a dit à mon beau frère, «Mon frère, je crois que nous devrions fermer le magasin et rentrer plus tôt aujourd'hui.»

Il répondit, «Vraiment? Moi aussi je voulais rentrer plus tôt.»

Ce jour là, mon frère a fermé le magasin plus tôt. Généralement, lorsqu'il arrivait à la maison de ma sœur, il ne me rendait jamais visite dans ma chambre afin de ne pas me déranger dans mes études. Mais ce jour là, il a voulu me voir pour une raison quelconque.

Il a demandé, «Où est Jaerock?» Ma sœur a répondu, «Il a

dit qu'il se rendait à la maison de son ami pour étudier là bas.»
Malgré cela, mon frère est venu à ma chambre. Il a vu que la
porte était fermée et il a eu le pressentiment que quelque chose
de mauvais se produisait. Il a forcé la porte et s'est rendu compte
que j'étais déjà froid comme un cadavre. Mon frère a dit à mon
beau frère, «Il peut vivre si nous le conduisons à l'hôpital et
qu'ils lavent son estomac.» Mon frère et mon beau frère m'ont
conduit d'urgence à l'hôpital, mais parce que j'avais pris tellement
de pilules, le docteur a dit que j'avais peu d'espoir de survie.
Mais après quelques jours, j'ai repris conscience. Cependant,
la conséquence de la tentative de suicide fut que j'ai perdu
même la petite capacité de mémoire qui me restait. Même après
une année, ma capacité de mémoire n'était pas complètement
restaurée. Mais malgré cela, après avoir étudié fort une fois de
plus, j'ai passé l'examen d'entrée et en mars 1964, je suis entré à
l'Ecole d'Ingénierie de l'Université Hanyang.

Mon Mariage et ma Destinée

Pendant que j'étais à l'Institut supérieur, j'ai été mobilisé et je suis entré à l'armée le 29 octobre 1964. Vers la fin de mon service, un de mes proches m'a introduit à une correspondante, celle qui allait devenir ma femme.

J'ai perdu tout l'argent de l'héritage

En Mai 1967, Je terminais mon obligation militaire et étais démobilisé de l'armée. Mais quelque chose d'inattendu m'attendait. Avant que je ne rejoigne l'armée, j'avais reçu à l'avance de mes parents mon minerval pour le second semestre. J'ai prêté cet argent à un de mes proches moyennant la promesse qu'il me le rembourserait lorsque je terminerais mon service militaire. Mais la famille de ce proche était dans les problèmes et je n'ai même pas reçu en retour le montant principal. Mon frère et mon beau frère ont appris cette situation, et ils m'ont donné le montant du minerval. Après le service militaire, j'ai rencontré ma correspondante, qui est maintenant ma femme, et je suis tombé amoureux d'elle. Nous nous sommes promis de nous marier.

Elle était une femme avec de grands yeux clairs comme un lac. Elle a su que j'avais reçu le minerval et elle m'a demandé de me le prêter pour un temps. Elle l'a emprunté, mais elle n'a pas pu le rembourser comme elle l'avait promis. Par conséquent, je n'ai pas pu m'inscrire pour le second semestre, et j'ai dû attendre plusieurs mois. J'ai donc finalement décidé de retourner à ma ville natale. J'ai dit à mes parents, «Père, Mère, je vais me marier bientôt, s'il vous plait donnez-moi anticipativement l'argent de mon héritage. Alors je vais en dépenser une partie pour mon mariage, et parce que ma fiancée est une coiffeuse, nous allons ouvrir un salon de beauté pour vivre. Je vais déposer le restant de l'argent à la banque et économiser les intérêts. J'étudierai avec certains minervaux. De plus, après mon diplôme, j'irai aux Etats Unis et je reviendrai avec un doctorat.» J'ai expliqué mes projets futurs comme si je montrais un bon à tirer, et j'ai persuadé mes parents. Ils ne pouvaient qu'écouter leur fils, et avec un léger doute, ils me donnèrent l'argent de l'héritage. Je suis retourné à Séoul en rêvant à un avenir en rose avec la grosse somme de mon héritage. Mais les choses ont commencé à mal tourner. Ma fiancée et moi devions nous rencontrer à la gare de Séoul, mais elle n'est pas venue. Je n'ai pas pu la contacter pendant une semaine.

Ma sœur a appelé et a dit, «Mon frère, j'ai entendu que tu as reçu l'argent de ton héritage! Bien, combien d'intérêt vas-tu recevoir de la banque? Une de mes meilleures amies dirige une affaire commerciale, et si tu investis avec elle, tu auras beaucoup d'argent en retour. Je te donne également toute garantie de sorte que tu ne doives pas te faire de soucis.» Etant naïf, j'ai écouté ma sœur. Et étant donné qu'il n'y avait aucune nouvelle de ma fiancée, j'ai loué une maison et ai donné le reste de l'argent à ma sœur.

Après quelques jours, ma fiancée est réapparue. Les membres de sa famille n'étaient pas d'accord avec son mariage avec moi et pendant tout ce temps, elle a essayé de les persuader. Elle a finalement aussi essayé de se suicider avec des somnifères. Elle a été emmenée à l'hôpital et a miraculeusement survécu. Elle venait d'être libérée de l'hôpital.

Alors ma sœur m'a donné la valeur de deux mois d'intérêt de l'argent que je lui avais donné, et puis il n'y a plus eu de nouvelles d'elle. Je l'ai appelée et lui ai dit, «Ma sœur, je dois payer mon minerval pour le nouveau semestre, alors je te prie de me rembourser l'argent.» Elle n'a pas répondu. Après le Nouvel An, je me suis rendu chez ma sœur et lui ai demandé l'argent pour continuer mes études. J'ai pu voir qu'elle était troublée. Elle m'a dit, «Mon frère, j'ai cru que mon amie à qui j'ai prêté l'argent dirigeait une affaire commerciale, mais il apparait qu'elle était une voleuse. Elle a été capturée et se trouve maintenant en prison. Je ne peux pas récupérer l'argent.» J'étais découragé. Je me suis dit à moi-même, «Que c'est terrible! Et je ne suis même pas encore diplômé de l'Institut supérieur! Quel est ce type de désastre?» Parce que ma sœur était incapable de me rembourser l'argent, j'ai perdu tout l'argent de mon héritage, comme cela, en un instant. J'ai décidé de trouver un travail pour gagner de l'argent et aller aux cours du soir. J'ai trouvé un travail comme journaliste dans un quotidien et le 1er janvier 1968, ma fiancée et moi nous nous sommes mariés.

A l'époque où il travaillait comme journaliste

J'étais confiant dans la boisson

Après mon mariage, en mars 1968, nous avions une soirée de crémaillère un dimanche. Pour préparer la fête, nous avons acheté 40 bouteilles de whisky à Dongdaemoon et mes amis ont aussi acheté de nombreuses boissons. Le matin, j'ai rencontré mes collègues, et dans l'après midi, j'ai rencontré mes amis à Séoul, et le soir j'ai rencontré mes amis de ma ville natale. Je me suis réjoui de la fête jusque tard dans la nuit. J'étais confiant que j'avais une grande tolérance pour l'alcool et c'est pourquoi je n'ai refusé aucun des verres que mes amis m'offraient même au petit matin. Je dois au moins avoir bu moimême 7 bouteilles de whisky. Parce que j'ai bu tant d'alcool fort, j'ai eu un sévère problème d'estomac. Après avoir vu partir tous mes invités tard dans la nuit, je me suis couché avec un sentiment de satisfaction d'avoir tenu une fête avec succès.

Soudain, le plafond de ma chambre a commencé à tourner. Les ampoules électriques ont commencé à exploser. Alors j'ai commencé à vomir. J'ai tellement vomi que j'ai cru que mes intestins me montaient dans la gorge. Ma femme a été me chercher des médicaments à la pharmacie, mais je les ai tous vomis avant même que je ne puisse les avaler. Je ne pouvais même pas boire de l'eau. J'avais tellement mal. À partir de ce jour, je ne pouvais plus prendre normalement de la nourriture. À cause de mon problème d'estomac, je ne pouvais digérer la nourriture. J'ai tout essayé, y compris les médicaments homéopathiques. Mais rien ne fonctionnait. Ma femme et moi pensions que cela allait s'arranger si nous prenions le temps, mais tandis que le temps passait, cela ne faisait qu'empirer et mon corps a commencé à sortir de mon contrôle.

Essayant d'aller bien

J'ai dû quitter mon travail. J'ai pris toutes sortes de médicaments et j'ai été dans de nombreux hôpitaux pour recevoir un diagnostic correct. Mais mis à part un ulcère gastrique, il n'y avait aucune autre maladie spécifique. Mais je continuais à perdre du poids et j'avais de nombreuses complications. Après 3 ou 4 ans, peu de parties de mon corps étaient encore en bonne santé. J'étais comme un «supermarché ambulant de maladies.» J'ai essayé tous les médicaments dont on disait qu'ils étaient bons. Je souffrais d'irritations à cause d'un pied d'athlète en été et à cause d'engelures en hiver. J'avais de l'eczéma partout sur le corps et chaque matin, toutes les inflammations suppuraient et le suintement durcissait. À cause d'ozène ma tête se sentait toujours lourde. Mon nez était toujours bloqué et ma capacité de mémoire empirait de plus en plus.

J'avais aussi un problème lymphatique. Au commencement

c'était simplement comme une petite bosse dans mon cou, mais elle a de plus en plus grossi et cela a pris la taille d'un raisin. À cause de l'inflammation lymphatique, je ne pouvais pas tourner convenablement mon cou. Le docteur de médecine orientale a dit qu'il ne pouvait pas me donner de médication différente pour l'inflammation lymphatique parce que je prenais déjà trop d'autres médicaments. Je ne souffrais pas uniquement d'une inflammation lymphatique, mais je souffrais aussi de dépression nerveuse, d'insomnie, d'eczéma, d'anémie, d'une infection de l'oreille moyenne, et mes organes internes, y compris l'estomac, le petit intestin et le gros intestin fonctionnaient tous mal.

J'ai même essayé de changer mon nom

Ma femme a été me chercher toutes sortes de médicaments et a essayé des remèdes traditionnels pour guérir mes maladies. Mais lorsque ses efforts se sont révélés vains, même après plusieurs années, elle s'est tournée vers des superstitions. Certaines personnes lui ont dit, «Il peut être guéri. Tu devrais inviter un exorciste et essayer l'exorcisme.» Certains lui ont dit, «Cela marchera si tu invites un moine Bouddhiste et que tu chasses le démon.» Ma femme a été voir de fameux moines et a aussi essayé certains exorcismes comme les moines l'avaient recommandé. Finalement, nous avons même changé notre nom.

Certaines personnes nous ont dit que si nous changions nos noms, notre destinée changerait également. Nous pensions que cela avait du sens. En ce temps là, près du complexe central du gouvernement, il y avait de nombreux bureaux qui faisaient des noms. Au petit matin, nous avons été au «Bureau de Noms Bongsoo Kim». Nous avons dû attendre du matin jusqu'à midi pour le rencontrer. «Vos noms sont mauvais. Pourquoi ne changez-vous pas vos noms?» A partir de ce moment, nous avons commencé à utiliser les noms qu'il nous avait donnés, mais sans effet.

L'angoisse d'un père malade

Étant une personne introvertie, j'ai essayé de cacher la détérioration de ma condition physique – même pour ma femme. Et comme ma famille entrait de plus en plus profondément dans les dettes, je ne pouvais pas juste rester là et regarder. J'ai donc été de place en place pour trouver un travail. Mais à cause du problème de mes oreilles, je ne pouvais entendre et je ne pouvais trouver de travail. Mon audition est devenue tellement mauvaise que je ne pouvais utiliser un téléphone, ce qui rendait tout travail très difficile.

Je devais chercher un travail plus indépendant. Par conséquent, j'ai commencé à vendre de petites tables. Je partais dans les rues pour les vendre, mais à cause de ma personnalité timide, je ne pouvais pas crier, «Tables! Tables à vendre!» Après avoir travaillé sans succès pendant plusieurs jours, j'ai lentement acquis de la confiance et j'ai commencé à les vendre.

Un jour, en 1972, j'étais en route pour vendre les tables. Soudain, j'ai senti la paralysie envahir mon pied et cela devint extrêmement pénible de marcher. J'ai abandonné mes tables dans un endroit proche et suis rentré en bus. À partir de cet instant j'étais cloué au lit. Il apparut que j'avais de l'arthrite rhumatismale. Je ressentais une sévère douleur chaque fois que je marchais et très rapidement j'ai dû entièrement dépendre d'une canne. Mais cependant, plus grande que la douleur physique, était la douleur mentale. J'étais grandement attristé par le fait que je ne pouvais pas entendre. J'avais déjà rompu le tympan dans une oreille à cause d'un accident à l'école primaire dont j'ai déjà parlé. Mais à cause des forts médicaments que je devais prendre pendant 5 ou 6 ans, mon autre oreille allait mal. Peu importe l'attention avec laquelle j'essayais de lire sur les lèvres des gens, si l'environnement était bruyant, je ne pouvais pas entendre ce qu'ils disaient. Je ne pouvais même pas dire aux membres de ma famille que je devenais sourd. J'avais peur qu'ils ne m'appellent 'handicapé'. Lorsque les autres me parlaient, je leur donnais de mauvaises réponses parce que je ne pouvais pas les entendre, ou je ne pouvais pas du tout répondre, et mon visage s'empourprait à cause d'un sentiment de honte et d'un sentiment d'infériorité.

Ma femme avait un temps dur à prendre soin de moi et à essayer de rembourser ne fut ce que les intérêts de notre dette. Parce que nous louions l'endroit le moins cher pour vivre, nous bougions souvent. Nous avons bougé d'Ah-hyeong Dong vers Kimpo, vers Sangdo-Dong, vers Chongno, vers Dooksum et ainsi de suite. Parfois, lorsque nous étions vraiment désespérés, nous restions à la maison des parents de ma femme ou la maison de sa sœur. Finalement après avoir tourné partout, nous nous sommes fixés dans un village de montagne à Geumho-dong. Notre maison était faite de briques et elle ressemblait à un bloc. Lorsque nous sortions par la porte de devant, nous pouvions voir la Rivière Han dans le lointain.

Ma belle mère est morte maintenant, mais elle a beaucoup pleuré à cause de moi. Elle m'a emmené à l'hôpital et chez le médecin homéopathique pour recevoir de l'acuponcture ou des médicaments homéopathiques. Mais parce que je ne pouvais pas marcher, mes amis me portaient sur le dos pour descendre la montagne de sorte que je puisse prendre le taxi avec ma belle mère pour aller avec elle à l'hôpital. Sur son chemin de retour de l'hôpital, ma belle mère achetait la liqueur de riz – probablement parce qu'elle se sentait désolée pour moi. «Fils, je sais que tu as mal, mais prend un verre et santé...»

Ma Femme était dans un Etat de Désespoir

Ma femme est allée çà et là pour emprunter de l'argent pour mes médicaments. Pendant ce temps, notre dette s'empilait comme de la neige. Lorsque nous étions dans un urgent besoin d'argent, elle allait chez ses parents, sa sœur ou son frère pour emprunter de l'argent. Elle payait alors l'intérêt grandissant de notre dette et utilisait tout ce qui restait pour mes médicaments. Rapidement j'ai été qualifié de très mauvaise personne par la famille de ma femme. De leur point de vue, parce que je ne pourvoyais pas pour ma famille comme tout bon mari devait le faire, je mettais leur plus jeune et plus aimée fille dans les difficultés. Parce que je suis tombé malade juste après le mariage, nous n'avons même pas pu jouir de nos premières années de mariage en tant que nouveaux mariés. Ma femme était poussée dans nos deux rôles en tant que soutien et support de la famille. Elle a dû élever deux filles en luttant pour vivre. Elle était fatiguée, et sa personnalité auparavant douce et gentille est devenue rude, comme si elle avait été endurcie par les responsabilités de la vie qui lui avaient été imposées.

Elle avait pris soin de moi pendant 5 ou 6 ans en ce temps là avec la seule espérance que je récupèrerais ma santé, mais en voyant ma condition qui ne faisait qu'empirer de plus en plus, elle n'a pu s'empêcher de tomber dans le désespoir. Étant un peu impatiente, chaque fois qu'elle devenait frustrée par quelque chose, elle emballait ses affaires et retournait à la maison de ses parents.

«Je n'ai pas besoin d'amour. L'argent est ce dont nous avons besoin maintenant. Va gagner un peu d'argent!» Elle devait rembourser la dette de prêteurs privés qui demandaient un très haut intérêt quotidien. Et donc, chaque fois qu'on lui mettait la pression pour le remboursement, elle ne pouvait pas le supporter et elle quittait la maison en disant qu'elle ne pouvait plus gérer le mariage. Mais après quelques jours, elle revenait toujours.

Un jour, avec l'aide de sa sœur aînée, elle a ouvert un petit snack bar au marché de Keumho Dong. Elle était bonne cuisinière et avait donc beaucoup de clients. Elle partait travailler au marché tôt le matin jusqu'à tard dans la nuit. Vers minuit, elle rentrait fatiguée et épuisée. Elle se poussait elle même de sorte qu'elle puisse rembourser le plus possible notre dette. Mais quand elle est rentrée à la maison et qu'elle m'a vu couché et malade, elle a perdu toute espérance et est devenue irritée pour la moindre chose. Nos deux filles étaient déjà des enfants qui étaient rejetés par la société. Depuis que ma femme avait ouvert le salon, j'avais lutté pour prendre soin de notre première fille Miyoung et Mikyoung notre seconde fille demeurait avec ma mère dans la maison de mon frère.

«Comment se fait-il qu'elle ressemble tellement à son père?»

Étais-ce parce qu'elle ressemblait tellement à son père malade? Mikyung n'avait même pas la chance de recevoir beaucoup de notre amour à cause de notre situation. Lorsque parfois je me rendais à la maison de mon frère et que je la voyais jouer avec un morceau de chiffon dans la bouche, mon cœur était brisé. Mais à cause de ma condition, je ne pouvais pas la ramener à la maison pour prendre soin d'elle. J'étais rempli d'angoisse. En ce temps là, je souffrais de névrose et j'étais donc très sensible même pour les plus petites choses. Si ma femme faisait un commentaire qui heurtait ma fierté, une discussion s'en suivait et alors ma femme disait qu'elle voulait le divorce et qu'elle emballerait ses affaires et retournerait de nouveau dans la maison de ses parents.

«Comment peux-tu continuer à faire cela? Je crois que vous feriez mieux de divorcer pour votre bien à tous deux.»

Les membres de la famille de ma femme sont venus me voir et ont montré leur réprobation à mon sujet, m'ont repris à voix haute de sorte que tous nos voisins pouvaient l'entendre. Mon visage s'est empourpré de colère et d'embarras. Ma femme, qui avait quitté la maison est revenue pour dire, «Je ne suis pas revenue pour te voir, je suis venue pour voir ma fille. Si tu guéris un jour, je divorcerai de toi. Je veux le faire tout de suite, mais si je le fais, les gens me pointeront du doigt en disant que j'ai abandonné un mari malade. C'est pourquoi, pas maintenant.»

L'amour charnel change

En 1972, je me suis examiné et j'ai trouvé que j'étais un corps rempli de maladies incurables. Parce que j'avais pris tellement de médicaments forts, plus aucun médicament ni injection ne fonctionnait plus. Mes parents, mes frères et sœurs et mes proches ont commencé à me pointer du doigt et se sont éloignés de moi. Ma femme m'évitait. Même ma mère m'a abandonné. Ma mère qui avait alors 70 ans est venue me visiter. En voyant son fils cloué au lit, elle a commencé à pleurer amèrement. Elle a cru que j'étais sans espoir.

«Oh, Oh!, Mourir rapidement serait mieux pour toi. C'est ainsi que tu peux m'honorer.»

Combien ma situation était horrible que ma propre mère qui m'aimait le plus préférait que je meure de manière à l'honorer? Je croyais que ma mère ne m'abandonnerait jamais même si la terre entière se liguait contre moi. À ce moment j'ai réalisé que l'amour humain est charnel. Lorsque les conditions ne sont pas bonnes, cet amour peut changer.

Comme ma propre mère ne comprenait pas mes souffrances, qu'est ce qu'un frère pouvait savoir? Un jour, mon frère m'a rendu visite alors qu'il était saoul, en disant qu'il voulait me consoler. Mais au lieu de me consoler, ses paroles ont encore rendu mes souffrances plus lourdes.

Echec d'une seconde tentative de suicide

Je me sentais comme un petit oiseau qui essayait

désespérément de battre des ailes dans une lutte pour survivre dans la vie, mais ce n'était qu'en vain. Au début, lorsque ma femme avait emballé ses affaires et était retournée à la maison de ses parents, j'y suis allé et je l'ai ramenée. Mais lorsqu'elle a recommencé, je n'osais plus la ramener à cause de sa colère et du dédain que j'allais devoir subir de la part des membres de sa famille. Chaque fois que je pensais à l'avenir de mes jeunes filles, un très fort désir de survivre se levait comme de l'eau d'une source, mais dès que je me retrouvais devant le formidable mur des réalités, je me sentais sans forces. Après avoir pensé qu'il n'y avait aucun moyen de m'éloigner de l'ombre de la mort, j'ai une fois de plus rassemblé des pilules somnifères avec le désir de mettre un terme à ma vie misérable le plus rapidement possible. C'était déjà suffisant que je doive souffrir toute ma vie à cause de mes maladies, mais ce qui rendait la situation pire était que ma propre vie n'était pas bonne envers moi mais me faisait mal. J'ai perdu tout goût et tout désir de vivre. J'ai pensé que plutôt que d'aller chercher ma femme à la maison de ses parents, ce serait préférable que je meure. J'ai donc pris les 20 pilules somnifères que j'avais rassemblées.

Le jour où j'ai pris les pilules, ma femme était à la maison de ses parents. Elle ne pouvait pas dormir et se sentait très nerveuse. Elle a dit qu'elle ne pouvait se débarrasser de l'idée que quelque chose de très mauvais devait se produire dans notre maison. Devenant encore plus nerveuse, elle a pris un taxi et s'est pressée vers la maison pour me trouver mourant. Elle m'a rapidement conduit à l'hôpital où ils m'ont traité et j'ai survécu. «Je ne peux même pas terminer ma vie comme je le veux. Il vaut mieux que je n'essaye plus de me suicider.» Après que j'ai repris conscience à l'hôpital, en pensant à mes deux tentatives ratées de suicide, j'ai senti comme s'il y avait une puissance supérieure qui agissait dans ma vie. Et j'ai donc décidé de ne plus jamais essayer de me suicider.

Les chats sont supposés être bons pour l'arthrite rhumatismale

Parfois, lorsque mon corps semblait aller mieux, je me promenais avec une canne. Mais lorsque mon état empirait, j'étais cloué au lit et je ne pouvais bouger aucun muscle. Quelqu'un devait m'aider dans mes mouvements. Ma femme a entendu que les chats étaient bons pour l'arthrite rhumatismale, et elle a donc acheté les chats dans tous les marchés de la région de Sungdong Ku mais aussi d'autres marchés comme les marchés de Dongdaemon et de Joongbu. Elle les a bouillis pour moi pour que je les mange. Mais parfois lorsqu'ils étaient mal cuits, cela sentait tellement mauvais que je préférais mourir que de les manger.

J'ai bu des excréments pendant 15 jours

J'ai essayé toutes sortes de médicaments, de traitements médicaux, de remèdes traditionnels, de remèdes homéopathiques et même de superstitions et d'exorcismes, mais il semblait que ma santé déclinait de plus en plus dans un trou sans fond.

«Jaerock, un fameux médecin est venu en ville. Que penses-tu de recevoir son diagnostic?»

«Oui, pourquoi pas? Je n'ai plus rien à perdre.» J'ai pris

conseil de mes amis à Keumho Dong et j'ai été voir ce médecin. Ce médecin a vérifié mon pouls et m'a examiné. Il a dit, «C'est un miracle que tu sois toujours en vie. Il y a un seul moyen de guérir tes maladies. Tu as joué à toutes sortes de sports vigoureux lorsque tu étais jeune, non? As-tu beaucoup été frappé en pratiquant ces activités? Tu as des marques partout sur le corps avec des cellules sanguines mortes et des caillots de sang mort ou du sang épanché partout sur le corps. C'est la cause de la situation de ta santé.»

«Oh vraiment, mais alors quel est le traitement?»

«Dans une station ferroviaire à la campagne, il y a des toilettes publiques. Le jus d'excréments au dessus de ces toilettes a été décomposé pendant plus de 10 ans. Prélève-le et bois-le dans une tasse trois fois par jour pendant 15 jours. Alors toutes les poches de sang épanché dans ton corps vont disparaître et tu seras à nouveau en bonne santé.»

Le médecin a donné des instructions détaillées sur la manière de récolter le jus d'excréments. Tout ce que j'avais à faire était d'attacher des brindilles de pin au goulot d'un pot pour faire un filtre, et puis attacher une pierre au pot et le laisser descendre dans les toilettes. Alors le clair jus d'excréments remplirait le pot. Si je buvais ce jus et étais guéri, j'ai promis de payer un gros montant d'argent au médecin. Ma femme et moi étions tellement heureux en pensant que c'était le remède ultime, et nous nous sommes empressés vers la station ferroviaire à la campagne en dansant de joie. Ma mère m'a entendu expliquer comment prendre ce remède, et elle a donc passé toute sa nuit à récolter le jus d'excréments dans un vase et elle me l'a apporté avec grand soin.

Ainsi, pendant 15 jours, j'ai bu le jus d'excréments sans passer une seule fois. La terrible odeur l'a rendu tellement difficile à avaler même une seule fois. Mais poussé par mon ardent désir de guérir mes maladies, je l'ai bu avec une paille, puis je me brossais les dents et prenais un bonbon que me mère me donnait. Mais l'odeur ne partait pas. À la fin des 15 jours, j'ai constaté que cela ne fonctionnait pas non plus.

«Mère, si je meurs, je retournerai dans ma maison à Séoul et mourir là bas.»

Chapitre 2

Dieu est Réellement Vivant!

Lorsque la dernière Pétale Tombera, ma Vie Tombera Aussi

Comment ma seconde sœur m'a évangélisé

Lorsque notre dernier espoir, le fait de boire du jus d'excréments s'est terminé en échec, ma femme et moi sommes retournés à Séoul avec un grand désespoir. Maintenant le seul espoir qui me restait était de mourir le plus rapidement possible, et ainsi je me suis couché dans le lit en voyant le temps s'envoler. Ma routine quotidienne dans notre maison en moellon était de lire des nouvelles ou de boire de la liqueur de riz coréenne. Dans la petite maison d'une seule pièce, il y avait un container pour la liqueur de riz, et il y avait des tasses de médicaments et des livres empruntés qui étaient éparpillés partout.

Dans ma famille, ma deuxième sœur était la seule croyante. Elle a perdu la vue d'un œil après avoir souffert d'une forte fièvre pendant son enfance. Elle s'est mariée à un jeune homme d'un village voisin et a élevé 3 fils et 2 filles. Elle menait une vie fidèle. Un jour, quelqu'un a partagé l'évangile avec elle et elle a commencé à fréquenter l'église. Ma mère et mes frères croyaient qu'elle était une croyante fanatique et ils n'aimaient pas qu'elle aille à l'église. « Tu travailles tellement dur à la ferme, et alors tu donnes tout à l'église. Tu ne travailles même pas le dimanche pour aller à l'église. Tu ne seras jamais capable d'échapper à la pauvreté. Quand espères-tu jamais devenir riche ? » Même lorsque ma mère s'opposait à elle, elle se contentait de sourire et disait, « Maman, c'est une telle joie que de croire en Jésus. Pourquoi ne viens-tu pas toi aussi à l'église ? »

Le dimanche, elle accomplissait ses tâches dominicales tôt le matin et allait à l'église. Elle nettoyait la chaire et servait à l'église. Si elle recevait le fruit de quelque chose de précieux, elle le laissait secrètement dans la maison du pasteur et fuyait. Elle aimait servir le serviteur de Dieu de cette manière.

Elle assistait avec diligence aux réunions de réveil et recherchait ardemment la grâce de Dieu. Elle a même donné son anneau d'or – ce qui était considéré en ce temps là comme étant très précieux – en tant qu'offrande.

« Dieu, donne-moi la foi aussi précieuse que l'or. Donne-moi une foi comme l'or qui ne change pas même avec le temps qui passe. »

Depuis mon enfance, ma seconde sœur était ma sœur favorite. Lorsque j'étudiais à Séoul, je vivais pratiquement dans sa maison chaque fois que j'avais des vacances. Elle a essayé de partager l'évangile avec moi chaque fois qu'elle en avait l'occasion. Même après que je sois devenu malade, elle a été tellement triste pour moi. Elle me pressait continuellement à aller à l'église en disant, «Mon frère, si tu viens à l'église, Dieu te guérira. Tu seras à nouveau en bonne santé.»

«Ma sœur, je te prie de ne pas être ridicule. Nous vivons à une époque où les gens prennent des fusées vers la lune. Où dans le monde se trouve Dieu? S'il est vivant, montre-le moi.»

Ma sœur m'a pressé plusieurs fois à croire en Dieu, mais parce que j'étais têtu, j'ai insisté sur le fait que s'Il était vraiment vivant, elle devait me Le montrer.

Lorsque la dernière Pétale Tombera, ma Vie Tombera Aussi

Je me sentais comme une héroïne dans un fameux roman. Dans le roman, cette héroïne vivait dans une constante désespérance, sans aucun espoir pour le lendemain. Elle a cru qu'un jour, lorsque la dernière feuille d'une certaine plante murale tombera à cause des vents violents, sa vie prendra également fin. Moi aussi je vivais dans une constante désespérance, sans aucun espoir pour le lendemain.

En Avril 1974, les azalées roses et les jonquilles jaunes coloraient les collines et les champs de toute la campagne. Elles rendaient partout leurs parfums. Mais ma vie s'estompait et chacune de mes respirations semblait me rapprocher de la mort.

«Tout bouge dans la création avec tellement de vie pendant cette période de l'année. Mais quand ma vie, qui est suspendue comme cette dernière feuille, finira-t-elle?»

Personne n'était heureux de me voir. Je ne pouvais manger ni riz ni viande, mais je pouvais boire de l'alcool. L'alcool était mon seul ami. C'était à cette époque, où je m'accrochais à peine jour après jour, que je dépendais de l'alcool. Mes parents, mes frères et sœurs me rendaient de moins en moins visite. Je m'attendais à ce que bientôt personne ne me visiterait plus. Mais un jour, quelqu'un frappa à ma porte. C'était ma seconde sœur, la sœur que j'aimais beaucoup.

«Ma sœur qu'est ce qui t'emmène ici à Séoul? Entre!»

«J'avais quelque chose à faire à Séoul.»

Parce que c'était le temps le plus affairé pour la ferme, j'étais heureux – mais aussi très surpris – de la voir.

Elle m'a demandé de la conduire
«Mon frère, fais-moi une faveur. Tu dois m'aider avec quelque chose. Il y a un endroit où je voulais me rendre depuis longtemps, je te prie de m'y conduire.»

«Comment, que veux-tu dire? Tu sais que je ne sais pas bien marcher.» «Je le sais, je le sais, mais j'aimerais tellement visiter cet endroit, que je te demande ton aide.»

J'ai d'abord refusé en disant que je ne pouvais pas la conduire en raison de mon corps malade. Mais elle plaidait tellement ardemment avec moi que je me suis senti mal, et finalement je n'ai plus pu refuser de la conduire.

L'endroit qu'elle voulait visiter était l'une des croisades de guérison conduites par la Grande Diaconesse Shin-ae Hyun. Elle était très connue pour son don de guérison divine. C'était parce que ma sœur priait constamment pour moi et cherchait un moyen de m'emmener à l'église, que la Grande Diaconesse Hyun et moi sommes devenus amis. Ma sœur savait que si elle me pressait à recevoir la guérison à l'église, je refuserais d'y assister. Pendant qu'elle priait, ma sœur a reçu la sagesse de Dieu pour m'emmener à l'église en me demandant de la conduire.

Avant de croire en Dieu

Depuis qu'on m'a appris le Darwinisme à l'école, j'étais un athée. Je pouvais dire avec assurance que les esprits n'existaient pas. Mais en fait, au fond de moi, je ne pouvais pas nier que Dieu existe. Considérant tellement de choses, je ne pouvais effacer la pensée qu'il y a la vie après la mort. Au plus profond de mon cœur, je reconnaissais en fait l'existence de Dieu le Créateur. J'avais pensé, «S'il y a vraiment un Dieu, alors l'enfer existe probablement, un enfer comme dans le film j'avais une fois visionné. Alors, à quoi ressemblerait ma vie après ma mort?»

Étant donné que je ne pouvais pas nier l'existence de Dieu dans le fond de mon cœur, je devais aussi reconnaître l'existence d'une vie après la mort. Dans un coin de mon cœur, j'avais aussi peur de l'enfer. C'est pourquoi, même avant de croire en Dieu, j'ai essayé de mener une vie bonne et juste.

De toute manière, étant donné que ma sœur ne me demandait pas d'aller à l'église pour recevoir une guérison, mais qu'elle me demandait uniquement de la conduire à un endroit de réunion Chrétienne, j'ai accédé à sa demande. Le 17 avril 1974, elle s'est levée et préparée tôt matin en disant qu'elle devait y aller tôt afin de pouvoir avoir une place devant. C'était la première fois que je sortais de la maison depuis longtemps. C'était très difficile pour moi de descendre la colline de la ville de Keumho Dong et cela a donc pris beaucoup de temps. Nous avons pris un bus vers Seodaemoon et nous sommes arrivés à l'église de la Grande Diaconesse Shin-ae Hyun.

Tout le Monde est-il Fou ici?

Malgré que mes deux tympans soient brisés à cette époque, je pouvais entendre un son, mais seulement faiblement. Le second étage était déjà rempli de gens et nous sommes allés au troisième étage. Les marches étaient faites avec une pente légère pour accommoder les handicapés. Mais le fait de devoir m'appuyer sur une canne m'a rendu difficile de suivre ma sœur.

C'était probablement un temps pour la prière en groupe. Les gens autour de moi levaient leurs mains et criaient à haute voix. Je n'avais jamais vu quelque chose de pareil auparavant, et je ne savais donc pas quoi faire et je ne faisais que regarder autour de moi. Je me suis alors rendu compte que ma sœur s'était agenouillée et qu'elle priait aussi avec les mains levées qui tremblaient.

Tout le monde semblait fou, y compris ma sœur. Je me sentais un peu rouge et mes joues s'empourpraient. Je voulais seulement sortir de là. Mais de plus en plus de gens arrivaient et s'asseyaient derrière moi, et je ne pouvais plus sortir. Je veux sortir tout de suite d'ici. Mais que pouvais-je faire? Je ne pouvais pas laisser ma sœur là-bas et rentrer seul! Comme je n'avais jamais vu quelqu'un prier de la sorte – étant seul prier en groupe – je me sentais nerveux rien qu'en regardant les gens qui secouaient leurs mains et qui criaient ainsi à haute voix dans la prière. Mais comme je ne pouvais pas rentrer seul à la maison, je suis resté. J'ai senti que je pourrais aussi bien m'agenouiller aussi. Je me suis agenouillé et j'ai fermé les yeux. Soudainement, j'ai commencé à transpirer dans le dos, et la sueur dégoulinait dans mon dos. C'était une journée de printemps, mais il ne faisait pas chaud. J'étais une personne très squelettique – rien que la peau et les os – et il était donc impossible pour moi de transpirer de la sorte. C'était étrange et j'ai pensé, «Je dois me sentir très embarrassé et nerveux d'être là. C'est sûrement pour cela que je transpire ainsi.»

Ce n'est qu'après un certain temps que j'ai réalisé que dès le moment où je me suis agenouillé, Dieu a brûlé toutes mes maladies par le feu du Saint Esprit. À une chaire loin de là, la Grande Diaconesse Shin-ae Hyun, qui était vêtue de blanc prêchait avec passion. Le son des hauts parleurs était très fort, mais je ne pouvais pas l'entendre bien. Je ne pouvais comprendre que quelques mots çà et là. Je pensais, «Combien se serait bien si je pouvais entendre clairement ce que cette dame disait!»

Il y avait eu un changement dans mon cœur depuis que j'avais transpiré tellement (en fait j'avais été touché par le Saint Esprit). Je voulais entendre le message de la Grande Diaconesse Shin-ae Hyun. Ma sœur m'a dit, «Mon frère, pourquoi ne reçois-tu pas la prière comme les autres gens qui sont venus ici?»

Après le sermon, le visage de ma sœur brillait alors qu'elle me pressait de recevoir la prière. Sur les instructions de ma sœur, je me suis levé – me suis faufilé au milieu d'un tas d'autres personnes – vers l'endroit où la Grande Diaconesse était assise.

Du son continuait à sortir des hauts parleurs, et c'était le son de témoignages de ceux qui avaient été guéris par les prières. Je pouvais en entendre partiellement le contenu et quelqu'un a dit qu'il a «reçu le feu du Saint Esprit» et qu'il avait été guéri lorsque la Grande Diaconesse Shin-ae Hyun lui avait imposé les mains.

«Ils ont dû être guéri par la prière. Mais je ne puis pas le croire.»

La Grande Diaconesse Shin-ae Hyun frappait une fois de la main la tête et puis le dos de chaque personne tandis qu'elles passaient devant elle. Et c'était tout. Elle m'a frappé sur la tête et le dos et m'a repoussé tout comme pour les autres personnes. Je pensais, «Elle traite les gens comme des bagages! Je crois qu'elle arnaque les gens.» Ce devait être à cause de la grande quantité de gens, mais elle ne priait pas pour chaque personne, mais elle les tapait seulement et les repoussait. J'étais offensé.

A ce moment, je me suis rappelé d'un incident qui s'est produit à l'école primaire. Une femme était connue pour son don de guérisons dans la région de Jung-eup. Comme ses réunions étaient annoncées dans un quotidien, de nombreuses personnes s'étaient rassemblées à Jung-eup. Mon neveu avait aussi assisté à l'une de ses réunions parce qu'il avait des sécrétions auriculaires. Après environ 15 jours, cela a été connu qu'elle était une arnaqueuse. Elle a été arrêtée. Certains des quotidiens ont fait des reportages de cette information. Je me demandais si cette femme trompait les gens, tout comme l'avait fait cette femme de la région de Jung-eup. Profondément enfoncé dans mes pensées, je me suis déjà retrouvé au rez-de-chaussée.

«C'est étrange! Je suis arrivé ici sans aucune douleur ni difficulté.»

Je puis Entendre! Je puis Entendre!

Ma sœur était tellement heureuse car c'était comme si son vœu se réalisait. Nous avons pris le bus. Soudain, j'ai entendu des sons très forts comme le son du tonnerre. J'ai pensé, «Etrange! Comment puis-je entendre des sons aussi forts dans mes oreilles?»

Ce bruit de tonnerre s'est arrêté lorsque je suis descendu du bus au marché de Keumho. J'ai dit au revoir à ma sœur et je me suis rendu au snack bar que ma femme tenait au marché. Il y avait toutes sortes de nourritures sur le comptoir y compris de la viande. Dans le bar, je pouvais entendre les conversations des clients pendant qu'ils mangeaient et buvaient. J'étais tellement heureux que j'ai frappé la table du poing.

«Je puis Entendre! Je puis Entendre!»

Ma femme surprise m'a demandé «Comment, tu entends? Qu'est ce que tu entends et pourquoi tu parviens à entendre maintenant?»

«J'entends clairement parler ces clients. Chérie, j'ai faim maintenant. Je veux manger quelque chose. Veux-tu me donner du riz et de la viande?»

«Quoi? Tu auras une indigestion et tu vomiras partout!»

«Je suis OK. Je sens que je les ai déjà digérés. N'aie pas crainte et donne-moi seulement à manger.»

J'ai fini le riz et la viande dès que ma femme me les a apportés. D'habitude je ne pouvais manger qu'un peu de riz et c'était un changement merveilleux. Je sentais que je digérais très bien la nourriture. En fait je n'avais aucun problème.

Indéniablement, un Miracle!

Le jour suivant, dès que je me suis réveillé le matin, je me suis rendu à la salle de bain comme d'habitude. La première partie de la routine matinale était d'aller dans la salle de bains, d'enrouler de la ouate sur une allumette et d'enlever l'écoulement de mes oreilles. Je le faisais parce que je ne voulais pas que ma femme s'inquiète en le voyant. Je voulais l'enlever comme d'habitude, mais il n'y avait rien. Elles étaient propres. Plus étrange, lorsque je me réveille, j'ai de l'anémie. J'étais tellement anémique que je devais m'arc-bouter pendant un moment et puis aller à la salle de bains. Mais ce jour là, je me suis rendu compte que j'étais allé à la salle de bains dès que je m'étais levé. Ce n'est pas tout. À cause d'une sévère arthrite, j'avais l'habitude d'avoir du pus sur la main, les coudes, les genoux, les chevilles et à d'autres joints. Mais ce jour là, le pus blanc s'était transformé en croutes noires.

«Je ne Puis pas Comprendre cela. C'est Etrange!»

Soudain, mon cœur a commencé à battre fort. Toujours excité, je suis retourné dans la pièce. J'ai ôté mes vêtements et ai examiné attentivement mon corps. Lorsque je dormais, je ne pouvais pas librement tourner mon cou et je devais dormir d'un côté à cause de l'inflammation lymphatique. Mais la tumeur de la taille d'un raisin dans ma glande lymphatique était complètement résorbée. De plus, je me souvenais de quelque chose qui s'était produit précédemment quand j'étais toujours malade. C'était en hiver et nous avions toujours de l'eau chaude dans un pot à la cuisine. Comme d'habitude, je m'abaissais pour prendre un peu d'eau chaude le matin. Le pot n'était qu'à moitié plein et la ventilation était ouverte, de sorte qu'il y ait un grand apport d'oxygène dans la briquette de charbon. L'eau était en train de bouillir.

Lorsque j'ai pris de l'eau avec une louche, de la vapeur bouillante a couvert mon visage. Lorsque j'ai essayé d'échapper à la vapeur, l'eau chaude s'est répandue sur mon corps. J'ai été brûlé aux bras et sur la poitrine. Cette brûlure m'a laissé avec de vilaines cicatrices et normalement je n'enlèverais pas ma chemise.

Mais même ces cicatrices étaient parties! C'était un tel miracle incroyable. Il n'y avait plus rien de mal avec mon corps.

À ce moment, Je me suis souvenu ce qui s'était produit le jour précédent. Je pouvais monter et descendre les escaliers sans aucune difficulté. Sur le chemin du retour j'ai entendu un son de tonnerre. Je pouvais entendre les clients qui parlaient dans le magasin de ma femme. Je n'étais plus anémique depuis ce matin là. Il n'y avait plus d'écoulements et je n'avais plus de douleurs en pliant les genoux.

«Dieu m'a-t-Il Réellement Guéri?»

Faisant face à une réalité que moi-même je ne parvenais pas à croire, j'étais tellement surpris. Je n'ai pris aucun médicament et je n'ai subi aucune opération chirurgicale, rien! Mais toutes les maladies étaient guéries! Plus de 10 différentes sortes de maladies que je ne pouvais guérir avec aucun traitement médical ont été guéries en une seule fois!

«Dieu est vraiment vivant.»

J'étais une personne insensée, mais comment pouvais-je douter plus longtemps? Je me suis agenouillé et j'ai levé les mains vers le ciel.

«Ah, Dieu! Tu vis vraiment! Comment pouvais-Tu me guérir ainsi en une seule fois? Je Te prie de pardonner à un homme tellement insensé. J'ai ignoré tous les prédicateurs lorsqu'ils me pressaient de croire en Dieu. Mais Tu vis vraiment et Tu m'as complètement guéri!»

J'ai essayé de douter en pensant que c'était une coïncidence, mais je ne pouvais en douter. Je me sentais comme si je volais. Je ne pouvais cependant pas encore en croire la réalité. Ma femme qui était à l'extérieur m'a entendu prier et est entrée surprise dans la pièce.

«Chérie, viens et regarde mon corps. Dieu m'a guéri!»

Surprise, ma femme a regardé mon corps complètement, et elle aussi a dû croire que Dieu m'avait guéri. Elle était tellement heureuse et elle m'a embrassé, et elle a commencé à pleurer à haute voix. Nous avons pleuré longtemps. Tous les regrets et les douleurs ont fondu et nous étions remplis de joie et de reconnaissance.

Celui qui m'a Guéri

Dès que je me suis agenouillé à l'église, Dieu a complètement guéri toutes mes maladies par le Feu du Saint Esprit. Avant même que la Grande Diaconesse Shin-ae Hyun ne prie pour moi, Dieu m'avait déjà guéri par le Feu du Saint Esprit. J'étais un athée et je n'avais aucune foi en Dieu. Je n'ai même pas demandé la guérison à Dieu, alors, pourquoi m'a-t-Il guéri? Je crois que c'était la réponse de Dieu à la prière de ma sœur qui avait pendant longtemps jeûné et prié pour mon salut. De même c'était probablement parce que Dieu savait qu'une fois que j'aurais connu le Dieu vivant, je ne me lierais plus avec le monde ni ne Le trahirait, mais que je vivrais uniquement selon Sa parole en l'aimant jusqu'à la fin.

Le Divorce et le Retour de ma Femme

Du Bonheur pendant 3 Mois

Comme dans l'histoire de *«l'Oiseau Bleu du Bonheur,»* je me sentais comme si un oiseau bleu du bonheur était entré dans ma famille. Le changement le plus significatif dans ma famille était le fait que nous nous sommes rendus dans une église proche pour assister au culte les dimanches. Nous l'avons fait parce que c'est par la grâce du Dieu vivant que j'avais été guéri et nous sentions que nous devions rendre cette grâce.

Mais la grande dette financière qui nous restait, et d'autres situations n'ont pas changé. Mais nous étions malgré tout joyeux et heureux. J'étais simplement reconnaissant d'avoir été libéré des douleurs des maladies. C'est parce que j'avais l'espérance et le rêve que je pourrais finalement travailler dur et vivre par ma propre capacité.

J'ai discuté avec ma femme de notre futur. Comme toutes

les maladies étaient parties, en quelques mois je serais de nouveau capable de travailler. Alors, nous pourrions rembourser les dettes et agrandir notre magasin. Nous travaillerions dur ensemble, gagnerions beaucoup d'argent et dirigerions un grand restaurant. A ce moment, il y avait quelqu'un qui était habile pour confectionner des costumes de plongée. J'ai donc travaillé en tant qu'assistant en pensant que je pourrais aussi recouvrer la condition physique de mon corps. Au début, je me sentais très fatigué rien qu'en travaillant un peu, mais j'ai rapidement retrouvé de l'énergie. Je gagnais un peu d'argent et planifiait mon futur et nous avions la fête d'anniversaire de mon père. C'était approximativement 90 jours après que j'aie été guéri.

Votre Fils est Tombé Malade à cause de Moi

Le 10 juillet 1974, le jour de l'anniversaire de mon père, tous les membres de la famille se sont réunis à la maison dans notre ville natale je m'y suis rendu quelques jours plus tôt, et ayant du travail dans le magasin, ma femme est venue la nuit précédant l'anniversaire.

Malgré que ce ne soit pas un retour triomphal, j'étais très heureux. Lorsque je venais dans ma ville natale pendant que j'étais malade, j'étais pratiquement confiné dans ma chambre en essayant d'éviter les yeux des gens. Je prenais seulement mes médicaments et retournais à Séoul. J'avais peur que mes voisins se réfèrent à moi en tant qu'une personne handicapée. Maintenant, combien étais-je heureux d'être devenu un homme totalement en bonne santé!

J'ai témoigné de Dieu en disant, «Je n'attendais que le mort à cause de beaucoup de maladies incurables. Mais je me suis rendu à l'Autel de Shin-ae Hyung avec ma sœur aînée et j'ai reçu une telle guérison.»

J'ai témoigné que Dieu est le guérisseur qui m'a rencontré et m'a guéri. J'avais peu de connaissance de la parole de Dieu dans la Bible, mais j'ai témoigné de ce que Dieu est vraiment vivant et j'ai partagé ma joie avec mes parents et mes frères.

Après le déjeuner d'anniversaire de mon père, ma femme préparait les bagages pour retourner à Séoul. Je buvais avec mes frères avant de devoir partir. Pendant ce temps, il y eut un problème à l'extérieur. J'ai entendu qu'on claquait une porte. J'ai regardé à l'extérieur et ma femme courait avec ses bagages en disant qu'elle demanderait le divorce. Ma sœur et ma belle sœur la suivaient pour la rattraper. C'est ainsi que tout s'est passé.

«Ma fille, mon fils est tombé malade juste après s'être marié avec toi, et tu as beaucoup souffert. Mais maintenant, de bons jours arrivent si tu travailles dur à partir de maintenant.» Ma mère était tellement contente de ce que son plus jeune fils, qui, selon ce qu'elle croyait allait mourir n'importe quand, a récupéré sa santé. Et c'est pourquoi elle donnait un tel conseil à sa belle fille. Mais ma femme l'a compris comme si j'étais devenu malade et avais tellement souffert à cause d'elle, et son visage est devenu pale.

«Dis-tu que ton fils est devenu malade à cause de moi? OK!, Je vais simplement quitter cette famille. Je vais obtenir un divorce, oui je vais le faire!»

«Ma sœur, il y a un malentendu. Tu sais bien que Maman n'a pas voulu dire cela de la manière dont tu l'as compris!»

Ma femme est immédiatement rentrée à Séoul. Parce que ma femme avait quitté la maison de telle manière, l'atmosphère de la fête s'est changée en atmosphère de funérailles. Ma mère était furieuse. Elle a dit, « Tu ne pouvais pas guérir pendant tout ce temps parce que tu avais épousé une telle femme! Jaerock, oublie tout. Nous avons déjà eu un bon dîner. Jouissons de notre repas! »

Je répondis, « Oublier? Comment pouvais-tu dire pareille chose. Comment puis-je simplement l'oublier? »

Mes frères et sœurs disaient certaines choses pour me consoler, mais ce qu'ils disaient rendait les choses encore pires. J'étais tellement en colère de ce que mes frères disaient que j'ai été dans la cuisine. J'ai saisi et j'ai bu d'un seul trait toute une bouteille de Soju.

Mon père était choqué parce que j'avais fait un tel raffut. Il avait une excellente vue et une bonne santé même après avoir dépassé les 70 ans. Il était capable de lire des livres et des journaux chinois. Mais à cause du choc que tout cela lui avait causé, il a perdu la vue. Jusqu'à ce qu'il meure, il n'a plus rien pu voir. Le comportement atypique que j'ai montré dans cette situation a été pris comme très irrespectueux envers mon père. Cette situation est quelque chose qui me donne une grande douleur et cela pour le restant de ma vie.

Du point de vue de ma femme, elle a ressenti que pendant sept ans elle a dû traverser tant de souffrances et tant de difficultés dans la vie à prendre soin de son mari malade et à gagner l'argent pour le ménage. Elle a cru que sa belle mère avait dit que c'était à cause d'elle que tout est arrivé. Elle a dû connaître une telle déception à cause de cela. Le regret qu'elle ressentait en se souvenant de la vie fatigante et désespérée qu'elle a connue pendant ces sept années auxquelles elle a dû faire face et aussi de ce qu'il n'y avait personne avec qui elle pouvait parler librement, a dû tellement grandir en elle que c'était difficile pour elle de le supprimer.

Après Quatre Mois de Douleur

Le lendemain, je suis retourné à Séoul avec ma fille aînée Miyoung. J'ai cherché ma femme, mais elle n'était pas à la maison, et elle n'était pas non plus au magasin. Le lendemain, elle est revenue à la maison, mais elle était une personne totalement différente.

Elle m'a dit, «Maintenant, je vais divorcer de toi. Nous devons commencer la procédure de divorce dans notre ville natale. Viens avec moi pour signer les documents.» J'ai essayé de lui faire changer d'avis, mais cela ne servait à rien. À la demande de ma femme je me suis rendu dans notre ville natale et j'ai signé les documents.

Comme c'était une petite ville, la rumeur s'est très rapidement répandue. J'étais tellement désolé pour mes parents et j'étais embarrassé de voir mes voisins. Je suis rapidement retourné à Séoul comme si je voulais m'échapper. Je n'avais jamais pensé que ma femme divorcerait d'avec moi. J'attendais toujours que ma femme revienne à la maison, et après plusieurs jours, elle est venue avec les membres de sa famille.

J'ai entendu, «Maintenant que vous êtes divorcés, nous voulons récupérer les cadeaux de mariage. Nous allons aussi récupérer la garantie locative pour le magasin au marché.»

Parce que nous avons déménagé 17 fois pendant que j'étais malade, nous n'avions pas de biens mobiliers normaux. Malgré cela, ma femme et sa famille ont emballé tout ce qu'elle avait apporté. Je me sentais tellement méprisé par eux tous. Pendant qu'ils finissaient de tout emballer, je me suis rendu au marché de Keumho Dong pour prendre la garantie du magasin.

Le marché était rempli de monde. En ce temps là, ma fille de 5 ans Miyoung comprenait ce qui se passait. Elle s'accrochait à la robe de sa mère.

«Maman, ne pars pas! Reste avec moi! Ne me quitte pas! Je mourrai si tu t'en vas!» Miyoung pleurait et la suivait. Ses chaussures étaient tombées, mais ma femme l'a froidement repoussée.

«Papa, elle n'est plus ma maman. À partir de maintenant je ne l'appellerai plus maman. Ne la laisse jamais revenir à la maison.» A cause de la blessure dans son cœur, les paroles coulaient comme des aiguilles glacées de la bouche de ma petite fille.

À cette époque j'apprenais à travailler sur des sites de construction en suivant mes amis. Même pendant que je n'étais pas avec ma femme, je n'ai jamais manqué un culte d'adoration le dimanche. Parce que je devais aller à l'église le dimanche, je ne buvais ni ne fumais plus dès le samedi soir de peur que mon haleine ne sente mauvais le dimanche à l'église. Ce n'est qu'après la fin du culte du matin et de celui du soir que je rentrais à la maison et que finalement je recommençais à boire et à fumer, ce que j'avais essayé de ne pas faire toute la journée.

Je ne savais même pas comment prier, mais je m'agenouillais

et priais à haute voix, «Dieu, Tu connais tout non? Je suis redevenu en bonne santé et je puis mener ma vie maintenant, mais les choses ont évolué d'une telle manière. Je Te prie de me renvoyer ma femme. Je puis la rendre heureuse sans jamais plus la faire souffrir. Je Te prie de la faire revenir rapidement et que nous puissions avoir une famille heureuse.»

Je mangeais le petit déjeuner tôt le matin, laissais Miyoung à la maison de mon frère aîné, et partais travailler. Je reprenais Miyoung le soir lorsque je rentrais à la maison du travail. Chaque jour était pareil. Plus tard, j'ai dû l'envoyer à la maison de sa grand-mère dans mon village natal. Mais rapidement après l'avoir envoyée dans la maison de mes parents, ma mère m'a appelé. Miyoung avait des ulcères douloureux de la tête aux pieds, et c'était tellement sérieux que les médicaments ne fonctionnaient même pas. Ils étaient tellement sérieux qu'ils saignaient énormément et elle avait des vers dans le cuir chevelu. Ils l'ont envoyé à l'hôpital, mais il semblait qu'elle ne devait pas survivre.

Même dans son inconscience, elle cherchait et appelait sa mère. Ils m'ont demandé de lui laisser voir sa mère une fois de plus avant qu'elle ne meure. Je n'étais pas au courant du fait que nous étions légalement divorcés, et je me suis rendu à la maison du frère aîné de ma femme à Keumbo Dong. Heureusement, ma belle mère était là-bas, et je lui ai raconté la situation et lui ai demandé la permission de voir ma femme. Mais leur réponse était froide. «Si ta fille meurt, il vaut mieux pour toi de te remarier. Abandonne-la.» Par conséquent, Miyoung n'a pas pu voir sa mère, mais malgré que ce soit avec peine, elle a survécu.

Une Entrevue de Mariage

Je me suis livré au tabac et à la boisson pour oublier la sombre réalité de ma vie. J'étais déçu par ma femme qui avait quitté la maison à cause d'une seule mauvaise parole de ma mère. Mais je haïssais même plus, les membres de la famille de ma femme parce qu'ils l'avaient pressée de divorcer. Pour oublier ceux que je haïssais, je devais boire. J'avais un jour investi mon argent avec ma sœur et j'avais tout perdu à cause de son erreur, et je me suis rendu chez elle pour lui demander de me donner un peu d'argent pour commencer un commerce. Mais j'ai passé mes journées dans un bar jusqu'à ce que l'argent soit terminé. Je n'avais plus la force, ni la volonté de continuer ma vie.

Les membres de ma famille essayaient de trouver un moyen de sortie pour me sauver. Ma sœur a dit, «Mère, il vaudrait mieux que nous le fassions se marier à nouveau. Si tu le laisses ainsi, il deviendra comme un mort, tout comme avant.» Finalement, ma mère m'a appelé. Elle m'a dit qu'il y avait une bonne femme pour moi et elle m'a demandé de venir dans ma ville natale pour la rencontrer.

Je croyais, «Ma femme revient. Je ne vivrai jamais avec une autre femme!» J'ai aussi cru que mon amour pour ma femme ne changerait jamais, et je ne pouvais même pas imaginer que je puisse vivre avec une autre femme.

La voix de ma mère plaida, «Mon fils, rien qu'une seule fois! C'est mon dernier espoir,» et je ne pouvais plus refuser ce que ma mère me demandait, de seulement rencontrer la femme en question. Je l'ai donc fait. Je me suis décidé de n'échanger que des salutations formelles avec elle et de revenir. Mais la providence de

Dieu est profonde!

Lorsque je me suis rendu à l'endroit où je devais rencontrer la femme, il y avait ce type de femme parfaitement idéal. Ce type de femme dont j'avais toujours rêvé. J'ai aimé ses vêtements de couleur blanche et elle portait une robe deux pièces blanche. Ses cheveux étaient longs et flottaient sur ses épaules et dans son dos. Elle était assise comme si c'était un portrait. Je ne pouvais en croire mes yeux. Parce que sa mère était très superstitieuse, elle croyait que lorsqu'un diseur de bonne aventure le lui avait dit, que pour que sa fille soit heureuse, elle devait la marier à un homme qui se mariait pour la seconde fois. C'est pourquoi sa mère a organisé une rencontre avec moi. Nous nous sommes plus et les deux familles ont été rapides pour préparer le mariage.

Jusqu'au moment de cette rencontre, j'attendais que ma femme revienne. Je n'ai jamais regardé une autre femme. Mais j'avais changé d'avis sur le fait de ne vivre qu'avec ma femme. C'était aussi un choc pour moi que je puisse changer ainsi. La date a été fixée et nous avons échangé les dons. Alors, soudainement, ma femme est venue. Elle avait entendu que je devais me marier à nouveau, et elle voulait vérifier mon attitude et mon cœur. Mais lorsqu'elle a senti que mon cœur s'était déjà éloigné d'elle et que j'avais déjà décidé d'épouser une autre femme, elle a été surprise.

Pardonnant à ma Femme

Jusque là, ma femme avait fermement cru que contrairement aux autres gens, je ne changerais jamais mon amour pour elle. Il semblait qu'elle soit choquée d'entendre que j'allais me marier à une belle femme célibataire. Elle a réalisé que mon cœur s'était déjà éloigné d'elle. Mais tôt le matin suivant, elle est venue avec ses bagages. Je dormais à la maison, et soudain, j'ai entendu un bruit sourd sur le sol. Ma femme revenait avec ses bagages. Mais n'était-ce pas trop tard? J'avais déjà promis d'épouser une autre femme, et ainsi j'ai jeté ses bagages hors de la maison. Un vacarme s'est levé pendant que nous déplacions les bagages dans et hors de la maison.

Je lui ai dit, «J'ai un grand ressentiment envers les membres de ta famille, et je suis devenu honteux de moi-même devant les membres de ma famille. De plus, nous avions déjà fixé la date de notre mariage et que dira cette famille?»

«J'irai voir et je demanderai le pardon de chacun des deux côtés de la famille. Dans le futur j'obéirai à tout ce que tu me diras.»

«Même si je te pardonne, mes parents et mes frères et sœurs ne te pardonneront pas!»

Elle était têtue.

«Je recevrai tout pardon. Je mourrai dans cette famille.»

Elle avait étonnamment changé, comme un doux mouton. Tout mon amour pour elle avait déjà disparu, mais j'ai pensé à mes deux filles. Je pensais qu'il serait mieux pour toutes les deux qu'elles soient élevées par leur propre mère. J'ai donc accepté de lui pardonner à certaines conditions. Elle devait accepter de m'obéir inconditionnellement, et elle devait recevoir le pardon de tous les membres de la famille et des proches. J'ai aussi demandé que les membres de la famille viennent vers moi et s'excusent. Finalement, j'ai accepté mon ex femme et nous sommes revenus ensemble. C'était 120 jours après qu'elle ait quitté la maison.

J'ai franchement raconté mon histoire à la mère de la femme que je devais épouser, et j'ai demandé sa compréhension. Contre toute attente, elle a très bien compris ma situation. Mais ce n'est qu'après un temps très long que j'ai réalisé que tout cela était dans la providence de Dieu.

Pourquoi ma Femme devait-elle Divorcer?

Lorsque ma femme gagnait l'argent en prenant soin de son mari malade, elle n'avait aucune espérance dans la vie. Pendant ce temps, son cœur doux et pur a disparu et sa personnalité est devenue très dure.

«La mort et la vie sont au pouvoir de la langue et ceux qui l'aiment en mangeront les fruits» (Proverbes 18 :21).

«Par le fruit de la bouche on jouit du bien. Mais ce que désirent les perfides c'est la violence. Celui qui veille sur sa bouche garde son âme. Celui qui ouvre de grandes lèvres court à sa perte» (Proverbes 13 :2-3).

Parce qu'elle savait que je l'aimais d'un cœur vrai, malgré qu'elle ait quitté la maison plusieurs fois, elle est revenue. Nous connaissions nos cœurs de vérité l'un de l'autre. Elle n'a pas quitté son mari, qui n'avait plus aucun espoir dans la vie. Elle a cependant dit à plusieurs reprises qu'elle demanderait le divorce dès que je retrouverais la santé. Étant donné que ses paroles négatives se sont entassées, c'est devenu un piège de Satan et cela est devenu réalité le jour de l'anniversaire de mon père. Si nous prononçons des paroles négatives, l'ennemi diable nous accuse d'après ce que nous avons dit, et ainsi, le Dieu de justice doit autoriser que cela se produise selon les lois du monde spirituel. Ma femme n'a pu contrôler ce qu'elle pensait et ressentait et elle a divorcé de moi. Mais Dieu nous a conduits à nous réunir et cela a fonctionné pour le bien de toutes choses.

Chapitre 3

Mon Appel

Le Commencement d'une Vie Chrétienne Sérieuse

Lors d'une Réunion de Réveil j'ai réalisé que j'étais Pécheur

Dieu a changé le tempérament de ma femme pour qu'il devienne celui d'un agneau. Après avoir réuni le mariage, nous avions pour la première fois depuis si longtemps, la paix et le bonheur. Après qu'elle soit revenue à la maison, elle a fait de son mieux pour servir tout le monde, et avec un cœur ouvert elle s'est dévouée aux membres de sa famille. Mais ma première fille Miyoung ne voulait absolument pas l'appeler 'Maman' et elle était très froide avec elle. Ma femme a essayé pendant longtemps et a versé de nombreuses larmes pour toucher le cœur et la pensée de Miyoung. Le 24 novembre 1974, sur l'insistance du propriétaire de ma nouvelle maison en ce temps là, nous avons assisté à une réunion de réveil tenue à l'église de Sungdong à Oksu Dong. Ma femme et moi avons diligemment assisté à toutes les réunions du matin, les réunions de journée et les réunions du soir. Le Pasteur Beyong-ho Park de l'Eglise de Sanctification Evangélique Coréenne était l'orateur. Il a prêché un message avec pour titre, «Donne tout et deviens un mendiant.» Il a donné son témoignage que chaque fois qu'il a donné tout ce qu'il avait, Dieu lui avait donné de grandes bénédictions. Lorsqu'il a donné tout ce qu'il avait et a bâti une église, Dieu qui sait tout l'a abondamment béni. Ma femme et moi étions assis sur les sièges du premier rang et avons reçu beaucoup de grâce. Au travers des messages, j'ai appris que nous devions lire la Bible, que Jésus Christ est le Sauveur et que je devais abandonner la cigarette et la boisson. J'ai aussi appris comment prier et comment donner de justes dîmes et des offrandes d'action de grâce. J'ai appris les bases de la vie chrétienne.

J'étais fier de moi-même parce que j'avais toujours essayé de mener une bonne vie. Il y avait d'autres personnes qui disaient que j'étais une personne qui 'n'avait même pas besoin de loi'. Cependant, dès le premier jour, j'ai réalisé que j'étais un pécheur en me comparant à la Parole de Dieu, et j'ai commencé à me repentir avec des larmes et un nez qui coule. J'étais une personne très timide et introvertie. C'était inimaginable pour moi de verser des larmes et d'avoir le nez qui coule n'importe où au milieu d'autres gens. Mais c'était possible parce que Dieu travaillait puissamment et m'a donné la grâce.

Le Commencement d'une Fervente Vie Chrétienne

Le dernier jour de la réunion de réveil, j'ai fait un vœu de faire une offrande pour la construction de l'église. En ce temps là, je vivais dans une maison que j'avais louée pour un dépôt d'environ 100.000 wons (approximativement 100 $ US). J'étais tellement reconnaissant pour la grâce de Dieu que je voulais Lui donner tout ce que je possédais. Mais je n'avais rien à donner. J'avais de l'angoisse dans le cœur à ce sujet et j'ai finalement fait un vœu de donner 300.000 wons. J'ai discuté de cela avec ma femme, et elle avait aussi le désir dans son cœur de donner 300.000 wons. Nous avons décidé de les donner dans les 3 mois.

La date promise approchait, mais nous n'avions toujours pas l'argent. Ainsi nous avons dû prendre un prêt à haut taux d'intérêts et nous avons donné 300.000 wons à l'offrande pour la construction de notre église. Parce que c'est important de tenir ses promesses à Dieu, nous devions respecter la date malgré le fait que nous devions payer un fort intérêt pour le prêt. Depuis le temps où ma femme et moi avions assisté à la réunion de réveil, notre vie chrétienne avait commencé sérieusement. Comme nous apprenions la parole de Dieu, nous donnions des dîmes et des offrandes d'action de grâce. J'ai abandonné la cigarette et l'alcool, et nous commencions à assister aux réunions de prière du matin. Comme je travaillais en tant qu'ouvrier dans la construction, les jours où je n'avais pas de travail, je montais tôt matin sur la montagne et je priais. Je n'avais pas suffisamment de connaissance spirituelle pour comprendre que c'était la volonté de Dieu de s'écrier dans la prière et de jeûner. J'obéissais seulement à l'urgence dans mon cœur.

Invoque-Moi et Je te Répondrai!

En 1975, tôt le matin, je suis monté à la montagne de Chilbo à Suwon. J'ai mis une couverture sur un rocher et là je priai. Soudain, j'ai entendu une voix venant du ciel. Elle était forte et claire et avait de l'autorité et disait, «Regarde Luc chapitre 22 verset 44!» J'ai rapidement ouvert la Bible et je l'ai lu.

«Et étant en agonie, Il priait plus instamment, et Sa sueur devint comme des gouttes de sang qui tombaient à terre.»

Le type de prière qui plait à Dieu est de s'écrier dans la prière avec ferveur. J'ai prié pour comprendre pourquoi Dieu m'avait donné ce verset et sous une inspiration claire j'ai reçu l'interprétation.

Israël est situé dans une région désertique, et ainsi, la température descend drastiquement la nuit. Aussi, lorsque Jésus a été crucifié, c'était en avril, et la température à ce moment là ne permet absolument pas de transpirer la nuit. Alors de quelle manière fervente et ardente, Jésus a-t-il dû prier pour que sa sueur devienne comme des gouttes de sang qui tombaient sur le sol? Sa prière était tellement fervente et puissante dans son agonie que l'effort qu'il accomplissait a fait en sorte que des vaisseaux capillaires ont éclaté, relâchant du sang qui a formé des gouttelettes qui sont tombées de la surface de sa peau sur le sol. S'il avait prié en silence, une telle chose n'aurait jamais pu arriver.

Le Secret de Crier dans la Prière

Depuis ce temps, tandis que je lisais la Bible j'ai trouvé qu'il y avait de nombreux versets aussi bien dans l'Ancien que dans le Nouveau Testament qui nous disent de nous écrier dans la prière. J'ai aussi réalisé que les précurseurs de la foi ont reçu leurs réponses en criant dans la prière. C'est la volonté de Dieu pour nous de crier dans la prière. «Invoque-Moi et Je te répondrai, je te montrerai de grandes choses, des choses cachées que tu ne connaissais pas» (Jérémie 33 :3). Jonas a désobéi à Dieu et a été englouti dans le ventre d'un grand poisson, mais dans Jonas 2 :2, il est relaté qu'il a été sauvé en criant à Dieu. Dans Jean 11 :43-44, il est relaté que lorsque Jésus a ordonné d'une voix forte, Lazare mort est sorti. Lazare était mort depuis quatre jours, mais il est sorti vivant avec les pieds et les mains liés par les linges mortuaires. Que ce soit à voix haute ou en silence cela n'aurait fait aucune différence puisque Lazare était mort. Mais parce que c'était la volonté de Dieu, Jésus a crié à haute voix dans Sa prière. Genèse 3 :17 dit, «*Il dit à l'homme : Parce que tu as écouté la voix de ta femme et que tu as mangé de l'arbre dont je t'avais défendu de manger, le sol sera maudit à cause de toi. C'est avec peine que tu en tireras ta nourriture tous les jours de ta vie.*»

Avant que l'homme n'ait mangé de l'arbre de la connaissance du bien et du mal, ils vivaient dans l'abondance dans le jardin d'Eden, avec toutes les choses que Dieu avait pourvues pour eux. Mais étant donné qu'ils ont désobéi à Dieu en mangeant de l'arbre, le péché est entré dans l'homme. La communication avec Dieu a donc été rompue et ils devaient maintenant manger le fruit de leur sueur et de leur travail. Nous ne pouvons gagner ce que nous voulons et avons besoin que par notre travail et notre sueur. Alors combien plus devons-nous travailler et suer dans nos prières à Dieu pour recevoir quelque chose qui ne peut se faire par la capacité humaine?

La Signification Spirituelle de prier dans la 'Chambre Intérieure'

Certains d'entre vous pourraient se demander, «Jésus nous a dit d'entrer dans notre chambre et de prier dans le secret, alors, pourquoi devons-nous prier à voix haute? Le Dieu tout puissant ne nous entend-il pas même si nous prions en silence?» Dans Matthieu 6 :6, Jésus a dit, «*Mais toi, quand tu pries entre dans ta chambre, ferme ta porte et prie ton Père qui est dans les lieux secrets et Ton Père qui voit dans le secret te le rendra.*» Mais nulle part dans la Bible, nous pouvons trouver un endroit où Jésus a prié dans la chambre intérieure. Selon Marc 1 :35, Jésus n'a pas prié dans une chambre intérieure, mais tôt matin, Il s'est rendu dans un endroit désert pour prier. Luc 6 :12 relate qu'Il a prié sur les flancs de la montagne.

Daniel a ouvert sa fenêtre et a prié face à Jérusalem (Daniel 6 :10), Pierre a prié sur le toit (Actes 10 :9), et l'apôtre Paul a prié dans un 'lieu de prières'. La raison pour laquelle ils avaient des endroits spéciaux de prière était pour prier de tout leur cœur et âme et de crier dans la prière. Prier dans la chambre intérieure symbolise que nous devons prier de tout notre cœur et des profondeurs de notre cœur. Une chambre se réfère spirituellement au cœur de l'homme. Si nous entrons dans la chambre intérieure et fermons la porte, nous serons isolés des conversations du monde et des contacts extérieurs. De la même manière, lorsque nous prions, nous devons d'abord couper toutes autres pensées et soucis et besoins de ce monde, et prier de tout notre cœur et une complète concentration.

Dieu Connait la Faiblesse de l'homme

Au commencement, tout le monde trouve difficile de crier dans la prière. Mais tandis que nous continuons à prier tous les jours, nous recevrons rapidement la puissance d'en haut pour prier facilement et nous serons capables de bien prier. Aussi, parce que nous recevrons la plénitude du Saint Esprit, nous recevrons aussi le don du parler en langues. Mais si nous prions en silence, il est probable que les pensées futiles vont capturer l'attention de nos pensées et les soucis et problèmes de ce monde vont entrer. Alors nous allons probablement combattre ces pensées futiles et les soucis au sujet de notre épouse, nos enfants, les choses personnelles ou financières. Nous devenons rapidement fatigués et nous nous endormons. Mais si nous crions dans la prière de tout notre cœur, il n'y a plus de place pour que des pensées futiles puissent entrer et ainsi la fatigue ou la somnolence ne peuvent pas nous surmonter. Nous aurons des victoires dans notre vie de prière.

Parce que Dieu connait la faiblesse de la vie humaine, Il nous a ordonné de crier dans la prière de sorte que nous puissions remporter la victoire. Depuis que j'ai réalisé cette volonté de Dieu, j'ai commencé à crier dans la prière. Lorsque je faisais des veillées de prières à l'église, je criais tellement et mon pasteur ne voulait pas que je prie à haute voix parce que cela pourrait amener des plaintes de la part des voisins. Lorsque le pasteur était à l'église, je ne pouvais pas prier comme je souhaitais le faire. C'est pourquoi je me suis rendu dans des endroits appelés 'Montagnes de Prières' chaque fois que j'en avais le temps. Je me sentais désolé dans un coin de mon cœur parce que si mon pasteur m'avait permis de prier à haute voix dans l'église, l'ennemi diable aurait été chassé au travers de la prière, et ce feu de la prière se serait répandu auprès de nombreux membres de l'église de sorte que l'église aurait grandi très rapidement. Étant donné que j'avais un caractère qui était introverti, je me rendais sur le sommet des collines et continuais à crier fort dans la prière du petit matin au soir.

Dieu m'a Conduit vers une Position Basse

J'ai Choisi un Travail de Construction pour Garder le Jour du Seigneur

Pendant les quelques mois où ma femme avait quitté la maison, le montant des intérêts a augmenté et j'avais plus de difficultés financières. J'ai commencé à travailler comme ouvrier de construction, à la suggestion d'un homme responsable des ouvriers. Il a suggéré que je récupère la force de mon corps en ne travaillant pas trop sur son site de construction. Je voulais rapidement récupérer ma santé après 7 années de souffrances. Je l'ai aussi choisi parce que je pouvais librement garder saint le Jour du Seigneur. Parce que je n'avais pas du travail chaque jour, chaque fois que j'avais le temps, j'ai prié et jeûné et j'allais travailler quand il y avait du travail.

L'intérêt de ma dette grandissait, mais je croyais certainement que Dieu ne me bénirait que si je lui étais agréable. Mes frères et sœurs voulaient me donner un peu d'argent de semence pour commencer un commerce, mais j'ai refusé. Je voulais commencer au commencement, en suivant le bon chemin. Comme j'avais été élevé à la campagne en tant que dernier fils, je n'avais en fait jamais fait de travail dur. Quand j'ai commencé à travailler en tant qu'ouvrier dans la construction, il fallait une grande part d'endurance et je devais parfois verser des larmes. Pour monter au second étage en portant de lourdes charges, mes jambes commençaient à trembler et je suis tombé de nombreuses fois. Mais je me relevais toujours et je continuais à travailler. Pendant ce temps, j'ai été transformé en une personne qui pouvait tout faire et j'ai aussi récupéré ma santé.

J'ai posé des briques et aussi poussé des brouettes. Pendant qu'il n'y avait pas de travail en hiver, je travaillais en tant que manageur prenant soin de la livraison de briquettes de charbon. J'ai aussi travaillé au bureau de l'eau. J'ai expérimenté de nombreuses choses. Ma femme vendait de la sauce salée de coquillages et des algues, et elle prenait aussi les pierres sur un site de construction. C'était sous la direction du Saint Esprit que j'ai fait un travail lourd, mais je ne le réalisais pas en ce temps là. C'était physiquement dur, mais j'ai expérimenté les difficultés des ouvriers de la construction qui vivaient dans un environnement difficile. J'ai appris à comprendre leurs cœurs. Chaque fois que j'en avais le temps, je leur témoignais de mon expérience de Dieu et je leur prêchais l'évangile.

Pendant l'été 1975, ma troisième fille Soojin est née. Elle a été conçue pendant que nous expérimentions la grâce de Dieu en assistant à de nombreuses réunions de réveil. Lorsqu'elle est née, elle n'a pas crié tout comme moi je n'avais pas crié lorsque je suis né. Elle avait toujours un visage souriant. Je ne l'ai jamais entendu pleurer jusqu'à ce qu'elle ait 6 ans. Pendant un temps, ma femme et moi avons pris des rochers sur le versant d'une montagne sur laquelle certaines maisons étaient construites. Soojin n'avait que deux ans, et nous n'avions personne pour s'occuper d'elle. Nous mettions donc un parasol à un coin du site de construction et nous la déposions là. Un simple parasol ne pouvait pas bloquer tous les rayons du soleil, mais elle ne pleurait pas. Mais comme nous avons entendu que nos maisons allaient être détruites pour le développement, nous avons dû arrêter ce travail.

Nous vivions dans un village à flanc de colline à la limite de Keumho Dong et d'Oksu Dong. Le propriétaire de la maison nous a informés qu'il avait reçu un avis du gouvernement que la maison allait être détruite et il nous a dit de partir. A ce moment, le loyer mensuel était de 100.000 wons (approximativement 100 $US) et il nous dit qu'il avait reçu 150.000 wons en compensation. Il a aussi reçu le droit de s'assurer un appartement qui allait être construit sur ce terrain et qu'il pourrait en retirer 400.000 wons s'il le vendait.

Il m'a dit qu'il ne pouvait me donner aucun argent parce que sa maison allait disparaître entièrement. J'ai abandonné l'idée de recevoir de l'argent en retour de lui parce que je ne voulais pas me disputer avec lui. Je n'avais aucun autre endroit où aller. Nous devions presque dresser une tente dans la rue. Mais ma femme a d'une manière ou d'une autre emprunté 50.000 wons. Avec cet argent, nous avons loué une petite chambre près de l'église. C'était une pièce sombre dans laquelle ne pénétrait même pas le soleil.

Jeûne et Repentance Sincère après des Plaintes devant Dieu

Près d'un mois après avoir déménagé dans notre maison, vint un nouvel avis de démolition. Mon propriétaire m'a dit de déménager et il m'a remboursé la garantie, mais ce n'était pas facile de trouver une chambre aussi bon marché que celle là. Ma femme et moi, nous sommes allés à Boolkwang Dong en essayant de trouver un endroit bon marché, mais nos efforts furent vains. Nous avons sauté le déjeuner et nous n'avons même pas dîné. Lorsque nous sommes rentrés à la maison, il faisait déjà nuit.

«Dieu, comment ne pouvais-Tu pas entendre ma prière? N'as-Tu même pas préparé une seule chambre pour moi?»

En un instant, je venais de prononcer des paroles de plaintes contre Dieu. En ce temps là, je suis passé près d'une agence immobilière et j'ai vérifié une fois de plus.

«Une personne vient de mettre une chambre à louer. Vous pouvez entrer immédiatement, même demain.»

«Quel en est le prix?»

«Vous pouvez l'avoir pour 50.000 wons.»

Nous sommes allés voir. Il y avait une belle chambre et aussi une petite pièce où nous pouvions même ouvrir un magasin. Il y avait une chambre préparée pour nous où nous pouvions même entrer le lendemain! Lorsque je suis rentré à la maison, j'ai prié en pleurant sans cesse.

«Dieu, pourquoi mon cœur ne peut-il être plus consistant! Pourquoi ai-je un aussi mauvais cœur? Tu ne m'as pas rendu malade et Tu ne m'as pas fait traverser la pauvreté, mais je me suis malgré tout plaint devant Toi mon Dieu! Si je n'avais pas d'endroit préparé pour moi, j'aurais pu dormir dans la rue. Je devrais être tellement reconnaissant de ce que Tu as guéri toutes mes maladies, et pourquoi donc me suis-je plaint?» J'ai brisé mon cœur et je me suis repenti avec des larmes parce que je m'étais plaint devant Dieu. J'ai commencé un jeûne de trois jours, parce que je me suis décidé de ne plus me plaindre en aucune circonstances devant Dieu.

Pas de Compromis concernant le Sabbat

La raison pour laquelle j'ai choisi de travailler en tant qu'ouvrier dans la construction était de garder le Sabbat et d'être libre pour prier et aussi pour fortifier mon corps affaibli. Tandis que nous vivions dans une petite pièce sombre, une de mes sœurs aînées m'a appelé. Elle dirigeait un bon restaurant et elle possédait aussi un bâtiment. Elle me demandait de diriger le restaurant et elle voulait engager ma femme aussi. Ainsi, vivre ne serait plus un problème et nous pouvions même être financièrement à l'aise.

«Mon frère, je vais te donner une maison (un endroit pour vivre) et un bon salaire. Pourquoi ne prendrais-tu pas la charge de diriger mon restaurant? Mais tu dois travailler deux dimanches par mois.»

«Je suis désolé ma sœur. Je dois aller à l'église le dimanche, peu importe ce que c'est, je ne puis le faire.»

Après avoir refusé l'offre de ma sœur en disant que je devais aller à l'église le dimanche, cette nouvelle est arrivée à ma mère et à mes autres frères et sœurs. Ma mère était déçue que j'aie refusé la proposition de ma sœur uniquement parce que je devais travailler deux dimanches par mois. Même mes frères et sœurs ont dit qu'ils ne pouvaient pas me comprendre et ils ont secoué les mains parce que j'avais refusé une chance de rembourser toutes les dettes que j'avais et d'être à l'aise.

Comment Puis-je Vivre selon la Parole de Dieu?

Comment Puis-je Chasser les Natures Pécheresses?

Après que la réunion de réveil soit terminée, j'ai commencé à lire la Bible avec attention. Avant de lire la Bible, je me lavais et revêtais des vêtements propres. Je la lisais dans une position droite. J'ai commencé à lire à partir de l'évangile de Matthieu. Pendant que je lisais, j'ai trouvé de nombreuses paroles qui disaient 'évite tout espèce de mal', 'chasse la colère', 'ne mens pas', 'ne hais pas', 'aime même tes ennemis', et ainsi de suite...

Après avoir mené une vie chrétienne pendant un certain temps, je me suis examiné moi-même pour voir la mesure où je pratiquais les paroles de la Bible. Si je ne pratiquais pas une certaine chose dans la parole, je le notais dans un cahier. Je priais Dieu pour ces choses en Lui demandant de me donner la force de les pratiquer et j'essayais de les mettre en pratique.

Parce que j'essayais de pratiquer la parole de Dieu avec un cœur vrai, Dieu m'a donné Sa grâce de sorte que je puisse rapidement chasser les choses que je devais chasser, *«J'aime ceux qui M'aiment, et ceux qui me cherchent me trouvent.»* (Proverbes 8 :17). *«Si vous M'aimez, gardez Mes commandements»* (Jean 14 :15). *«Car l'amour de Dieu consiste à garder Ses commandements. Et Ses commandements ne sont pas pénibles.»* (1 Jean 5 :3).

Plus tard, lorsque je suis devenu pasteur, j'ai réalisé la chose suivante, que les péchés peuvent généralement être divisés en deux catégories. L'une sont les 'œuvres de la chair' qui sont commises en actes, et l'autre sont les 'choses de la chair' que nous commettons dans nos pensées. Si les 'choses de la chair' se développent, elles peuvent devenir des 'œuvres de la chair' dans les actes.

Essayant de Chasser toute Forme de Mal

Pendant que j'étais sur mon lit de malade, je jouais parfois des jeux de cartes coréens avec mes voisins pour passer le temps. Même après avoir accepté le Seigneur, étant donné que je ne connaissais pas la parole de Dieu, je ne comprenais pas que le jeu d'argent était un péché. Ainsi avant de devenir croyant, j'avais l'habitude de gagner la plupart du temps, mais depuis que j'ai accepté le Seigneur, j'ai commencé à perdre et je perdais peu importe les efforts que je faisais. J'ai réalisé que Dieu n'était pas content avec le jeu de cartes et j'ai considéré d'abandonner le jeu d'argent. Mais un jour, je n'ai pas pu résister à la tentation et j'ai commencé à jouer aux cartes avec le salaire que j'avais gagné en travaillant pendant quinze jours. J'ai perdu tout mon argent, chaque centime en jouant toute la nuit. Le lendemain matin, ceux qui avaient perdu de l'argent sont restés pour essayer au moins de regagner leur mise initiale. Mais alors, j'ai entendu un son familier à l'extérieur. Un pasteur de l'église venait pour visiter la famille du propriétaire de la maison.

Je l'ai entendu, mais je continuais à jouer tranquillement. Finalement, j'ai perdu tout mon argent. Le chant des hymnes de louange venant de chez le propriétaire a percé mon cœur. Le pasteur est rentré après avoir délivré un message. «Etant donné qu'un pasteur est venu, j'aurais dû assister au culte de maison avec eux dans la maison du propriétaire, et comment puis-je assister au culte à partir de maintenant avec ce type de conscience?» A partir de ce moment j'ai ressenti des souffrances dans mon cœur. Je me sentais ennuyé dans les cultes de louanges et je ne pouvais pas prier. Auparavant, j'étais heureux même pendant que je travaillais dans le travail de la construction, mais il n'y avait plus de louanges de reconnaissance qui sortaient de ma bouche. Je ne ressentais que de l'affliction dans mon cœur. Deux semaines se sont écoulées, j'étais dans l'agonie. Une nuit, j'ai ouvert la fenêtre et j'ai regardé à l'extérieur. Je pouvais voir Tooksum et les rives de la Rivière Han. Certaines lumières électriques brillaient sur la rivière et ces lumières ressemblaient à des croix rouges. «Que s'est-il passé?» Me sentant bizarre, j'ai regardé à nouveau, et ces lumières ressemblaient à des croix rouges alignées. «Pourquoi ces lumières ressemblent-elles à des croix et non pas comme avant?» C'est à ce moment que le Dieu d'amour m'a donné Sa grâce d'en haut, et je me suis souvenu que j'aurais dû accueillir le pasteur de l'église qui était venu visiter ma maison. Mais mon cœur était possédé par l'argent que j'avais perdu et je m'étais caché du pasteur. Je n'ai pas assisté au culte de maison. Je me suis repenti en pleurant et en versant des larmes. «Dieu je ne toucherai jamais plus aux cartes.» Après m'être ardemment repenti, Dieu m'a donné la plénitude du Saint Esprit que j'avais perdue. Étant donné que le mur de péché devant Dieu était brisé, je me sentais comme voler. C'était un moment difficile pendant deux semaines, mais j'ai entièrement réalisé comment c'est terrifiant de regarder au monde. J'avais aussi abandonné le jeu d'argent.

Prier pour chasser les Péchés Commis dans les Pensées

Les 'Œuvres de la chair' commises en actes peuvent être abandonnées assez facilement si nous avons une ferme détermination. Nous pouvons simplement arrêter de faire ce que la Bible nous dit de ne pas faire et faire ce que la Bible nous dit de faire. Mais j'ai eu des problèmes concernant deux choses. C'était au sujet de la haine et l'esprit adultère. Ces choses venaient dans mes pensées indépendamment de ma volonté, et je ne pouvais donc m'empêcher de me soucier à leur sujet.

En ce temps là, il y avait de nombreuses personnes envers lesquelles je voulais me venger. Il y avait mes frères, qui avaient refusé de me prêter de l'argent pour louer une chambre pendant que j'étais sur mon lit de malade ; ma belle mère qui m'appelait 'son beau fils handicapé' ; et les membres de ma belle famille qui m'ont méprisé parce que j'avais été incapable de gagner de l'argent. J'avais une haine profonde contre toutes ces personnes. Tout ce que je pouvais penser était, «Lorsque je serai en bonne santé, je gagnerai beaucoup d'argent et je leur montrerai combien je suis prospère!»

Il semblait que ce n'était pas facile d'aimer mes ennemis alors que j'avais tant de haine et d'animosité envers les membres de la famille de ma femme. Une autre chose était l'esprit adultère. Jésus a dit que si nous regardons une femme en la convoitant, nous avons déjà commis l'adultère avec elle dans notre cœur (Matthieu 5 :28). Je n'ai pas commis l'adultère en actes, mais ma pensée était réellement agitée lorsque je regardais les photos de belles actrices.

Si nous agitons la nature pécheresse dans notre pensée en regardant des photos, des films, internet ou les femmes dans la rue, et si nous passons de plus en plus de temps à faire cela, n'est-ce pas de l'adultère aux yeux de Dieu ? J'étais confiant que je pouvais garder les autres paroles de la Bible, mais je devais me soucier de ces deux choses.

Mais pendant la réunion de réveil, l'orateur a dit que nous pouvons recevoir des réponses à toutes choses si nous prions vraiment avec foi. J'ai cru que rien n'était impossible avec la foi, et j'ai commencé à jeûner et à prier pour chasser les natures pécheresses de mon cœur.

«Dieu, je te prie de ne plus me laisser avoir de pensées ni de sentiments adultères, et cela peu importe le type de femme que je vois.»

Avant que je n'accepte le Seigneur, j'accrochais certaines photos de calendriers de photos d'actrices à la maison. Mais depuis que j'ai appris la parole de Dieu, je n'accrochais plus ces choses à la maison. J'ai jeûné et prié jusqu'à ce que j'aie chassé toutes les natures pécheresses et l'esprit adultère lui-même. Je voulais glorifier Dieu avec Ses bénédictions. Je voulais que Dieu fasse de moi un ancien dans l'église qui serait capable d'aider les nécessiteux avec les bénédictions données par Dieu.

Je voulais aider dans les œuvres missionnaires et donner gloire à Dieu au travers des bénédictions qu'il me donnerait autant que j'en voudrais. Après avoir déménagé dans une maison avec une pièce attenante pour un magasin, j'ai ouvert un petit commerce de livres comiques. Ma femme sortait pour vendre des cosmétiques et je gardais seul le magasin. Mes frères regardaient à ma condition de pauvreté et m'ont offert de l'aide de sorte que je puisse faire quelque chose d'autre, mais j'ai refusé. «Après que Dieu m'aura raffiné, il me donnera certainement des bénédictions.» Si j'avais en ce temps là, accepté de l'aide de mes frères à cause de mon besoin, que pouvais-je dire à mes frères quand dans le futur c'est Dieu qui m'a donné les bénédictions financières?

Je devais refuser leur aide pour ne vivre que selon la volonté de Dieu. Mes frères diraient certainement quelque chose comme, «Quelles bénédictions de Dieu? C'est parce que nous t'avons aidé quand tu étais dans le besoin que tu as survécu.»

Trois Années pour chasser la Pensée Adultère

Le magasin de livres comiques pouvait être géré avec peu de capital. Pour déménager vers un plus grand magasin, j'ai jeûné et prié pendant trois jours. Après que le jeûne soit terminé, j'ai regardé un magasin plus bas que le Théâtre de Keumho Dong. Je l'ai aimé et j'ai signé le contrat. J'ai ouvert un nouveau magasin, et comme il y avait de nombreux bars à proximité, beaucoup de clients réguliers étaient des femmes qui travaillaient dans les bars.

Une certaine dame s'asseyait toujours à côté de moi chaque fois qu'elle venait au magasin. Lorsqu'elle le faisait, je me levais tout de suite. Si une femme agissait avec séduction, je l'évitais. Leurs réactions variaient. Mon cœur n'était plus du tout remué.

«Me regardes-tu parce que je travaille dans un bar?»

«Es-tu fait de pierre? N'as-tu aucun sentiment?»

«Je te prie de venir me voir au travail et je te donnerai des boissons gratuites.»

Il y avait diverses sortes de tentations, mais je n'ai jamais laissé mon cœur s'y engager. J'ai refusé toutes les avances et cela est devenu ma force. Plus tard, j'ai pu ressentir que la nature pécheresse de l'esprit adultère avait complètement disparue. Comme j'avais prié, cela est devenu ma force et puissance lorsque j'ai surmonté les tentations avec mes actes, et la pensée adultère elle-même avait été déracinée. C'était la réponse que j'ai finalement reçue après trois années depuis le moment où j'avais commencé à prier pour chasser l'esprit adultère de mon cœur.

Mon Unique Désir

La Bible ne Devrait avoir qu'une seule Réponse

Mon désir sincère était de comprendre entièrement les paroles de la Bible et je voulais complètement vivre selon elle. C'est pourquoi chaque fois que j'apprenais qu'il y avait une réunion de réveil, j'y allais afin de recevoir la grâce de Dieu.

Parce qu'il y avait de nombreux versets de la Bible que je ne pouvais pas comprendre, j'assistais avec diligence à ces réunions. Pendant les messages, j'étais très heureux de pouvoir comprendre la parole de Dieu. De même, parce qu'il y avait toujours des réunions tenues dans des centres de prières, j'assistais à ces réunions.

Mais parce qu'il y avait beaucoup de passages qui étaient difficiles à comprendre, j'ai posé des questions à mon pasteur. Mais à certaines questions, il ne pouvait pas donner de réponses claires.

«Pasteur, quel livre pourrait me donner le plus rapidement possible, une claire compréhension de la volonté de Dieu?»

«Frère Lee, si tu es si anxieux de comprendre la Bible, tu peux lire des livres de commentaires bibliques qui expliquent et interprètent la Bible.» J'étais tellement heureux d'entendre cela. J'avais tant de dettes en ce temps là et c'était difficile d'économiser même un centime, mais j'ai d'une manière ou d'une autre préparé de l'argent pour acheter un commentaire biblique. J'ai lu les commentaires en priant sur le flanc de la montagne, mais certaines parties demeuraient très difficiles à comprendre. Je ne pouvais pas acquérir de profondeur dans ma compréhension et je me sentais frustré. Les commentaires ne témoignaient pas réellement de la vérité de la parole de Dieu, mais ils considéraient certaines parties comme étant des mythes. De même, en raison des diverses interprétations, ils enlevaient la foi. Plus tard, j'ai également lu d'autres livres de commentaires, mais chaque livre avait une interprétation différente. La Bible ne doit avoir qu'une seule réponse, mais les commentaires n'ont fait qu'augmenter ma confusion.

Dieu, je Te prie de m'Expliquer les Paroles de la Bible

En 1976 est la période où je voulais ardemment comprendre la volonté de Dieu contenue dans Sa parole. J'ai entendu une chose étonnante de la part d'un autre membre de l'église qui revenait d'une réunion de réveil tenue à Daegu.

«Un pasteur a jeûné deux fois pendant 40 jours, et un ange est apparu et lui a expliqué la Bible pendant 3 ans.» Au moment où j'ai entendu cette parole, mon cœur brûlait, et j'ai ressenti comme si du feu tombait sur moi. Cela peut sembler absurde qu'un ange explique la parole de Dieu, mais j'ai pu le croire. J'avais un cœur à croire et à prier. Depuis ce temps, j'ai commencé à prier Dieu sans cesse.

«Dieu je crois les 66 livres de la Bible. La Bible est la parole de Dieu écrite sous l'inspiration du Saint Esprit, alors, donne-moi Ton inspiration et explique-moi les 66 livres de la Bible. Ou donne-moi des explications au travers d'un ange, ou Seigneur, viens à moi et donne-moi la compréhension.»

S'il y avait des passages que je ne comprenais pas dans les Ecritures, je ne serai pas capable de comprendre la volonté de Dieu. Ce n'est que si je comprends la vraie signification de la Bible que je serai capable de vivre selon la volonté de Dieu. Ce n'est qu'après avoir correctement compris la parole de Dieu que nous pouvons garder proprement Sa parole.

Étant donné que j'étais tellement désespéré de comprendre correctement les significations de la parole de Dieu, j'ai prié avec ferveur. Dieu m'a conduit à tellement prier et a aussi remué mon cœur pour offrir des jeûnes. Lorsque je n'avais pas de travail sur le site de construction, je montais sur une montagne et je priais. Mes prières demandaient à Dieu de m'expliquer la Bible. Elles ont continué pendant de nombreuses années.

Les Mains Délicates de Dieu

En quelques mois, j'ai appris comment gérer mon magasin, et avec la foi que j'ai acquise, j'ai senti que je ne pouvais rien faire. Avec le magasin que j'avais en ce temps là, je pouvais à peine faire un profit, mais je ne pouvais pas espérer plus que cela. Malgré que je n'aie pas beaucoup d'argent, parce que j'avais la foi que je pouvais tout faire, je voulais étendre mon commerce. «Dieu fais-moi déménager vers un meilleur endroit.»

Le troisième jour après le début de mes prières pour ce sujet, une personne est venue à moi et m'a demandé si je voulais lui céder mon magasin. En ce temps là, il était le propriétaire d'un plus grand magasin. Je lui ai cédé mon magasin moyennant un dépôt de 150.000 wons (150 dollars) et en dehors des 50.000 wons qui représentaient le coût du mobilier du magasin, j'avais 100.000 wons de profit. Après que ma femme et moi ayons jeûné pendant trois jours, nous avons visité un autre magasin dans une région proche. Il y avait un magasin qui fonctionnait très bien, et le loyer fixé était de 500.000 wons, y compris la prime et la location. J'ai donc fait établir un contrat avec les 100.000 wons que j'avais, mais je devais encore payer 400.000 wons de plus. C'était un gros montant pour moi en ce temps là. À cette époque on m'a remis en mémoire deux membres de l'église et j'ai demandé à ma femme de leur emprunter un peu d'argent. Mais ils ont immédiatement refusé. Ma femme a emprunté 150.000 wons de nos voisins, mais nous ne pouvions trouver les 250.000 wons restants. Nous avons malgré tout demandé au propriétaire du bâtiment, et nous avons obtenu un accord de payer un intérêt pour les 250.000 wons restants.

Les membres de l'église ne doivent pas échanger de l'argent entre eux. Plus tard, je suis arrivé à comprendre la parole de Dieu et la raison pour laquelle Dieu n'a pas permis que j'emprunte de l'argent des membres de l'église. Parce que ce n'était pas la volonté de Dieu d'emprunter ou de prêter entre des membres de l'église. Même des frères de sang deviennent des ennemis à cause de l'argent. Et si nous empruntons ou prêtons de l'argent à l'église, l'ennemi diable peut facilement travailler, et ainsi Dieu ne veut pas le faire. Ainsi, au cours de mon ministère j'ai enseigné aux membres de l'église de ne pas se prêter ni emprunter de l'argent entre eux. Mais j'ai pu constater que lorsque certains membres désobéissaient et se prêtaient ou empruntaient un montant d'argent, ils sont entrés dans les épreuves et des difficultés. Nous, en tant que frères dans la foi, nous ne devrions jamais avoir de dettes entre nous si ce n'est la dette d'amour. Avec le profit que nous faisions avec ce magasin, nous avons pu payer l'intérêt de notre dette, mais nous n'avons jamais pu payer toute la dette. Il y avait de nombreuses personnes qui tenaient des librairies au centre ville à grande échelle comme une grande société. J'ai prié Dieu pour réaliser mon rêve d'avoir un plus grand magasin.

Conduit sur le Chemin de la Bénédiction Financière

En ce temps là, au marché de Keumho Dong, il y avait un magasin fameux. Il était reconnu pour avoir les plus grosses ventes dans ce quartier. Ce magasin était à louer, et rien que la reprise était de 1 million de wons (1.000 dollars) et il y avait aussi le loyer. À cette époque le salaire d'un jour pour un ouvrier n'était que de 1.500 wons (15 dollars), et c'était donc vraiment un gros montant pour moi. Le propriétaire a dit qu'il pouvait le réduire à 950.000 wons, mais pas plus que cela. Mais plus tard, je suis arrivé à savoir que pendant les 20 jours qui ont suivi ma visite, personne n'était venu pour visiter le magasin. Quelqu'un m'a dit que je pourrais arriver à faire un arrangement avec le propriétaire parce qu'il souhaitait le vendre rapidement pour des raisons personnelles. Je n'avais que 500.000 wons. C'était en fait impossible de conclure un marché avec ce montant. Après avoir prié avec ferveur toute la nuit, je suis allé le voir pour conclure un accord. Je lui ai dit de me laisser le magasin pour 500.000 wons, parce que c'était tout ce que j'avais. Il a réfléchi pendant un moment et puis a dit qu'il voulait réaliser l'affaire pour 550.000 wons.

Nous avons finalement signé le contrat pour 500.000 wons. J'ai accepté de payer la garantie avec le loyer mensuel. Nous avons donc déménagé vers le magasin au marché de Keumho Dong. Et dès que nous avons ouvert le magasin, beaucoup de clients sont venus. Beaucoup de gens ont commencé à dire qu'ils voulaient ce magasin depuis longtemps mais qu'ils ne savaient pas qu'il était à louer. Certains d'entre eux nous ont demandé de pouvoir reprendre ce magasin en me donnant une reprise de 1, 2 millions de wons. Lorsque quelqu'un est venu avec une reprise de 1, 3 millions de wons, j'en ai parlé avec ma femme, parce que nous pouvions même acheter une maison avec cet argent. Mais nous ne trouvions pas correct de le céder immédiatement après que Dieu nous ai conduit vers cet endroit dans Sa volonté.

Nous avons donc décidé de rembourser la dette avec les profits que nous ferions dans ce magasin. En juillet 1977, nous avons ouvert le magasin et avons commencé le commerce. Nous fermions le dimanche et nous n'autorisions aucun étudiant dans le commerce qui buvait ou fumait. Parce que les membres de ma famille chantaient tout le temps des louanges à la maison, les gens pouvaient entendre des chants de louanges dans le magasin. Plus de clients sont venus que lorsqu'il était géré par le propriétaire précédent. Nous avons gardé le magasin ouvert pendant la journée, et nous priions la nuit. C'était notre routine quotidienne.

Etant entrainé à Discerner la Voix du Saint Esprit

À la Maison de Prières d'Osanri

Comme une biche qui cherche l'eau d'une rivière, j'avais soif de comprendre la parole de Dieu plus profondément. En 1977, j'assistais à une réunion à la maison de prières d'Osanri. C'est là que j'ai entendu la voix de Dieu pour la seconde fois. J'écoutais le message prêché par le pasteur et il a dit, «Puisque Dieu nous a donné la sagesse pour faire de la médecine, c'est la volonté de Dieu pour nous d'aller à l'hôpital et de prendre des médicaments.» Je ne pouvais pas l'accepter avec 'Amen'. C'était très différent de mon expérience avec le Dieu tout puissant qui est capable de tout faire. Après la réunion je suis entré dans une pièce de prières et je me suis écrié avec ferveur dans la prière, «Dieu, est-ce Ta volonté de prendre des médicaments ou non?»

Je ne sais pas combien de temps s'est écoulé. Soudain j'ai

entendu la voix de Dieu qui disait, *«Regarde 2 Chroniques chapitre 16.»* J'ai ouvert la Bible et il s'agissait du roi Asa d'Israël. Pendant les premières années de son règne, il dépendait entièrement de Dieu. Par conséquent, il remportait toutes les batailles et a connu une période de paix. Mais à la fin de son règne, il ne s'est pas reposé sur Dieu mais sur d'autres armées. Il a perdu des batailles, et il a même emprisonné un prophète qui pointait ses erreurs. Alors, Asa est tombé malade des pieds. Sa maladie était grave et même dans sa maladie, il n'a pas cherché le Seigneur, mais les médecins, et il est mort deux ans plus tard. Au travers de ce chapitre, j'étais assuré que Dieu veut que ses enfants aient une foi ferme pour se reposer sur Lui seul, et ne pas mettre leur foi et leur confiance dans ce monde.

S'entrainer à Entendre la Voix du Saint Esprit

Il faut distinguer la voix de Dieu et la voix du Saint Esprit. Dans mon cas, la voix de Dieu n'a été entendue qu'à des occasions très particulières. Je ne l'ai entendue que quelques fois. La voix du Saint Esprit peut être entendue de plus en plus clairement tandis que nous acceptons Jésus Christ, recevons le Saint Esprit et continuons à prier avec ferveur pour chasser les péchés, le mal et les pensées charnelles.

J'ai commencé à entendre la voix du Saint Esprit dès le moment où je suis devenu un nouveau converti. Une fois tandis que je suivais le culte à l'église, Dieu m'a permis de recevoir un entrainement à entendre la voix du Saint Esprit. Pendant le culte de dimanche matin, j'avais un profond besoin dans mon cœur tandis que j'écoutais attentivement le message. J'ai été pressé à donner 30.000 wons à un certain pasteur de l'église. Je me suis décidé, «Dieu, je vais trouver 30.000 wons et les donner au pasteur!»

Je me suis décidé à agir ainsi pendant le culte. Mais après que le culte soit terminé et que je passais la porte de l'église, d'autres pensées me sont venues à l'esprit. En réalité, 30.000 wons étaient un grand montant d'argent pour moi. J'ai pensé que si j'avais cette somme, je la lui donnerais. Mais où pourrais-je trouver l'argent? Cette famille semblait plus à l'aise que la mienne. Peut-être avais-je eu quelques pensées oisives pendant le culte, mais j'ai oublié.

Mais le lendemain, la belle mère du pasteur, qui était une grande diaconesse de l'église est venue visiter mon magasin au marché de Keumho Dong. «Ma fille a été en travail toute la nuit, lorsqu'elle est partie à l'hôpital, nous avions un urgent besoin de 30.000 wons. J'ai eu des moments difficiles à essayer de trouver cette somme. J'ai à peine trouvé la somme et je suis allée à l'hôpital. Elle a eu un temps très dur en travail.» J'étais choqué d'entendre cela. «Grande Diaconesse, en fait, pendant que j'assistais au culte d'adoration du matin, le Saint Esprit a remué mon cœur, mais je ne Lui ai pas obéi. J'ai seulement pensé que c'était ma propre pensée et j'ai oublié. Mais voila de quoi il s'agissait.»

Je me suis immédiatement repenti et je me suis décidé à nouveau d'obéir la prochaine fois. J'ai pensé, «J'ai entendu la voix du Saint Esprit, mais je ne Lui ai pas obéi et cela a eu cet effet là.» Si j'avais obéi à la voix, j'aurais facilement trouvé les 30.000 wons que Dieu avait déjà préparés, et la famille du pasteur n'aurait pas dû souffrir toute la nuit à cause de ce montant. J'aurais reçu d'abondantes bénédictions pour mon obéissance à Dieu. J'ai regretté de n'avoir pas obéi en utilisant mes propres pensées.

Depuis lors, en traversant plus d'entrainement de la sorte, j'ai été capable de distinguer entre la voix du Saint Esprit et mes pensées.

Apprendre l'Importance de l'Obéissance

J'ai aussi réalisé au travers d'une expérience, que d'obéir à la volonté de Dieu est très important. Je servais l'église avec diligence, et un jour, mon pasteur m'a appelé. Il a dit, «Nous manquons d'enseignants à l'école du dimanche. Pourquoi n'enseignes-tu pas aux enfants?» J'ai répondu négativement, «Pasteur, je suis désolé. Je ne suis pas sûr que je puisse enseigner aux enfants. Je n'ai aucune expérience en assistant à l'école de dimanche. Je le ferai lorsque j'aurai un peu d'assurance.» Je savais que je devais obéir au pasteur, mais je me sentais tellement incompétent que j'ai refusé sa proposition. Je n'ai jamais imaginé qu'une telle petite chose puisse devenir un grand mur de péché entre Dieu et moi. J'ai prié avec ferveur, «Dieu, donne-moi le don de parler en langues.»

En ce temps là, lorsque j'ai vu d'autres personnes qui priaient couramment en d'autres langues, je les enviais. J'ai continué à prier pour recevoir le don de parler en d'autres langues, mais je n'ai pas pu le recevoir. Un jour, j'ai entendu que je pouvais facilement recevoir le don des langues à la Montagne de Prières de Han Ol San. J'y suis allé et ai assisté à une réunion, mais le don n'est pas descendu sur moi. Mais dans le message de l'orateur, le Pasteur Chun Suk Lee, il a dit en blaguant, «Même mon chien parle en d'autres langues, donc, ceux qui n'ont pas reçu le don de parler en d'autres langues ne sont pas meilleurs que mon chien.» Après la fin de la réunion, j'ai ressenti que je n'étais pas meilleur qu'un chien et j'ai frappé une pierre qui se trouvait devant moi. J'ai même sauté le déjeuner et ai suivi la vallée. Je me suis appuyé contre un arbre et ai prié Dieu de me donner le don de parler en langues. Mais soudain, quelque chose m'a traversé l'esprit comme un flash. Malgré que je n'aie pas de confiance, j'aurais dû dire «oui» lorsque mon pasteur m'avait demandé de devenir un enseignant à l'école de dimanche. Considérant mon obéissance, Dieu m'aurait aidé si j'avais obéi. Mais j'avais désobéi.

«Dieu, je Te prie de me pardonner d'avoir désobéi à la parole de mon pasteur. Je ne désobéirai jamais plus.»

Dès que je l'ai réalisé, j'ai commencé à m'en repentir profondément dans mon cœur. Alors, subitement, j'ai commencé à parler en langues. C'était ce que je désirais tellement! «Dieu, merci!» J'ai finalement compris que l'obéissance est mieux que les sacrifices et combien Dieu est réjoui lorsque nous obéissons. Au travers de cette expérience, je me suis à nouveau décidé d'obéir inconditionnellement à la volonté de Dieu sans penser à la réalité de la situation. Mais pour moi, qui ai profondément réalisé l'importance de l'obéissance, il y avait une chose à laquelle il me serait très difficile d'obéir.

Chapitre 4

L'Appel de Dieu

Seigneur, Comment peux-tu Choisir une Personne comme Moi?

Un jour, en mai 1978, tandis que j'étais en prière, j'ai commencé à entendre la voix de Dieu comme un roulement de tonnerre qui disait,

«Mon serviteur que j'ai choisi avant le commencement des temps! Je t'ai raffiné pendant 3 ans, et maintenant je t'ai équipé avec la parole pour trois années supplémentaires. Je t'utiliserai. Tu franchiras les montagnes, les rivières et les mers pour prêcher l'évangile, et Je serai avec toi et tu deviendras Mon serviteur pour montrer à toutes les nations par des signes et des prodiges que Je suis le Dieu vivant.»

Sa voix claire et puissante a continué,

«Je t'ai gardé de mes yeux enflammés et Je t'ai guidé jusqu'à ce moment. Ta femme peut prendre soin de ton magasin, et maintenant tu entames le chemin pour devenir Mon serviteur. Tu gagneras plus que lorsque vous travailliez tous deux ensemble. L'argent ne manquera jamais dans ton portefeuille et ton pot de riz ne se videra jamais, mais il débordera toujours. Tu aideras les nécessiteux. C'est Dieu qui t'a abaissé vers l'endroit le plus bas, c'est aussi Dieu qui t'a conduit jusqu'à maintenant, et Il te conduira aussi à partir de maintenant. Tu seras capable de comprendre pourquoi Je t'ai placé à l'endroit le plus bas. Par Ma puissance, Je t'élèverai à la plus haute position. Tu M'as aimé en premier, et plus que tes parents, tes enfants et même ta femme. Tu m'as aimé exclusivement. C'est pourquoi, je te rendrai une bonne mesure, serrée, serrée et qui déborde et cent fois plus.»

J'ai écouté ces paroles sous la plénitude de l'inspiration du Saint Esprit et je les ai reçues avec un «Amen». Mais lorsque j'y ai à nouveau réfléchi, c'était quelque chose de vraiment étrange. Mon rêve jusqu'à ce moment était de devenir un ancien qui pourrait trouver et aider ceux qui souffraient de la même maladie que moi et de la pauvreté dans lesquelles j'avais moi-même marché. Alors, avais-je prié pour quelque chose de mauvais jusqu'à maintenant? J'avais tant de dettes à rembourser, et c'était toujours une tâche difficile de nouer les deux bouts chaque jour. Je n'avais même pas une capacité de mémoire convenable. Alors, comment pourrais-je maintenant étudier la théologie dans un séminaire? Qu'adviendrait-il des membres de ma famille? J'avais des soucis et des craintes qui étaient continuellement dans mes pensées. Dans ma situation je ne pouvais pas obéir, mais en ce temps là, la parole était trop grande que pour désobéir. Tout ce que je pouvais penser était, «Si c'est Ta volonté, laisse-moi une fois de plus entendre Ta voix.»

J'en ai parlé avec mon épouse et je lui ai laissé reprendre et gérer entièrement les choses au magasin. «Pourrait-il y avoir une chance que je me sois trompé en entendant la voix de Dieu? Y a-t-il quelque chose qui puisse être incorrect?» Je commençais à douter de ce que j'avais entendu la voix de Dieu. J'ai recommencé à prier à Dieu. «Dieu j'ai prié pour devenir un ancien, mais Tu me dis de devenir Ton serviteur! Je suis une personne tellement introvertie que je ne puis même pas m'imaginer prêchant devant d'autres personnes. Je suis déjà assez âgé. Je n'ai même pas une bonne et forte mémoire et je ne reçois pas bien les tests.» Mais si Dieu voulait malgré tout que je devienne un serviteur même malgré mes limitations, je lui ai demandé,» Je te prie de me faire écouter Ta voix une fois de plus.»

Je me suis alors rendu dans des centres de prières pour entendre à nouveau la voix de Dieu. J'ai prié pendant une semaine, mais il n'y eut aucune réponse. Je suis allé visiter quelques serviteurs qui avaient la réputation d'être capables de prophétiser correctement, mais malgré cela, il n'y avait aucune réponse prophétique pour moi. Je me suis promené d'endroit de prières en endroit de prières dans les montagnes et j'ai passé des journées à me déchirer le cœur en essayant de réaliser si c'était vraiment la volonté de Dieu pour moi que je devienne Son serviteur et surtout un pasteur. Trois mois se sont écoulés, j'avais pratiquement abandonné et je suis rentré désespéré à la maison. Le samedi, mon pasteur est venu me rendre visite au magasin. C'était supposé être mon tour de faire la prière de dédicace, mais je n'avais aucune confiance en moi pour le faire. Je le lui ai dit, «Pasteur, je n'ai pas reçu de réponses à ma prière depuis de nombreux mois, je ne puis vraiment pas faire cette prière au culte de dimanche.» Il a simplement dit, «Diacre, même ainsi, tu dois malgré tout le faire.»

Entendant la Voix du Saint Esprit

Mon pasteur m'a dit que je devais faire la prière de dédicace pendant le culte, mais je ne pouvais pas dire 'Amen' dans mon cœur. Après que nous ayons terminé au magasin ce jour là, nous l'avons fermé et nous sommes partis. Parce qu'il pleuvait fortement, ma femme et moi avons décidé de prier à la maison plutôt que d'aller à l'église. Vers minuit, nous avons mis une couverture sur le sol, nous nous sommes agenouillés et nous avons commencé à prier et à louer Dieu. Je priais les yeux fermés, mais soudain, dans une vision, le toit semblait s'ouvrir, et des lumières commençaient à descendre du ciel.

Je sentais comme si le toit était parti et qu'il était grand ouvert. Et alors, tout comme c'était écrit dans le livre de l'Apocalypse, j'ai entendu la voix qui était digne et qui ressemblait au son de plusieurs eaux et malgré tout claire et calme, qui disait, «Fais la prière de dédicace demain.» C'était une réponse, mais c'était complètement différent de mes prières concernant le fait de devenir un serviteur du Seigneur. Cette fois, la voix était chaude, réconfortante, autoritaire et difficile à désobéir. Elle était cependant remplie d'amour et de gracieuse douceur.

Je ressens toujours la voix très clairement, mais elle est inexprimable par des mots. J'ai seulement entendu cette voix, et toutes les désespérances ont fondu comme de la neige. Toutes les pensées charnelles ont disparu et j'étais rempli du Saint Esprit. J'étais tellement rempli du Saint Esprit que je sentais comme si mon corps était léger comme du coton et je sentais comme si j'étais capable de voler. Je sentais même comme si je pouvais traverser le plafond si je le voulais. La joie, la reconnaissance et le contentement débordaient du plus profond de mon cœur. A ce moment, je me suis dit en moi-même que cela devait être la manière dont nous seront enlevés dans les airs lorsque le Seigneur reviendra! Lorsque j'ai ouvert les yeux, les lumières avaient disparu, et le plafond se trouvait là où il avait toujours été.

Ma femme qui se trouvait à côté de moi n'a pas entendu la voix, mais elle était aussi remplie du Saint Esprit, et elle était consciente que j'avais entendu la voix de Dieu dans les lumières éclatantes. Nous avons loué Dieu toute la nuit et Lui avons rendu gloire dans les prières.

Etant Rempli du Saint Esprit

Tôt le matin suivant, je suis allé à l'église et j'ai vérifié le programme du culte. J'étais toujours supposé prier pour le culte. Après l'expérience de la nuit précédente, mon corps se sentait toujours comme si je volais alors que j'étais assis. Combien cela était-il étonnant! Dès que j'ai commencé à prier au micro, mes lèvres n'étaient plus mes lèvres. Le Saint Esprit avait entièrement capturé mon cœur et mes pensées. Sous l'inspiration du Saint Esprit j'ai même tremblé pendant la prière. Sous une claire inspiration, la prière est venue dans ma pensée comme un torrent et même si j'avais voulu m'arrêter, je n'aurais pas pu le faire.

C'était surprenant même pour moi, parce que la prière réprimandait les membres de l'église telle qu'elle sortait en disant, «Honte sur vous qui volez les dîmes de Dieu. Vous, hommes aux cœurs durs qui ne remerciez pas Dieu! Vous dites que vous croyez en Dieu, mais votre foi est vaine.»

Je pouvais à peine me contrôler tandis que je priais pendant plus de dix minutes. En ce temps là, si quelqu'un priait pour le culte pendant plus de trois minutes, on entendait des murmures que c'était trop long. Je suis retourné à ma place après la prière, mais je ne pouvais pas lever directement le regard vers le pasteur. Je ne savais que faire. Tout ce que je pouvais penser était, «Et maintenant, comment un diacre peut-il se permettre de réprimander toute l'assemblée!»

Mais juste après le culte, le pasteur est venu vers moi et m'a dit, «J'ai été touché par ta prière.» Il ne faisait habituellement pas ce genre de commentaire, mais je me sentais toujours timide et j'ai essayé de partir rapidement et tranquillement, mais beaucoup de gens ont commencé à me saluer en disant, «Diacre, tu étais entièrement inspiré par le Saint Esprit. J'ai été remué par ta prière.»

Seulement avec l'Obéissance

J'avais finalement l'assurance que Dieu m'avait réellement appelé en tant que Son serviteur. J'ai confessé en disant, «Dieu, puisque Tu m'as appelé à devenir Ton serviteur, je prendrai ce chemin. Mais Dieu, prends soin de toutes choses car je suis concerné à propos de choses telles que l'école théologique, ma capacité de mémoire et toutes les autres choses.»

À l'âge de 36 ans, j'étais convaincu que Dieu m'appelait comme Son serviteur et immédiatement j'ai loué une chambre et j'ai commencé à vivre seul. C'était à cinq minutes de ma maison. J'ai jeûné et j'ai lu la Bible attentivement et j'ai prié Dieu de me donner une mémoire forte et efficace. Je voulais crucifier la chair avec ses passions et ses désirs. Je me suis décidé de suivre uniquement la volonté de Dieu en tant que Son serviteur. Ce n'était pas facile de m'éloigner des membres de ma famille, mais toutes ces choses ont été faites sous la conduite du Saint Esprit. J'ai consulté mon pasteur à l'église Oksu Dong, l'église que je fréquentais en ce temps là. J'ai décidé d'entrer au Séminaire Théologique Sung-Kyul (sanctification) et j'ai commencé à étudier pour préparer l'examen d'entrée.

Finalement, le moment est arrivé et j'ai passé l'examen. J'ai répondu aux questions sur les sujets concernant directement la Bible. Mais pour les autres sujets, je ne voulais pas donner des réponses floues, et je n'ai donc écrit que mon nom et j'ai remis une feuille de papier vierge. Lors de l'entretien, le recteur du séminaire m'a demandé pourquoi j'avais remis des feuilles vierges de réponses, excepté pour l'examen concernant la Bible. J'ai expliqué le processus au travers duquel j'avais perdu ma capacité de mémoire.

Il m'a demandé, «Sans capacité de mémoire, comment peux-tu devenir un pasteur?»

J'ai répondu, «Dieu m'a conduit ainsi avec ma vie.»

Il s'est exclamé, «Bien, tu as obtenu un résultat de 100 points à l'examen sur la Bible!»

J'étais le seul à avoir obtenu un résultat de 100 points à l'examen sur la Bible. Etant donné que j'avais obtenu un 100 points parfait à l'examen sur la Bible, je suis passé, et j'ai été qualifié pour entrer. J'avais en fait passé l'examen d'entrée contrairement à toutes mes craintes de passer et d'être capable d'entrer au séminaire.

Dieu nous Laisse Moissonner ce que Nous Semons

Ma Vie au Séminaire

Les serviteurs de Dieu doivent mener des vies qui sont différentes de manière évidente du reste du monde. Mais mes collègues de classe au séminaire suivaient les tendances mondaines. Après les classes, ils se réunissaient dans des cafétérias pour parler des choses mondaines. Pendant les vacances, plutôt que de prier et de lire la Bible, ils parlaient des manières de se délasser. Je leur ai toujours conseillé de ne pas perdre de temps comme cela, mais de se concentrer sur les prières, mais personne n'y a prêté attention. Naturellement, j'étais seul et mis à part par tous mes collègues de classe.

En 1979, je suis entré au séminaire à l'âge de 37 ans et dès ma première année, j'ai prié Dieu pour qu'Il me donne le nom de l'église que j'allais ouvrir. Ma sœur m'a dit qu'elle m'aiderait à ouvrir l'église, et j'ai donc cherché différents endroits, mais rien n'a fonctionné.

Plaire à Dieu en Accumulant dans le Royaume Céleste

Je croyais que Dieu me laisserait récolter ce que je pourrais avoir semé et qu'il me rendrait selon mes œuvres, c'est pourquoi j'ai toujours essayé d'accumuler des récompenses dans le royaume céleste. Même lorsque je travaillais en tant qu'ouvrier dans la construction, si je recevais une grâce dans les réunions de réveil, je donnais des offrandes d'actions de grâce de tout mon cœur. Si je n'avais pas d'argent, je faisais un vœu de donner à Dieu dans un certain délai. Bien sûr, je donnais toutes les offrandes promises. Lorsque je n'avais pas d'argent pour donner mes offrandes promises, je faisais un emprunt pour être certain que ce qui avait été promis soit remis à Dieu.

Lorsque je me présentais devant Dieu, je n'allais jamais les mains vides. Chaque fois que j'avais un revenu, je donnais plus que dix pour cent de dîme. Je donnais souvent deux ou trois dixièmes de mon revenu. Je ne ressentais jamais que c'était une perte de donner à Dieu, et c'est pourquoi je ne voulais jamais calculer en Lui donnant.

Un jour, mon pasteur a visité ma maison. Il n'était pas conscient de notre situation financière difficile et le fait d'avoir autant de dettes, il a expliqué que l'église était dans le besoin, et il m'a demandé si nous pouvions préparer un montant supérieur d'offrande pour la construction de l'église. Nous avons donné notre accord en disant, «Amen, nous le ferons.» Dans la joie, nous nous sommes réjouis avec le pasteur. Malgré que nous ayons des dettes, nous avons fait une autre promesse d'offrande à la demande du pasteur, et nous devions donc prendre un autre prêt. Nous avons essayé de cette manière d'accumuler dans le ciel. Lorsque le moment fut venu, Dieu a ouvert la porte des bénédictions.

Suivre la Volonté de Dieu même dans les Petites Affaires

Il y avait une personne qui livrait régulièrement des livres à mon magasin, et il était sans voix en voyant mon magasin fermé chaque dimanche. Il a déclaré que mon magasin ferait faillite. Malgré que ce soit un petit commerce, Dieu était satisfait de notre magasin et il nous a béni si grandement parce que nous gardions saint le jour du Sabbat et que nous donnions toutes nos dîmes et offrandes.

Le magasin était toujours rempli du matin jusque tard dans la nuit. Beaucoup venaient pour apprendre quelque chose de nous étant donné que la nouvelle s'était répandue aux quartiers adjacents de la ville. Mais ils sont seulement devenus plus curieux parce que nous fermions tous les dimanches et que les facilités n'étaient pas bonnes. Nous n'avions aucun matériel pour adultes et nous défendions strictement de fumer. Nous avions donc conservé un environnement saint et bon. C'est pourquoi un grand nombre des bons étudiants du collège venaient dans notre magasin.

Quel était le secret du succès de notre magasin? Il recevait les bénédictions de Dieu parce que nous fermions le magasin le dimanche et allions à l'église, et c'est ainsi que nous répondions à tous ceux qui nous posaient la question, mais c'était difficile à comprendre pour les incroyants. Pendant que nous gérions ce magasin, nous avons pu évangéliser beaucoup de clients. Lorsque j'ai ouvert une église, ils sont venus avec moi et sont devenus les premiers membres de la mission des jeunes adultes.

Plusieurs mois après avoir ouvert le magasin, nous avons été capables de rembourser toute la dette, qui était actuellement trop grande pour que nous la remboursions si rapidement. C'était avant que je ne rejoigne le séminaire. Nous avons remboursé toute la dette et maintenant nous pouvions librement donner des offrandes à l'église que nous fréquentions. Nous avons essayé d'aider les familles qui étaient dans le besoin. Lorsque nous avions un pique-nique au séminaire, j'ai préparé de nombreux repas pour le professeur et de nombreux élèves. Le dimanche, nous offrions le dîner pour les membres de la chorale. Nous avons secrètement aidé les étudiants du séminaire qui étaient dans le besoin. Nous ne vivions que dans une maison de location, mais dans les temps des fêtes et des célébrations spéciales, je demandais à ma femme de regarder dans la ville. Si une famille était trop pauvre que pour préparer de la nourriture pour les fêtes, je lui demandais de leur donner des gâteaux de riz et de la nourriture, même si c'étaient des incroyants. Ce n'était pas parce que nous étions financièrement à l'aise. Nous ne le faisions que par la foi. Après avoir semé de la sorte, le jour suivant, Dieu qui nous fait moissonner ce que nous avons semé, nous permettait de rentrer plus de revenus que n'importe quel autre jour normal.

Dieu m'a Réveillé pendant une Période de 200 Veillées

Après avoir accepté le Seigneur, je ne me suis jamais compromis avec le monde, quelle que soit la situation. J'essayais de suivre strictement la loi de Dieu dans la mesure où je comprenais la parole de Dieu. Pendant les quatre années où j'ai fréquenté le séminaire, je priais toujours toute la nuit et jeûnais souvent. Pendant les vacances, je faisais mes bagages pour aller prier dans les montagnes. Je passais la plus grande partie de mon temps de vacances dans des maisons de prières dans les montagnes. A d'autres moments également, j'offrais souvent des veillées de prières. Je priais de minuit à quatre heures du matin, et je n'étais jamais en retard pendant la période de promesse, même pas une seule minute.

Après la prière, je revenais seul dans ma chambre et allais dormir à 5 heures. Mais je devais me lever à 7 heures. Ma fille Miyoung, qui était en ce temps là élève à l'école primaire, m'apportait mon petit déjeuner à 7h20. Après le déjeuner, je devais prendre ma boite de lunch et partir pour l'école. Après que les cours soient terminés et que je sois rentré à la maison, je devais faire mon devoir. Je devais aussi parfois prendre soin du magasin. Il y avait beaucoup de choses à faire. Etant donné que je menais ce style de vie continuellement, je suis devenu fatigué. Je suis parti dormir à 5 heures et à 7 heures c'était difficile de me lever. Alors le Seigneur me réveillait à 7 heures.

«Père!» J'ai entendu ma fille m'appeler de l'extérieur avec le petit déjeuner.

«Est-ce toi Miyoung?» J'avais sûrement entendu la voix de ma fille et j'ai ouvert la porte mais il n'y avait personne à l'extérieur. J'ai regardé partout pour elle, mais je ne pouvais la trouver nulle part. Après avoir lavé mon visage, 20 minutes s'étaient écoulées et c'est alors que Miyoung est arrivée. Le lendemain également, à 7 heures, j'ai entendu «Père!» J'ai ouvert la porte, mais il n'y avait personne. A ce moment, j'ai réalisé que Dieu me réveillait au moyen d'un ange.

Mais comme cela continuait, j'y suis devenu moins sensible. Éventuellement, je ne pouvais me lever malgré que j'entende la voix qui m'appelait «Père!» Alors, Dieu a choisi une autre méthode. J'ai entendu le bruit de nombreux pas de l'autre côté de ma porte, mais lorsque j'ai ouvert ma porte, il n'y avait personne. Il était exactement 7 heures.

Pendant que j'offrais 100 jours de veillées de prières, le 90ème jour, j'ai entendu la nouvelle que mon beau père était décédé. Je me suis rendu avec ma femme à la maison de ses parents à Mopko. Nous avons prié là bas de minuit à 4 heures du matin. Après les funérailles, nous sommes revenus à la maison et avons terminé le restant des jours de prières promis, mais je n'étais pas satisfait. J'ai senti que je ne pouvais pas vraiment plaire à Dieu. Aussi, j'ai commencé une autre période de 100 veillées de prière et je l'ai achevée. Après, c'est devenu 200 jours de veillées de prières.

Jette cet Argent dans les Toilettes

Ma famille était consciente que je ne pouvais rien accepter qui soit contraire à la parole de Dieu. Mais il y a eu un dimanche où ma femme et mes trois filles voulaient acheter quelque chose à manger après avoir assisté au culte de dimanche. Ma femme a essayé de lire l'expression de mon visage en disant,

«Les enfants veulent un snack. Nous voulons acheter quelque chose à manger.»

J'ai demandé, «Mes filles, voulez-vous réellement quelque chose à manger?»

Elles ont toutes répondu avec ferveur, «Oui!»
Mes trois filles ont pensé que j'allais le permettre rien que ce jour là, malgré qu'elles sachent que c'était dimanche. Je leur ai dit de m'apporter l'argent du tiroir. Elles ont apporté l'argent pour acheter des snacks.

Je leur ai alors dit, «Toutes les trois, allez aux toilettes et jetez-y l'argent.» Elles ont jeté quelques centaines de wons (quelques milliers de wons ou quelques dollars à la valeur d'aujourd'hui) et elles sont revenues.

«Voulez-vous savoir pourquoi je vous ai demandé cela?»

Elles ont répondu toutes les trois, «Oui, nous le voulons.»

J'ai continué en disant, «Le dimanche est le jour du Sabbat. Dieu défend d'acheter et de vendre des choses. Allez-vous violer le commandement de Dieu? Si vous ne pouvez même pas surmonter une simple tentation de manger quelque chose, cela deviendra deux fois et puis trois fois. Dieu ne se réjouira pas de cela. Vous avez déjà violé le Sabbat lorsque vous êtes venues et avez demandé des snacks. Parce que c'est pareil au fait d'acheter et de manger des snacks dans vos cœurs. C'est pourquoi je vous ai demandé de jeter l'argent.» Plus tard, mes trois filles ont confessé que cet incident était gravé profondément dans leurs cœurs et cela est devenu pour elles une grande foi.

Des Gens qui Faisaient Foule

Parce que le magasin se trouvait au coin d'une rue fréquentée, non seulement nos clients, mais aussi les pasteurs et les membres de l'église nous visitaient fréquemment. Lorsque j'étais au séminaire, certaines diaconesses ont pris un rendez-vous avec moi pour une séance de conseil. Elles m'ont dit que certains croyants avaient constitué une sorte d'union de crédit à l'église. Je leur ai conseillé de ne pas rejoindre ce groupe, en leur disant la chose suivante.

«Jésus a dit que le Temple de Dieu est une maison de prières et Il a chassé les marchands qui vendaient des choses dans le Temple. Ce n'est pas bien de faire des choses à l'église pour rechercher un profit monétaire. Dieu nous dit de n'avoir aucune dette si ce n'est la dette d'amour, et nous ne devons donc avoir aucun échange d'argent dans l'église. Si vous avez de l'argent impliqué dans des relations, Satan commencera à travailler et l'église aura des problèmes.»

Très rapidement cette union de crédit a causé de nombreux problèmes et a placé l'église dans une position difficile. Depuis que j'ai ouvert l'église, j'ai interdit de tenir toute forme de bazar et cela peu importe la raison. J'ai toujours dit aux membres de ne pas faire d'échanges financiers entre croyants. Comme l'information au sujet du conseil que j'avais donné s'est répandue au sujet des gens qui m'avaient consulté, de nombreuses personnes sont venues faire la file pour être conseillées. Une croyante était chauve et elle est venue avec un mouchoir sur la tête. Mais après quelques mois, après avoir reçu ma prière, ses cheveux ont commencé à repousser et elle a ôté le mouchoir de sa tête.

Une fois, il y avait un croyant qui allait parfois voir les diseurs de bonne aventure et ne gardait pas le Sabbat. Il a un jour été impliqué dans un accident de voiture et il est venu me voir. Il m'a demandé de prier pour lui parce qu'il souffrait d'une si grande douleur après son accident. Après que j'aie prié avec ferveur pour lui, il a témoigné que cette douleur était partie et qu'il était guéri.

En gardant entièrement le Sabbat, nous reconnaissons l'autorité spirituelle de Dieu. Dieu vous protègera donc toute la semaine de toutes sortes d'accidents. Mais si vous ne gardez pas correctement le Sabbat, le Dieu de justice ne peut pas vous protéger. Surtout parce qu'il avait été chez des diseurs de bonne aventure, il avait commis un adultère spirituel devant Dieu. Dieu hait cela.

J'essayais de planter la foi dans les gens qui me rendaient visite au moyen de la parole de Dieu. En route vers une maison de prière dans la montagne pour recevoir une réponse à son problème, un certain pasteur s'est arrêté sur son chemin pour me rendre visite. Après sa visite, il a été capable de rentrer chez lui en se réjouissant, parce que qu'il avait reçu sa réponse et son problème était résolu. Je conseillais tellement de gens qu'à certains moments je n'avais pas le temps d'aller au séminaire. Quand j'étais à la maison, ceux qui voulaient un conseil et qui voulaient recevoir ma prière s'assemblaient devant ou dans ma maison. C'est la raison pour laquelle je devais faire mes bagages et aller à la maison de prières pendant mes vacances. Je devais éviter les gens pour me concentrer sur la Parole et les prières en tant qu'étudiant au séminaire.

Beaucoup Jeûner sous l'Inspiration du Saint Esprit

Nous pouvons chasser les péchés même dans nos pensées

En août 1979, pendant les vacances d'été pendant ma première année au collège théologique, j'ai participé à l'école d'été pastorale de l'école d'Agriculture Canaan avec le pasteur en charge de mon église. L'eau jaillissait d'une fontaine vers le ciel bleu azur. J'entendais certains pasteurs qui se parlaient. J'ai été surpris de les entendre parler de nombreuses choses mondaines. En ce temps là, je croyais que tous les pasteurs étaient saints comme le Seigneur. J'étais tellement surpris et déçu de les entendre parler et échanger de telles paroles dans leurs discussions, telles que :

« Malgré que nous soyons pasteurs, nous ne pouvons vraiment rien faire au sujet de la nature pécheresse d'un esprit adultère et des pensées qui en découlent. Donc à mon avis, je crois que ce n'est pas un péché.»

«C'est exact,» a répondu un autre, «Le péché est commis lorsque nous le commettons en actes, alors simplement la pensée ne peut en fait pas être un péché.»

J'étais un peu abasourdi, parce que j'avais déjà chassé la nature pécheresse de l'esprit adultère en jeûnant et priant avant d'entrer au collège théologique. Parce que la racine originelle du péché était arrachée, l'ennemi diable et Satan ne pouvaient plus m'apporter de telles pensées. Dieu nous aurait-Il donné le commandement de ne pas commettre l'adultère si nous ne pouvions pas le garder? Pourquoi disaient-ils de telles choses, s'ils croyaient que les péchés pouvaient être chassés par les prières et le jeûne? Jésus a dit que quiconque regarde une femme avec de la convoitise pour elle a déjà commis l'adultère avec elle dans son cœur. Il dit aussi que rien n'est impossible pour celui qui croit, et nous pouvons donc chasser les péchés en les combattant jusqu'au point de verser le sang.

De même lorsque les étudiants du collège théologique posaient des questions au professeur sur ce sujet, il a aussi dit que les hommes ne pouvaient rien faire au sujet des pensées elles mêmes, et que les pensées seules n'étaient pas péché. Je me suis décidé à enseigner aux croyants que nous pouvons chasser les péchés si nous recevons la grâce de Dieu et Sa force.

«Dieu, merci. Si j'avais entendu il y a longtemps, que nous ne pouvions chasser la pensée adultère de notre cœur, j'aurais simplement abandonné et j'aurais continué à commettre des péchés d'adultère dans mes pensées. Mais maintenant Tu me laisses essayer et prier pour vivre selon la parole de Dieu, et Tu m'as permis de chasser la pensée adultère par la prière et le jeûne. Merci, Dieu!»

J'en suis arrivé à savoir que le jeûne était la Volonté de Dieu

Même après être entré au collège théologique, je faisais de nombreux jeûnes de 3 jours, 7 jours, 15 jours et 21 jours. Lorsque j'étais un nouveau converti, je ne savais même pas pourquoi je devais jeûner mais je suivais seulement la conduite du Saint Esprit et je jeûnais. Lorsque je suis devenu un diacre, j'ai appris pourquoi je devais jeûner et quels en étaient les avantages. Donc, lorsque je trouvais de la contrevérité en moi, je jeûnais pendant 3 jours, 5 jours et 7 jours pour la chasser. Par exemple, lorsque j'ai trouvé que j'avais coutume de mentir dans ma nature, j'ai immédiatement entamé un jeûne de trois jours. Ainsi parce que c'était tellement difficile de jeûner comme cela, je pouvais rapidement chasser le fait de mentir et d'autres contrevérités en moi.

Il est important pour nous de prendre de la nourriture de restauration après un jeûne. Après une période de jeûne, nous devons prendre de la nourriture reconstituante. C'est quelque chose comme du porridge ou une légère bouillie de riz ou de la bouillie d'avoine. Vous devriez la prendre pendant la même durée que celle du jeûne. Par conséquent, je n'avais pas beaucoup de jours où je pouvais prendre de la nourriture solide. C'était un continuum de jeûnes autant que de nourriture. Lors de la réunion de réveil à laquelle j'ai assisté pour la première fois de ma vie, j'ai appris au sujet des prières de jeûne, mais je ne savais rien à propos de la nourriture reconstituante. Je ne savais pas réellement pourquoi je devais jeûner, mais sous la conduite du Saint Esprit, j'ai été conduit à faire un jeûne de 7 jours et je suis parti à la montagne de Chung-gye avec une couverture et une Bible.

À une courte distance du centre de prières, il y avait des endroits privés appelés 'cellules de prières' pour les prières individuelles. L'endroit était humide et sur le sol il y avait des planches en bois avec des trous, de sorte qu'il y avait des insectes qui rampaient partout. Je me suis écrié dans la prière et j'ai finalement terminé là bas le jeûne de 7 jours. Lorsque je redescendais de la montagne, mes jambes tremblaient, mais j'étais heureux d'avoir terminé le jeûne. Lorsque je suis arrivé à l'arrêt de bus, j'ai vu un vendeur qui vendait des frites et des beignets. J'ai pris quelques beignets et je suis rentré à la maison.

«Chérie, Veux-tu me Donner un peu de Nourriture»

Ma femme a préparé un repas pour moi et j'ai prié, «Je crois que je le digèrerai bien,» et j'ai mangé deux bols de riz. Cela aurait pu être très lourd sur mon estomac, mais je les ai bien digérés. Un peu de temps plus tard, j'ai entendu que la Maison de Prières d'Osanri venait d'être érigée à Paju, Kyeong-gi Do. J'y suis aussi allé pour jeûner et prier. Pendant que j'assistais à une réunion pendant un jeûne de trois jours, j'ai entendu comment il était nécessaire de manger ce qu'on appelait de la 'nourriture reconstituante.' Le pasteur a dit que nous devions manger de la nourriture légère et douce comme du porridge ou de la bouillie et des légumes. Mais j'avais une opinion différente sur le sujet.

Lorsque je suis rentré à la maison après le jeûne, je prenais un repas de riz habituel après avoir prié, «Je crois que je le digérerai bien.» Mais soudainement, mon visage a enflé et j'ai eu d'autres problèmes physiques dans mon corps. Je me suis immédiatement agenouillé et j'ai prié à ce sujet. J'ai entendu la voix du Saint Esprit.

«Lorsque tu ne connaissais pas la nourriture reconstituante, je t'ai préservé en voyant ta foi, mais maintenant tu connais la nourriture reconstituante, et c'est à cause de ton arrogance que tu n'as pas obéi.» Je me suis entièrement repenti de ne pas avoir obéi à ce que j'avais appris et j'ai commencé un autre jeûne à ce moment.

Le Bénéfice d'une Prière avec Jeûne

La prière avec jeûne constitue une part très importante dans le fait de recevoir des réponses à nos prières, et elle a de nombreux avantages. Premièrement, il est très difficile de jeûner et puis de prendre de la nourriture reconstituante pendant une certaine période de temps sans forcer notre corps à l'obéissance. Tandis que nous jeûnons, nous nous séparons de la chair et nous gagnons de la force pour nous contrôler nous-mêmes. Nos esprits deviennent plus actifs et cela nous aide à croître en hommes spirituels. De plus, physiquement, l'estomac est au repos et c'est bon pour la santé. La pensée devient aussi plus claire, et c'est donc profitable à la fois pour la santé physique et mentale. Comme notre esprit devient plus actif, nous serons remplis de la plénitude du Saint Esprit, de sorte que nous puissions recevoir la force de Dieu. Au travers de prières ferventes, nous recevrons des réponses aux divers problèmes et ces prières vont même éviter des épreuves à venir. Dieu travaille au bien de toutes choses.

J'ai jeûné autant que j'ai mangé, mais je n'ai jamais changé d'avis lorsque j'avais décidé d'entrer dans une période de jeûne de prière. Nous pouvons avoir de l'assurance avec Dieu lorsque nous gardons ce que nous avons décidé devant Dieu. Lorsque nous recevons des réponses au travers de la prière et du jeûne, nous gagnons l'assurance de la foi et nous recevons aussi le courage et la puissance dans nos vies. C'est donc le raccourci pour vivre des expériences dans la vie chrétienne et un bon moyen de mener une vie victorieuse dans la foi.

C'est pourquoi, le jeûne de prières est dans la volonté de Dieu et c'est l'un des meilleurs moyens d'accomplir le royaume de Dieu et Sa justice.

La Manière d'Offrir une Prière de Jeûne

Le jeûne de prières est le fait de prier sans rien prendre dans son corps si ce n'est de l'eau. C'est-à-dire, c'est de prier avec le type de détermination qui dit, «Si je meurs, je meurs.» C'est pourquoi nous ne devons pas entrer dans un jeûne de longue durée de plus de 10 jours sans réfléchir et sans la bonne détermination et nous devons suivre la volonté de Dieu sous la conduite du Saint Esprit.

Esaïe 58 :6 dit, *«Voici le jeûne auquel je prends plaisir : Détache les chaînes de la méchanceté, dénoue les liens de la servitude, renvoie libre les opprimés et que l'on rompe toute espèce de joug.»* Les liens de la servitude se réfèrent ici à tous les problèmes qui sont causés en s'éloignant de la parole de Dieu. C'est-à-dire, que si nous offrons un jeûne qui plait à Dieu, nos problèmes seront résolus. Mais certaines personnes entament un jeûne de 40 jours en suivant leurs propres pensées et elles rencontrent des problèmes parce qu'elles ne sont pas protégées par Dieu. Alors, quel type de jeûne est agréable aux yeux de Dieu?

Tout d'abord, nous devons le faire avec un cœur qui ne change pas

Lorsque nous avons décidé combien de jours nous voulons jeûner, nous ne devons pas changer au milieu. Nous ne devons pas l'arrêter ni renoncer au milieu uniquement parce que c'est dur. Si vous devez l'arrêter à cause de raisons inévitables, vous devez recommencer le jeûne depuis le commencement, en accomplissant le temps que vous aviez promis à Dieu. Si vous faites une promesse devant Dieu et qu'ensuite vous la changez pour telle ou telle raison, comment Dieu peut-Il vous faire confiance et vous aimer? Quoi que ce soit que nous décidons devant Dieu, nous devons le respecter. En agissant ainsi, nous apprenons l'endurance et nous pouvons emmagasiner de la confiance avec Dieu. En agissant ainsi, nous pouvons aussi accomplir Sa volonté.

Deuxièmement, nous devons crier dans la prière en jeûnant

Certaines personnes ne prient pas correctement mais ils ont tendance à dormir plus pendant qu'ils jeûnent. Cette manière de marcher sans manger n'a aucun sens. Ce n'est que si nous nous écrions dans la prière que Dieu nous donnera Sa grâce et Sa force pour continuer notre jeûne. Il nous donnera aussi les réponses à nos prières et des bénédictions.

Tout comme nous mangeons habituellement trois fois par jour, nous devons offrir des prières au moins trois fois par jour pendant notre jeûne. De cette manière, nous pouvons recevoir la manne spirituelle et l'eau vive d'en haut, pour être remplis du Saint Esprit et l'ennemi diable s'en ira. Dans le cas d'un jeûne de longue durée, nous devons prier au moins cinq fois par jour pour prendre le pain spirituel de Dieu. De plus, notre jeûne ne doit pas uniquement être un acte extérieur. Lorsque nous déchirons notre cœur et prions au plus profond de notre cœur, Dieu peut nous donner grâce et force (Joël 2 :12-13).

Troisièmement, nous ne devons pas prendre des délassements

Esaïe 58 :3 dit, «*Que nous sert de jeûner si Tu ne le vois pas? De mortifier notre âme si Tu n'y as point d'égard. Voici le jour de votre jeûne, vous vous livrez à vos penchants et vous traitez durement tous vos mercenaires.*» Si vous regardez la télévision, vous fâchez ou calomniez les autres pendant votre jeûne, Dieu ne peut pas le recevoir avec joie et vous ne devez donc pas vous attendre à recevoir de réponse. C'est pourquoi, nous devons nous abstenir de divertissements, de conversations insensées ou de faire quelque chose de mensonger. C'est avec ce type de cœur que Dieu peut se réjouir.

Quatrièmement, lorsque nous prions, nous devons d'abord prier pour le royaume de Dieu et Sa justice

Si nous prions avec avidité en suivant nos convoitises, Dieu n'accepte pas notre prière. Par conséquent, nous ne pouvons pas recevoir de réponses. Au contraire, le jeûne va seulement blesser notre corps, et nous devons être très prudents. Nous ne devons pas prier pour notre réputation, l' autorité mondaine, ou la connaissance mais uniquement pour devenir sanctifiés et de bons vases pour l'usage de Dieu. Nous devons prier pour sauver plus d'âmes, pour recevoir plus de la force de Dieu et pour recevoir les dons du Saint Esprit. Dieu recevra notre prière avec joie lorsque nous prions pour le royaume de Dieu et pour Sa justice et pour les pasteurs et les églises.

Cinquièmement, nous devons prier avec l'amour spirituel.

Esaïe 58 :7 dit, «*Partage ton pain avec celui qui a faim, et fais entrer dans ta maison les malheureux sans asile ; si tu vois un homme nu, couvre-le, et ne te détourne pas de ton semblable.*» Dieu sera concerné de manière affectionnée lorsque Ses enfants arrêtent de manger pour prier à Lui. S'ils agissent avec bonté et montrent de l'amour aux autres, alors, combien seront-ils adorables aux yeux de Dieu? Il acceptera alors ce jeûne avec plus de joie et Il donnera plus rapidement les réponses.

Sixièmement, nous devons aussi prendre la bonne nourriture de récupération

Après que nous terminons notre jeûne, nous devons prendre la nourriture de récupération pendant le même nombre de jours que la durée du jeûne pour compléter celui-ci. Lorsque nous prenons convenablement la nourriture de récupération, nous pouvons gagner de la maîtrise de soi. Cela ne causera pas du tort à nos corps mais leur donnera une meilleure santé, et notre esprit aura aussi un plus grand discernement.

Certains disent, «J'ai un fort estomac, et je ne dois donc pas prendre de nourriture de récupération.» Mais cela est une idée fausse. Lorsque nous prenons la nourriture de récupération correcte, Dieu raffermit les estomacs sensibles et Il guérit en même temps les maladies mineures.

Malgré que nous ayons très bien accompli le jeûne, si nous ne prenons pas la bonne nourriture de récupération, nous perdrons notre énergie dans la même mesure, notre corps sera blessé et nous pourrions avoir certains problèmes. Pendant cette période de récupération, nous ne devons pas non plus travailler trop durement. Il peut aussi y avoir un test juste après le jeûne, et il vaut donc mieux prier pour cela durant le jeûne.

La bonne nourriture de récupération

Si nous mangeons trop pendant la période de récupération, notre visage va enfler et ce n'est pas bon pour notre estomac et nous devons donc être prudents. Nous mangeons habituellement trois repas par jour, mais lorsque nous prenons de la nourriture de récupération avec du porridge doux de riz, nous pouvons en prendre une coupe quatre fois par jour.

Nous devons éviter la viande, les œufs, le pain, les boissons gazeuses et les nourritures fortes qui sont huileuses, épicées, salées ou aigres. Nous devons éviter les nourritures avec MSG et les épices. Il vaut mieux prendre des légumes.

Après un jeûne de trois jours, nous pouvons prendre du

porridge de riz, mais après un jeûne de longue durée, l'estomac devient comme celui d'un bébé nouveau né. C'est pourquoi pendant près de deux jours, nous devons prendre de la soupe de riz très diluée qui est presque comme de l'eau. Prenez-en quatre fois par jour. Nous pouvons aussi boire le jus et non la pulpe d'une pomme quatre fois par jour.

Après 3 ou 4 jours, nous pouvons prendre une soupe de riz un peu plus épaisse. Plus tard, nous pouvons rajouter de la poudre de riz ou du potiron cuit et la quantité peut aussi augmenter. Pour les plats annexes, nous devons éviter la viande et nous ne devons pas rajouter de MSG. Si nous voulons de la viande, nous pouvons prendre un peu de poisson, mais il doit être légèrement salé.

De même certaines soupes aux légumes sont bonnes. C'est particulièrement bon si nous enlevons la peau de la semence de sésame et que nous l'ajoutons au porridge de riz. Nous pouvons récupérer plus rapidement notre énergie et nous verrons aussi que nous récupérons la santé en suivant ce processus de récupération.

Prier pour la direction du Saint Esprit

Je suis introverti. S'il y avait quelqu'un près de moi, je ne pouvais pas prier à haute voix. C'est pourquoi je priais toujours toute la nuit seul. A peu près 30 minutes avant le début de ma prière, je recevais la plénitude et l'inspiration du Saint Esprit pour avoir une communication spirituelle profonde avec Dieu. Parfois, une telle forte inspiration venait sur moi et je chantais en d'autres langues et je dansais aussi suivant la mouvance du Saint Esprit en chantant Alléluia.

Je priais principalement pour le pasteur de mon église, les autres pasteurs, les anciens et pour le réveil de l'église et les autres âmes, pour les autres églises, pour la nation et pour nos membres. Vers la fin de mon temps de prières, je priais brièvement pour ma famille et mes affaires. Lorsque j'en avais le temps, je partais dans des centres de prières et j'assistais aux réunions de prières du soir. Plus tard, je suis parti sur le sommet des collines. Je pensais que c'était une perte de temps d'attendre la fin de mon déjeuner, et je prenais donc toujours une couverture avec moi au petit matin et je sautais le déjeuner.

Le soir, je prenais mon dîner au centre de prières et j'assistais à la réunion qui s'y tenait. Lorsque j'en avais le puissant désir dans mon cœur pour jeûner, je continuais à jeûner le soir également.

«De même aussi, l'Esprit nous aide dans notre faiblesse, car nous ne savons pas ce qu'il convient de demander dans nos prières. Mais l'Esprit Lui-même intercède par des soupirs inexprimables ; et Celui qui sonde les cœurs connaît la pensée de l'Esprit, parce que c'est selon Dieu qu'il intercède en faveur des saints.» (Romains 8 :26-27).

En ce temps là je ne connaissais même pas le Saint Esprit, je suivais simplement Sa direction et je priais. Dieu sonde le cœur. Parce que le Saint Esprit priait en moi, je priais selon Son inspiration.

La Main de Dieu Préparant l'Ouverture de l'Eglise

Surmonter les épreuves de la foi

Dieu a permis des épreuves de la foi de sorte que ma famille puisse posséder une foi plus parfaite. Ma plus jeune fille Soojin avait 6 ans. C'était en 1980. Elle se promenait dans la rue avec sa sœur, et il y avait des élèves du secondaire qui jouaient à la balle. L'un des garçons s'est retourné brusquement en essayant de rattraper la balle et il s'est cogné à Soojin. Elle est tombée, en heurtant sa tête contre le pavement et elle eu une commotion. Les parents de l'étudiant sont arrivés et ont conduit Soojin à l'hôpital.

Ma femme a entendu la nouvelle et est partie à l'hôpital. Les médecins ont dit que Soojin devait être conduite dans un hôpital général. Il a dit que son cerveau avait été endommagé de manière considérable et qu'elle pourrait avoir certains problèmes avec ses facultés mentales à cause des dommages cérébraux. Même avec une opération, il y avait une grande éventualité qu'elle puisse devenir handicapée mentalement.

J'étais au magasin et j'ai entendu que Soojin avait été amenée en délire. Mais parce que j'avais la foi qu'elle pouvait être guérie par la prière, je l'ai ramenée à la maison plutôt que d'aller dans un hôpital général.

La mère de l'élève ne savait plus quoi faire. Elle travaillait en tant que femme de ménage et elle était tout comme nous, dans une situation financière difficile.

Après que je l'aie réconfortée à demeurer dans la paix, j'ai imposé les mains à Soojin et j'ai prié pour elle. Elle délirait et se lamentait aussi. Même le jour suivant, elle ne s'est pas réveillée, et ma femme et moi avons prié toute la nuit. Le mercredi, je quittais la maison pour aller au séminaire et soudainement j'ai entendu la voix claire de Soojin qui me disait, «Papa n'est ce pas aujourd'hui un jour pour aller à l'église?» Elle avait récupéré ses sens.

«Dieu merci! Tu as répondu à mes prières et Soojin a repris conscience.» Lorsque je suis rentré de l'école, Soojin avait quitté la maison pour aller à l'église et assister au culte de mercredi.

Ma seconde fille heurtée par un camion

En 1981, ma seconde fille Mikyung a été impliquée dans un accident de la circulation. Mikyoung est descendue du bus et traversais la chaussée. Le conducteur du camion ne l'a pas vue et elle a été heurtée par le camion. Elle a été jetée à terre. Les gens se sont réunis et le chauffeur l'a conduite à l'hôpital.

Lorsque ma femme est arrivée à l'hôpital, le visage de Mikyung était tellement gonflé qu'elle semblait avoir deux mentons. L'intérieur de sa bouche était entièrement tordu. C'était terrible. Les médecins ont dit qu'elle devait être hospitalisée, mais ma femme l'a ramenée à la maison. Mikyung était couverte de sang et elle ne pouvait pas ouvrir les yeux. Son visage était un désastre avec autant de blessures.

Elle ne pouvait rien manger. Elle pouvait à peine boire du lait et siroter un peu de soupe avec une paille. Lorsque j'ouvrais un peu sa bouche et regardais à l'intérieur, cela paraissait horrible. J'ai prié avec ferveur sur Mikyung avec mes mains. Malgré toutes ses blessures, elle est partie à l'école. Son professeur était choqué et lui a dit de se rendre dans un hôpital. Ma femme et moi avons jeûné et prié avec ferveur toute la nuit. Mikyung a continué à fréquenter l'école et après une journée, son visage était bleu avec comme des croutes et après 5 jours, les croutes sont tombées et elle a entièrement récupéré. Sa bouche est redevenue normale, le gonflement avait disparu et l'intérieur de sa bouche était aussi guéri et complètement propre.

Pendant les vacances d'été cette année là, nous avons reçu une lettre du professeur de Mikyung. Elle a dit qu'elle avait réalisé que Dieu était vivant et que Sa puissance était grande parce qu'elle avait vu Mikyung guérir aussi rapidement, sans recevoir aucun traitement médical ni de médicaments. Elle terminait sa lettre en disant qu'elle désirait aller à l'église dès maintenant.

Ma fille aînée guérie après la repentance de ma femme

En 1981 ma première fille Miyoung était à l'école primaire. Pendant mes vacances d'été, j'étais dans un jeûne et prières à la maison de prières d'Osanri et je suis revenu. J'ai trouvé que Miyoung avait des ulcères sur tout le corps. Elle avait un tel aspect que sa peau ressemblait à l'écorce d'un pin et en dessous de la peau rude écorchée, il y avait de l'infection. Des écoulements purulents sortaient de sa peau craquelée. C'était horrible. Parce qu'elle allait saigner si elle ne remuait rien qu'un peu son corps, Miyoung devait rester dans un coin de la chambre.

Parce que ma femme avait la foi que Dieu la guérirait, elle n'y avait appliqué aucun médicament et ne l'avait pas amenée à l'hôpital. J'ai prié pour Miyoung mais elle n'a pas été guérie. J'ai à nouveau prié pour elle le lendemain, mais il n'y avait aucune amélioration.

> *«Non, la main de l'Eternel n'est pas trop courte pour sauver, ni Son oreille trop dure pour entendre. Mais ce sont nos crimes qui mettent une séparation entre vous et votre Dieu ; ce sont vos péchés qui vous cachent Sa face et l'empêchent de vous écouter» (Esaïe 59 :1-2).*

Je me suis examiné moi-même et j'ai essayé de trouver quelque chose pour lequel je devais me repentir. Je savais que Miyoung n'avait aucun sujet d'inconduite. Elle avait toujours été une bonne fille. Ma femme a dit qu'elle avait été paresseuse dans ses réunions de prières du soir parce qu'elle avait été trop occupée et elle s'en est repentie devant Dieu. Après qu'elle se soit repentie, j'ai prié pour Miyoung, et cette fois, Dieu a montré Son œuvre. La peau avec les callosités, qui avait été jaune à cause de l'infection en dessous est redevenue blanche en une seule nuit et les croutes sont tombées. Elle était complètement guérie avant que les vacances ne soient terminées.

Lorsque nous nous reposions entièrement sur Dieu, Il ne nous laissait faire face à aucune situation difficile. Nous avons réalisé qu'il s'agissait d'une épreuve de la foi pour augmenter la foi de la famille tout comme Dieu a changé Job en une personne plus parfaite en le raffinant au moyen d'ulcères, et nous avons rendu grâce pour l'amour de Dieu. Avant l'ouverture de l'église, Dieu a permis des épreuves au travers de chacune de mes trois filles pour nous donner une plus grande foi.

Que ferais-je?

Je reconnaissais Dieu en toutes choses et j'ai toujours trouvé de la joie en Lui demandant Sa volonté et en Lui obéissant. En lisant la Bible, j'ai été beaucoup touché lorsque David se reposait en toutes choses sur Dieu.

> *«Après cela, David consulta l'Eternel en disant : Monterai-je dans une des villes de Juda? L'Eternel lui répondit : Monte. David dit : Où monterai-je? Et l'Eternel répondit : A Hébron» (2 Samuel 2 :1).*

> *«David consulta l'Eternel en disant : Monterai-je contre les Philistins? Les livreras-Tu entre mes mains? Et l'Eternel dit à David : Monte, car Je livrerai les Philistins entre tes mains» (2 Samuel 5 :19).*

David demandait toutes choses à Dieu, même les plus petites. Comme un petit enfant qui demande à ses parents ce qu'il doit faire. David demandait et était conduit par Dieu. Lorsque David demandait à Dieu, Dieu lui disait chaque fois ce qu'il devait faire comme un père généreux. J'ai aussi demandé à Dieu Sa volonté en toutes choses et Dieu m'a clairement fait entendre la voix du Saint Esprit.

Le jeûne de 40 jours

Lorsque j'étais dans mes vacances d'hiver la deuxième année de séminaire en 1981, Dieu a touché mon cœur pour offrir un jeûne de 40 jours. Pour me rendre dans un centre de prières, j'ai fait mes bagages, ma Bible, un livre de cantiques et d'autres livres de sermons. Lorsque j'étais sur le point de partir, j'ai entendu la voix puissante du Saint Esprit.

«N'emporte pas et ne lis pas d'autres livres que la Bible et le livre de cantiques pendant le jeûne de 40 jours.»

J'ai rapidement défait mes bagages et j'ai enlevé tous les autres livres sauf la Bible et le livre de cantiques, et je me suis rendu à la Maison de prières d'Osanri. Comme c'était la période de vacances, il y avait des milliers de chrétiens. C'était lorsque le temps était le plus froid depuis 60 ans. J'ai assisté à toutes les réunions d'adoration officielles du centre de prières et j'ai choisi trois moments de la journée pour la prière (crépuscule, après midi et 23 heures). Lorsque je me suis rendu dans une cellule de prières et que je me suis agenouillé, je sentais qu'il gelait, mais je me suis écrié dans les prières sans passer un seul jour, une seule session de prières.

La cellule de prières était remplie de givre et la cellule elle-même était comme un grand bloc de glace. Mais je me battais pour crier dans la prière pendant 30 ou 40 minutes. Dieu m'a donné Sa grâce et j'ai pu crier pendant plusieurs heures dans la prière. Comme j'étais un nouveau converti, je faisais de nombreux jeûnes, y compris 5 jours, 7 jours, 15 jours et 20 jours. Je jeûnais fréquemment et assistait aussi aux cours du séminaire. Je croyais que même un jeûne de 40 jours serait facile si Dieu m'aidait. Je priais pour le royaume de Dieu et Sa justice et pour que Dieu m'explique Sa parole. J'étais appelé comme Son serviteur, mais je ne pouvais rien faire avec mes propres forces, et j'ai donc prié avec ferveur pour recevoir la force de Dieu pour travailler pour Lui. J'ai aussi prié pour l'ouverture d'une église et Dieu m'a donné le rêve d'une église qui accomplirait la mission, mondiale :

> *«Il y a de nombreuses âmes qui souffrent de maladies et de pauvreté. Que ton église aide ceux qui sont dans le besoin, guéris les esprits et les corps des gens et sois le témoin pour prêcher cette bonne nouvelle au monde entier et accomplis la mission mondiale. Que ton église se lève et brille. Je t'ai choisi et je te conduirai du début à la fin. Tu feras ceci et cela dès que tu auras ouvert une église.»*

Étant donné que j'avais souffert de douleurs de maladies pendant longtemps, je pouvais comprendre ceux qui étaient perclus de maladies. Pour planter la foi dans les incroyants, guérir tant de gens de leurs infirmités et maladies et pour défaire les chaînes de l'injustice qui lient les gens de ce monde rempli de péchés, je devais recevoir une grande et illimitée puissance de Dieu, c'est pourquoi j'ai prié.

«Dieu, donne-moi Ta puissance de sorte que lorsque les gens seront couverts par mon ombre ou touchent le bord de mon vêtement, ils puissent être guéris et que simplement en ordonnant par la parole, l'ennemi diable fuirait.»

Tandis que je priais si fermement, j'ai reçu la promesse qu'Il me donnerait l'autorité pour chasser les puissances de l'ennemi diable. Mon rêve était de recevoir plus de puissance de Dieu pour prêcher la bonne nouvelle et pour planter la foi dans ceux qui ne connaissaient pas Dieu et souffraient de maladies, de pauvreté, et de soucis de ce monde et pour établir une église qui grandirait et prêcherait l'évangile aux quatre coins du monde. Pour atteindre le rêve de la mission mondiale, je devais recevoir la puissance illimitée de Dieu, ainsi je désirais ardemment et je priais pour recevoir la puissance que des hommes reconnus et aimés par Dieu tels que Moïse, Josué, Elie, Elisée, Pierre et Paul avaient reçue pour accomplir des miracles, des signes et des prodiges.

Aussi, en tant que serviteur de Dieu, je n'ai pas uniquement demandé la puissance et l'autorité pour vaincre le monde, mais aussi, pour recevoir les 12 dons du Saint Esprit. Mais dès le 6ème jour, Dieu ne m'a plus soutenu. Comme il ne me soutenait plus, l'ennemi diable m'a perturbé. Comme les 6ème et 7ème jours passaient, j'avais des vertiges et des crampes dans les mains et les pieds. Je sentais que je devenais fou et je ne pouvais pas dormir la nuit. Je pensais que je pouvais devenir fou et je luttais pour conserver mes sens. Dans un rêve, quelqu'un m'avait forcé à prendre un peu de riz. Quand je me suis réveillé, je me suis repenti de ce rêve.

J'ai cru abandonner parce que je croyais que je pouvais déshonorer Dieu de cette manière, mais si j'avais arrêté à ce moment, j'aurais dû entièrement recommencer. J'ai donc combattu les douleurs chaque jour.

Après 9 jours, ces symptômes ont cessé. Après 20 jours, je n'avais plus la force de lire la Bible et j'ai donc acheté quelques livres de sermons d'un pasteur. J'ai lu quelques chapitres, mais je

n'avais plus la force de lire. Je suis entré dans la cellule de prières, mais je ne pouvais pas recevoir la force pour crier. Je devais tellement combattre pour prier. J'ai prié, «Dieu, donne-moi la force pour crier dans la prière.»

Je ne sais combien de temps s'est écoulé, mais pendant que je luttais j'ai entendu une voix qui résonnait dans mon cœur en disant, *«Je t'avais dit de ne pas emporter ni lire d'autres livres que la Bible et les cantiques. Pourquoi as-tu lu un livre écrit par un homme?»*

J'ai repris mes sens comme j'entendais la voix et j'ai dit, «Dieu je croyais que c'était bien, mais j'ai désobéi. Je te prie de me pardonner.» C'était dur de lire la Bible et je croyais que je pourrais lire un autre livre. J'ai réalisé que c'était de la désobéissance et je m'en suis fermement repenti. Alors, j'ai reçu une force et j'ai pu prier à nouveau.

Le 28ème jour, je n'étais plus que peau et os. Mon poids avait fondu considérablement. Le 30ème jour, mes intestins étaient secs et collaient, de sorte que même l'eau ne pouvait descendre et je me sentais congestionné comme si j'avais une indigestion. Si je buvais un peu d'eau, elle remontait. Lorsque je vomissais, il y avait du sang noir et mort. Je crois que c'est parce que certaines veines dans l'estomac étaient rompues et que le sang sec ressortait lorsque je vomissais.

Le 32ème jour, ma première fille qui était à ce moment à l'école primaire est venue me voir. Je partageais une chambre avec de nombreuses autres personnes, mais je croyais qu'ils seraient dégoûtés s'ils me voyaient vomir. Je suis rentré à la maison avec ma fille. Dans la chambre que je louais près de la maison, j'ai terminé mon jeûne. C'était une forte lutte contre ma volonté.

Mais le 39ème jour à 23 heures, comme par miracle, toutes les douleurs ont disparu et Dieu m'a donné la force d'en haut. J'avais la force comme une personne qui avait complètement récupéré. J'ai donc pris un bain et ai change de vêtements. À minuit, j'ai offert un culte d'actions de grâces et j'ai terminé le jeûne.

Comme un aigle entraînant ses jeunes

Plus tard, j'étais curieux pourquoi Dieu ne m'avait pas soutenu pendant le jeûne de 40 jours. Jusque là, j'avais toujours jeûné sans beaucoup de difficultés parce que Dieu m'avait soutenu et aidé. J'ai donc demandé à Dieu dans ma prière pourquoi j'ai dû jeûner avec mes propres forces seulement et avec tant de douleurs. Dieu m'a donné la parole suivante.

«Je n'ai pas détourné Ma face de toi, mais je t'ai intentionnellement entraîné. Lorsque tu compares le jeûne que tu termines facilement avec Mon aide et un jeûne que tu ne termines que par ta propre force et endurance, la différence dans la puissance que tu gagnes est tellement plus grande.»

C'était cela lorsque je terminais un jeûne uniquement avec mes propres forces et ma volonté, je pouvais gagner plus de force et d'endurance, et je serais capable de surmonter toutes les difficultés. Comme j'entendais ces paroles, je me rappelais Deutéronome 32 :11-12.

«Pareil à l'aigle qui éveille sa couvée, voltige sur ses petits, déploie ses ailes, les prends, les porte sur ses

plumes, l'Eternel seul a conduit Son peuple et il n'y avait avec Lui aucun dieu étranger.»

Les aigles construisent un nid au sommet d'une haute falaise. Lorsque ses jeunes grandissent à un certain stade, la mère aigle pousse son petit hors du nid. Tandis que le jeune tombe, il bouge instinctivement ses ailes pour survivre. Au travers de cet entrainement, les jeunes aigles deviennent forts de sorte qu'ils puissent survivre dans le combat de la vie, en volant haut dans le ciel. Je ne pouvais pas m'empêcher de verser des larmes pour l'amour de Dieu qui m'avait entraîné durement, tout comme un aigle entraine durement ses petits.

Chapitre 5

Le
Commencement
de l'Eglise

Préparé dans la Parole de Dieu pendant Trois Ans

Je t'ai raffiné

J'ai pensé à la signification des 'trois années' Le 9 juillet 1974, le jour de l'anniversaire de mon père, eut lieu l'incident qui a provoqué le divorce entre ma femme et moi. Et le 10 juillet 1977, nous avons ouvert un magasin au marché de Keumho Dong avec la stabilité financière. C'étaient exactement 3 ans, sans même un jour de différence. Étant donné que les études au séminaire étaient de 4 ans, au début, je ne pouvais pas comprendre pourquoi Dieu avait dit qu'Il serait avec moi avec des 'signes et des prodiges qui suivaient' après que je me sois préparé pendant 3 ans avec la Parole. Mais j'ai rapidement réalisé la signification de ces paroles. En février 1982, à la demande du pasteur de l'église Ilman de Masan, j'ai parlé lors d'une réunion de réveil. J'ai terminé l'avant-dernière année de mon séminaire en février 1982, et c'était donc aussi exactement 3 ans après que je sois entré au séminaire. Un ancien de l'église m'a demandé.

«Pasteur, je te prie de venir dans mon église et de parler à une réunion de réveil.»

«Je ne suis même pas ordonné pasteur. Je ne suis qu'un étudiant au séminaire et comment puis-je parler à une réunion de réveil? Je vous prie de demander à une autre personne.»

«Non j'ai prié pour cette réunion de réveil pendant longtemps et Dieu t'a mis dans mon esprit. C'est la volonté de Dieu que tu parles lors de ce réveil.»

«Alors je vais prier pour ce sujet et je vous répondrai.»

Comme c'était la première réunion de réveil et que j'étais toujours un étudiant au séminaire, je n'étais pas très confiant. J'ai jeûné pendant trois jours au centre de prières Osanri et j'ai acquis de la confiance et de l'assurance. Lorsque je suis rentré à la maison, je me suis agenouillé pour prier pour préparer le message que j'allais prêcher à la réunion de réveil. A ce moment là, sous une claire inspiration, Dieu m'a donné 11 messages avec leurs passages respectifs et les titres en détails, y compris les messages pour les réunions du matin. Cette inspiration de Dieu me rappelait même un livre que j'avais lu auparavant, «Tu lis ce livre d'abord et puis tu le cites en exemple.» J'étais tellement impressionné. J'ai une fois de plus réalisé que rien n'est impossible pour Dieu. J'ai terminé tous les préparatifs de l'introduction à la conclusion de chacun des messages. J'ai parlé lors de ce réveil et j'ai conduit les réunions de réveil par la grâce de Dieu. Tous les membres m'ont remercié en me disant qu'ils avaient reçu une grande grâce. Beaucoup ont témoigné que c'était la Parole de Vie qu'ils n'avaient pas expérimentée auparavant. Cela a changé leurs esprits et leurs problèmes étaient résolus.

Au départ de ce réveil, j'ai été invité dans de nombreuses églises pour parler à leurs réunions de réveil. Chaque fois, le Saint Esprit, comme un vent puissant et tournoyant confirmait la parole par les signes et les prodiges de Dieu. Lorsque Dieu m'avait appelé comme Son serviteur, Il avait dit, «Pendant trois ans, ainsi prépare-toi maintenant avec la Parole pendant trois ans.»

Pour un ministère à succès

Lors de la dernière année du séminaire, mes collègues de classe se préparaient également à commencer une église. Ils étaient affairés à recueillir une certaine connaissance et des informations concernant l'ouverture d'une église en assistant à des conférences sur la croissance de l'église et en faisant des études sur les réveils dans les églises. Mes collègues m'ont conseillé «Pasteur, comment peux-tu construire un ministère puissant uniquement en jeûnant et en priant tout le temps dans les montagnes? Pourquoi ne nous rejoins-tu pas pour apprendre plus de choses?» Bien sûr, cela peut être profitable pour gagner de l'information et la connaissance nécessaire pour ouvrir une église, mais j'avais une idée différente.

Je ne voulais pas apprendre les méthodes des hommes, mais les méthodes de Dieu sur la croissance de l'église, c'est-à-dire la Bible. Comme je lisais la Bible, les précurseurs de la foi tels que Paul et Pierre essayaient toujours de prier à chaque instant. J'ai compris la parole de Dieu en méditant la Bible et en prêchant l'évangile avec diligence.

À partir de Actes 8 :26, Philippe a été amené dans le désert sous la conduite du Saint Esprit et il a rencontré l'eunuque éthiopien, un officiel de la cour de Candace, reine d'Ethiopie. Il était en charge de toutes ses finances. L'eunuque lisait les écritures d'Esaïe et il voulait recevoir la compréhension de la parole de Dieu. Philippe lui a donc parlé de Jésus et l'a baptisé. L'apôtre Paul voulait aussi prêcher en Asie, mais le Saint Esprit ne l'a pas laissé prêcher en Asie mais l'a conduit vers la Macédoine (Actes 16 :6-10).

Ce qui était révélé par la méditation de la parole de Dieu était que Dieu Lui-même conduit et guide Ses serviteurs. Pour un ministère qui a du succès, j'ai compris que la chose la plus importante était d'avoir une étroite communication avec Dieu et de suivre Sa volonté. C'est pourquoi j'ai prié chaque fois que j'en avais le temps et j'ai essayé de comprendre spirituellement la parole de Dieu.

Ma vie se préoccupant des âmes avec amour

En Mars 1982, après le jeûne de 40 jours et que j'aie terminé la période de nourriture de récupération, la nouvelle année académique a commencé. Pendant cette nouvelle année, les groupes de cellules ont été réorganisés dans l'église que je fréquentais. Ma femme est devenue la présidente du culte de la cellule et la diaconesse Aeja Ahn est devenue dirigeante de la cellule. Nous avions cinq membres dans notre cellule. En Avril, le nombre de membres s'était accru à 25.

Ma femme évangélisait avec diligence et elle s'occupait des membres. Elle avait aussi fixé un temps de prière quotidien à la maison avec la diaconesse Aeja Ahn. Au travers de ce temps de prières, les problèmes des familles étaient résolus et un plus grand nombre de membres des familles étaient évangélisés. Il y avait donc un grand réveil. De plus, parce que ma femme était une bonne cuisinière, elle cuisinait à chaque réunion des mets délicieux et servait les membres.

Le dimanche matin, nous envoyions nos trois filles vers chaque famille avec le message, «Aujourd'hui est le jour pour aller à l'église, je vous prie de venir à notre maison à 10 heures.» S'ils ne venaient pas à 10 heures, mes petites filles retournaient à leurs maisons et frappaient à leur porte en les pressant de venir ensemble à l'église. Dans certains cas, ils ne pouvaient pas refuser à mes filles et ils venaient. C'est pourquoi, le dimanche, il y avait environ 30 membres de ma cellule qui allaient à l'église. Ma femme s'est occupée d'eux avec amour et c'est de cette manière qu'elle s'est entrainée à devenir la femme d'un pasteur.

Avec Sept Dollars

Quelque chose de surprenant s'est produit

Alors que je commençais ma dernière année au séminaire le 1er mars, mon magasin qui jusque là avait toujours été rempli de clients a perdu tous ses clients. Il était entièrement vide. Tout d'abord, je me suis examiné pour voir si j'avais un mur de péché contre Dieu et j'ai pensé que tout irait mieux le lendemain. Mais c'était pareil. Ma femme et moi avons prié Dieu, mais il n'y avait pas de réponse. Etant donné que nous n'avions pas de revenus, le loyer mensuel du magasin était déduit de la garantie. Plus tard, nous avons appris que c'était la providence de Dieu. Nous avons fermé le magasin pour ouvrir une église le 25 juillet, et à ce moment, toute la garantie était épuisée. Après avoir payé toutes les taxes, nous avions 7 dollars à la main. Dieu a réduit à néant tout ce que nous avions gagné dans le monde et nous a fait ouvrir une église avec seulement 7 dollars.

Les Gens Venaient avec des maladies

Pourquoi la mère de Miyoung est-elle toujours heureuse?

Depuis que j'avais attendu la mort, ma femme a commencé sa vie chrétienne en témoignant de ma guérison de toutes mes maladies. Elle était maintenant toujours heureuse et remplie de joie. Malgré que nous n'ayons rien à manger pour le lendemain, nous étions malgré tout reconnaissants. Qu'elle lave la vaisselle ou dans tout ce qu'elle faisait, elle chantait toujours des chants de louanges. À tous ceux qu'elle rencontrait, elle témoignait comment elle avait rencontré le Dieu vivant et elle prêchait l'évangile. Elle passait la totalité de ses jours dans la plénitude du Saint Esprit.

Avant l'ouverture de l'église, les informations sur ma famille se répandaient et il y avait un nombre croissant de personnes qui venaient pour recevoir ma prière. En Avril 1982, une croyante m'a visité. Elle était tellement maigre qu'elle semblait n'avoir que les os et la peau. Elle a dit qu'elle n'avait pas été capable de marcher vite à cause d'une maladie cardiaque congénitale.

«Pasteur, trois jours après avoir donné naissance à mon enfant, mon corps a enflé et ma condition s'est détériorée. Je ne peux même pas porter le bébé.» «Reçois la prière avec foi. Dieu va te guérir.»

Elle a reçu la prière une seule fois et elle a été guérie de sa maladie cardiaque. Elle est la grande diaconesse Seong Ja Kim, en ce moment un membre dévoué du groupe de prières. Un autre jour, une femme d'âge moyen a visité mon magasin. Elle a dit avoir entendu parler de ma famille et elle m'a trouvé. Elle avait une fille de plus de 20 ans, et l'os de son bassin était démis. Ses jambes étaient de longueur différente et elle ne pouvait donc pas marcher normalement. La douleur qu'elle ressentait était devenue tellement forte qu'elle était traitée avec de la morphine. Maintenant elle était accro à la morphine et cela ne travaillait plus. Même les antidouleurs les plus puissants ne faisaient plus d'effet sur elle. Sa mère m'a demandé de prier pour elle. J'ai tenu un culte d'adoration dans sa maison. Le Saint Esprit m'a touché pour prier pendant 21 jours pour cette famille.

En ce temps là j'étais au séminaire, et j'étais occupé avec des veillées de prières, mais je leur ai malgré tout prêché la parole de Dieu et j'ai prié pour eux pendant 21 jours. Alors cette fille a lentement commencé à avoir la foi et elle a arrêté de prendre tous les médicaments qu'elle prenait. Elle a commencé à ne se reposer que sur Dieu. Le 20ème jour, toutes ses douleurs avaient disparu. Et le lendemain, elle a témoigné comme suit :

« Pasteur, cette maison est tellement vieille et il y a de nombreux rats dans les fondements et le plafond. Ils faisaient donc toujours du bruit. La nuit, les rats venaient même dans les chambres et faisaient des problèmes. J'ai eu la vie dure à cause de cela. Mais la nuit dernière, j'ai eu un rêve et lorsque je me suis réveillé le matin, quelque chose d'étonnant s'est produit. »

Il y avait tellement de rats qu'ils ont mis du poison et de nombreuses autres choses pour s'en débarrasser, mais rien ne fonctionnait. Surtout, elle était toujours nerveuse, sautillante et mal à l'aise à cause des douleurs. Elle ne pouvait pas dormir la nuit à cause du bruit des rats. Mais pendant la nuit, elle a eu un rêve qu'elle recevait ma prière, et dès qu'elle avait reçu la prière, les rats de différentes tailles sont sortis en groupes, et finalement, un très gros rat, ressemblant à un roi est sorti aussi. Alors toute la douleur a disparu immédiatement et dans la réalité aussi, tous les rats avaient quitté la maison. Cette sœur était tellement surprise et étonnée par l'œuvre de Dieu qu'elle ne pouvait pas maîtriser ses émotions. Plusieurs jours plus tard, la mère de cette jeune fille est venue me voir à nouveau en disant, «Pasteur, ma fille se meurt! Je t'en prie, viens tout de suite et prie pour elle!»

C'était au milieu de la nuit lorsque je suis arrivé à sa maison. Sa fille se tordait de douleur sur le sol. Elle avait jeûné pendant 3 jours et après le jeûne elle aurait dû prendre de la bonne nourriture de récupération pendant 3 jours, mais elle a mangé du poulet grillé juste après le jeûne. Elle avait une indigestion aigue. Lorsque je lui lai imposé les mains et que j'ai prié, sous l'inspiration du Saint Esprit, j'ai pu clairement discerner un os dans son estomac et j'ai pu voir l'os qui fondait. Dès que la prière fut terminée, elle a vomi ce qu'elle avait mangé. Elle a respiré profondément une fois et son visage est redevenu normal.

Préparant un vase propre

Je jeûnais très fréquemment et je luttais de mon mieux pour chasser toute espèce de mal et pour garder tous les commandements de Dieu. Je suis arrivé à porter les neufs fruits du Saint Esprit et j'ai également vu que je démontrais fortement la puissance et les dons du Saint Esprit. Vers cette époque, c'est-à-dire après que j'aie prié Dieu pendant sept ans afin qu'Il me fasse comprendre clairement Sa volonté, Dieu m'a envoyé une prophétesse. En Avril 1982, un membre féminin que ma femme avait évangélisé m'a visité et m'a dit,

«Pasteur, au milieu de la nuit, quelqu'un m'a appelé trois fois par mon nom et j'ai donc ouvert les yeux. Dans une lumière tellement resplendissante que j'avais difficile d'ouvrir mes yeux, Dieu est apparu et a dit, 'Je te choisirai, te rendrai connu parmi les nations, et Je ferai de toi Mon témoin dans le monde entier.' Je n'ai absolument aucune idée de ce que cela signifie.»

En ce temps là, elle ne savait même pas ce que signifiaient Genèse ou Matthieu, mais sa maladie d'estomac avait été guérie par la prière. Lorsque nous avions des réunions de prières pour le commencement d'une église, la parole de Dieu était sortie de ses lèvres, et j'ai été très surpris d'entendre ces mêmes paroles que Dieu m'avait données lorsqu'il m'avait appelé en tant que Son serviteur en disant,

«N'as-tu pas demandé les 12 dons du Saint Esprit? Je te les ai tous donnés, c'est pourquoi, offre une prière d'action de grâce.»

De plus, au travers de la prophétie, Dieu m'avait parlé de choses que moi seul je connaissais. Certaines étaient des choses que même ma propre femme ignorait. Au travers de cela, j'ai réalisé que Dieu m'avait donné le don de prophétie. Dieu m'a effectivement fait croire que c'était vraiment la parole de Dieu qui m'était donnée. Jusque là, j'avais demandé 12 types de dons comprenant les neufs dons du Saint Esprit relatés dans 1 Corinthiens 12, et aussi le don des visions, le don de la vision divine et le don de l'amour.

Qu'est-ce que la prophétie?

La Bible nous donne diverses méthodes pour entendre la voix de Dieu. Il y a une voix donnée par Dieu Lui-même, et il y a aussi la voix du Saint Esprit. Parfois Dieu parle aussi au travers d'un ange ayant l'apparence d'un homme. Dieu nous parle aussi au moyen de la prophétie.

«La main de l'Éternel fut sur moi, et l'Éternel me transporta en esprit, et me déposa dans le milieu d'une vallée remplie d'ossements. Il me fit passer auprès d'eux, tout autour; et voici, ils étaient fort nombreux, à la surface de la vallée, et ils étaient complètement secs. Il me dit: Fils de l'homme, ces os pourront-ils revivre? Je répondis: Seigneur Éternel, tu le sais. Il me dit: Prophétise sur ces os, et dis-leur: Ossements desséchés, écoutez la parole de l'Éternel! Ainsi parle le Seigneur, l'Éternel, à ces os: Voici, je vais faire entrer en vous un esprit, et vous vivrez; je vous donnerai des nerfs, je ferai croître sur vous de la chair, je vous couvrirai de peau, je mettrai en vous un esprit, et vous vivrez. Et vous saurez que je suis l'Éternel. Je prophétisai, selon l'ordre que j'avais reçu. Et comme je prophétisais, il y eut un bruit, et voici, il se fit un mouvement, et les os s'approchèrent les uns des autres.» (Ezéchiel 37 :1-7).

«Car le témoignage de Jésus est l'esprit de la prophétie.» (Apocalypse 19 :10).

Prophétiser est le fait de parler pour quelqu'un d'autre. Parmi les prophètes, il y en a qui parlent au nom d'un homme ou au nom de Dieu...

Au chapitre 37 d'Ezéchiel, nous pouvons voir que l'esprit de Dieu était avec Ezéchiel et Dieu a parlé au travers des lèvres d'Ezéchiel. Parce que Dieu parlait par les lèvres d'un homme, les phrases étaient sur le mode impératif. La prophétie ne vient pas des hommes mais de l'Esprit de Dieu, c'est-à-dire le Saint Esprit. Le Saint Esprit travaille en harmonie au travers d'un homme pour transmettre la volonté de Dieu. C'est pourquoi c'est une parole véritable reconnue et garantie par Dieu. Qu'est alors l'esprit de prophétie?

Si vous dites la vérité au travers du Saint Esprit, vous témoignez de Jésus qui est la vérité même. Ainsi, parce que l'esprit de Jésus témoigne au travers d'un homme qui parle la vérité poussé par le Saint Esprit, alors cet homme prophétise. C'est cela l'esprit de prophétie. Tout comme le prophète Ezéchiel a obéi à la parole de Dieu et a prophétisé, s'il y a une personne qui peut prophétiser la parole de Dieu, nous pouvons recevoir de nombreuses révélations.

Nous pouvons voir que Jésus veut que nous recevions des révélations comme il le dit dans Matthieu 11 :27, «*Personne ne connaît le Fils, si ce n'est le Père; personne non plus ne connaît le Père, si ce n'est le Fils et celui à qui le Fils veut le révéler.*» L'apôtre Paul a aussi dit dans 2 Corinthiens 12 :1, «*Il faut se glorifier... Cela n'est pas bon. J'en viendrai néanmoins à des visions et à des révélations du Seigneur.*»

Si nous pouvons recevoir la révélation de Dieu comme l'apôtre Paul, nous pouvons clairement comprendre Dieu et nous pouvons même connaître les choses à venir. Ce n'est que si nous connaissons les choses qui vont arriver dans le futur que nous pouvons nous préparer pour le retour du Seigneur qui viendra comme un voleur dans la nuit.

Recevoir les Réponses pour l'Ouverture de l'Eglise

Ils veulent te chasser

Comme je me préparais pour l'ouverture d'une église, nous avions diverses réunions de prières. Nous avions une réunion de guérisons à la maison de la diaconesse Aeja Ahn, et la maison était pleine d'une multitude de gens. La seconde réunion de prières se tenait dans mon magasin. Une personne qui avait le bras brisé et qui portait un plâtre a été guérie et a ôté son plâtre. Une femme qui avait été dans l'incapacité de concevoir un bébé est venue et a reçu la prière. Peu après cela j'ai entendu qu'elle était enceinte. La troisième réunion se déroulait dans un lieu de montagne. Il y avait plus de 40 personnes qui y assistaient. Certains étaient des étudiants du séminaire et des pasteurs. Il y avait une femme qui avait été opérée à la colonne vertébrale, mais qui avait une rechute de son problème.

On disait qu'elle se trouvait dans une situation très dangereuse, mais elle voulait malgré tout assister à la réunion de prières. L'un des membres l'a aidé à monter à la montagne et j'ai prié pour elle pendant la session de prières. Elle a été complètement guérie là haut sur la montagne et elle est redescendue par elle-même!

La quatrième réunion de prières se tenait également dans une montagne, et il y avait de nombreux étudiants du séminaire. La parole de Dieu est venue sur nous.

«Après cette réunion, il y aura une épreuve pour vous. Mais ne vous inquiétez pas et croyez seulement en Moi et priez. Je vous payerai en retour avec des bénédictions.»

Rapidement une épreuve est tombée sur moi. En Juin 1982, j'avais des examens terminaux pour le semestre et je suis rentré à la maison. Mais l'un des professeurs m'a suivi jusqu'à la maison. Je savais que c'était quelque chose qui ne se faisait habituellement pas. Il a commencé par dire, «J'ai été à beaucoup de montagnes de prières et j'ai beaucoup prié, ainsi je connais aussi beaucoup de choses sur le monde spirituel. Tu as une profondeur spirituelle et je sais que tu as été béni avec de nombreux dons spirituels. Parce que tu es sur le point d'ouvrir une église, l'ennemi diable et Satan se sont dressés contre toi. Pasteur, je crois que tu ferais mieux d'arrêter ton plan d'ouvrir une église. Nous avons eu une réunion des professeurs aujourd'hui et ils veulent te chasser. Je sais que tu n'es pas ce type de personne, mais...»

Les Œuvres de l'Ennemi Diable Perturbent l'Ouverture de l'Eglise

Comme j'écoutais ses explications détaillées, non seulement mon pasteur guide, mais aussi le pasteur de mon église avaient des malentendus à mon sujet. On m'a demandé, «Pasteur, pendant les réunions de prières à la montagne, as-tu dis que tu étais le Christ? As-tu pris une femme pasteur avec toi et aussi as-tu imposé les mains à d'autres pasteurs?»

«Je n'ai jamais dit que j'étais le Christ, et je n'ai jamais imposé les mains à d'autres pasteurs.»

Parce qu'il y avait un tas d'œuvres de guérison partout où je priais pour les gens pendant les réunions, un de mes collègues de classe, qui était jaloux de cela a fait un rapport avec des fausses accusations à mon professeur guide avec des choses telles que, «Le Pasteur Jaerock Lee fait des choses qui causent des factions et des divisions. Il dit qu'il est le Christ.»

Ces rumeurs entièrement factices se sont répandues en très peu de temps. De plus, les professeurs qui m'avaient enseigné pendant quatre ans ont décidé de m'expulser uniquement en se basant sur ces rumeurs sans même m'entendre. Malgré cela, je n'ai pas visité ni parlé à des gens pour plaider de mon innocence. Je sentais que c'était une situation difficile, mais lorsque j'ai prié Dieu, Il m'a dit de rendre grâces et de me réjouir et de prier pour ces gens avec amour.

En Septembre, le nouveau semestre a commencé. Lorsque je me suis rendu à l'école, j'ai entendu mes collègues de classe argumenter sur mon problème. Ils ont dit que le collègue de classe qui m'avait faussement accusé a décidé par souci de repentance, de ne plus s'inscrire pour le semestre. Je lui ai donc rendu visite et je l'ai pressé de se réinscrire, parce que je n'avais aucun ressentiment ni malentendu avec lui. Dieu a travaillé d'une telle manière que tous les problèmes ont été résolus calmement. Même celui qui m'avait faussement accusé a été révélé à la lumière. Après que j'aie ouvert l'église et tenu le culte de dédicace, de nombreux professeurs, y compris ceux qui s'étaient auparavant mépris sur moi sont venus et nous avons célébré ensemble. Au moment de la remise des diplômes, nous avons tenu une fête de remerciements à mon église.

Une réponse reçue «Eglise Manmin (Toute la Création)»

Parce que j'ai rejoint le séminaire à un âge relativement avancé, je voulais ouvrir rapidement l'église. Parce que je n'étais pas très jeune, j'ai prié dès le début pour le nom de l'église, mais il n'y avait pas de réponses. Ce n'est que juste avant l'ouverture de l'église que la réponse est venue.

> *«Appelle-la 'Eglise Manmin'. Lorsque le temps sera venu et que tu iras en pèlerinage, tu comprendras pourquoi je t'ai donné ce nom 'Manmin'»*

Plus tard, en 1989, j'ai été en pèlerinage en Terre Sainte. À Gethsémané, Jésus a prié jusqu'à ce que sa sueur devienne des gouttes de sang qui tombaient sur le sol pour accomplir la providence de la croix et sauver tous les peuples et les nations. A cet endroit, j'ai vu «l'Eglise pour Toutes les Nations» avec une telle grande émotion. Dieu a envoyé Jésus Christ en tant que sacrifice perpétuel pour sauver toutes les nations et tous les peuples. Dieu veut accomplir Sa providence pendant les derniers jours, et Il veut accomplir la mission mondiale avec l'évangile de sanctification, et Il nous a donné le nom «Manmin» ce qui signifie «toute la création.»

Au commencement de l'église, nous avons appelé l'église 'Eglise Manmin' mais alors que nous nous attendions à établir de nombreuses églises filiales, nous l'avons renommée 'Eglise Centrale (Joong-ang) Manmin'.

Pourquoi veux-tu le faire de la manière dure?

«Pasteur, pourquoi veux-tu ouvrir une église? Sais-tu combien c'est difficile d'ouvrir une église?» «Tu ne pourras manger que du porridge pendant de nombreuses années. Ne veux-tu pas que tes enfants reçoivent une éducation? Ne sais-tu pas combien c'est difficile de réunir des croyants de nos jours?» Les conseils continuaient, «Sais-tu aussi combien les croyants sont désobéissants de nos jours? Travaillons seulement ensemble dans cette église.» «Pasteur, dès que tu auras ouvert l'église, tu vas verser tant de larmes.»

Lorsque j'étais sur le point d'ouvrir l'église, il y avait tellement de gens qui essayaient de m'arrêter. C'est une réalité qu'il y avait beaucoup de nouvelles églises qui rencontraient ces difficultés. Certains pasteurs ouvrent une église en prenant un emprunt pour le bâtiment et les facilités. Mais lorsque l'église ne grandissait pas comme prévu, ils devaient souffrir de cette dette. Beaucoup d'entre eux erraient dans le désespoir et des sentiments d'impuissance. Mais parce que je croyais dans le Dieu tout puissant, mon cœur n'était pas du tout secoué. Je ne pouvais pas montrer mon désaccord face à face à ceux qui me conseillaient parce que je ne voulais pas les embarrasser. Je me répondais seulement à moi-même. «Lorsque j'ouvrirai une église, elle sera prospère et il n'y aura aucun problème. Je vais sauver tant d'âmes et l'église va rapidement grandir. Alors nous donnerons grandement gloire à Dieu.»

Je me reposais sur la parole de Dieu dans Philippiens 4 :13 disant, *«Je puis tout par celui qui me fortifie.»* et dans dans Matthieu 9 :29 disant que les choses se feraient comme nous croyons qu'elles se feraient et dans Matthieu 13 :8 où j'étais assuré que si nous semons, Dieu nous promet qu'il nous paierait en retour 30, 60 ou 100 fois plus que ce que nous avons semé. Si vous regardez aux serviteurs bien aimés de Dieu, parce que Dieu était avec eux, Moïse et l'apôtre Paul ressemblaient à des dieux au peuple (Exode 7 :1 ; Actes 14 :11).

Si Dieu est avec nous, il n'y a rien d'impossible. Je l'ai cru. Je croyais qu'étant Son serviteur, si je me concentrais sur la parole, priais et suivais Sa volonté, alors Dieu me répondrais et prendrais soin de tous les problèmes financiers, de l'endroit et des ouvriers pour l'église. Parce que j'avais la foi que je pouvais tout en Celui qui me fortifiait, j'avais une vision. J'ai prié en détails au sujet de la vision et du rêve et je l'ai confessé de mes lèvres.

Obéissant à la Direction du Saint Esprit

En Mai 1982, Dieu m'a dit que j'ouvrirais une église lorsque le soleil serait brûlant et Il m'a conduit à la sous division de Shindaebang, dans le district de Dongjak à Séoul. Un endroit dont je n'avais auparavant jamais entendu parler. Parce que je ne connaissais pas l'endroit, j'ai demandé à de nombreuses personnes comment y accéder. Parce que l'endroit n'était pas très développé en ce temps là, il n'y avait pas beaucoup de bâtiments et le trafic était léger. Il y avait un endroit avec à peu près 900 pieds carrés. Le loyer mensuel était de 150.000 wons (150 dollars) nécessitant 3 millions de wons (3.000 dollars) de garantie bancaire. J'ai rencontré le propriétaire pour signer le contrat, et il a réduit le loyer à 120.000 wons.

Dieu a préparé l'Argent pour l'Ouverture de l'Eglise

Dieu nous a donné l'argent nécessaire pour l'ouverture de l'église par la diaconesse Aeja Ahn. Elle avait l'habitude de prier 5 heures par jour. Son fils a été victime d'un accident de la circulation et a reçu 3 millions de wons en compensation. Elle a fait le vœu d'offrir cet argent à Dieu en tant qu'offrande à la construction de l'église. Mais parce que son mari incroyant avait dépensé cet argent à autre chose, elle avait toujours ce fardeau dans son cœur. Elle pensait toujours qu'elle devait donner 3 millions de wons en tant qu'offrande pour la construction. Entretemps, elle a rencontré ma famille et elle m'a rejoint lorsque j'ai ouvert l'église.

Parce que l'usine de meubles de son mari ne tournait pas bien, sa maison était endettée. S'ils ne payaient pas la dette, la maison serait vendue à un prix très bas. C'est pourquoi ils l'ont mise en vente pour le prix de 20 millions de wons (20.000 dollars) mais il n'y avait personne d'intéressé à visiter la maison. Ils ont réduit le prix à 15 millions de wons, mais il n'y avait toujours personne d'intéressé à l'acheter. Entretemps, la parole de Dieu est venue à la diaconesse Aeja Ahn à la maison de prières de la montagne

Samgak.

«Offre un jeûne de 3 jours pour ta maison. Augmente le prix selon ta foi et J'agirai. Utilise 3 millions du montant augmenté pour ouvrir l'église.»

Ils ont mis la maison en vente, mais pendant tant d'années il n'y avait personne qui voulait l'acheter. Ils ont cru que s'ils augmentaient le prix, les agents immobiliers allaient se moquer d'eux. La diaconesse Aeja Ahn y a réfléchi attentivement et a finalement rajouté 3 millions de wons. Elle l'a mise à 18 millions de wons. L'agent immobilier semblait perplexe.

Mais tandis qu'elle rentrait à la maison de l'agence immobilière, quelqu'un l'a suivie et a regardé la maison. Il a dit qu'il venait de trouver sa maison favorite et a signé le contrat à 18 millions de wons. La diaconesse était désolée de ce que si elle avait montré plus de foi, elle aurait pu la vendre à 20 millions. Dieu a agi pour elle dans la vente de sa maison qui n'avait pas été vendue pendant tant de temps. Elle a pu rembourser sa dette familiale et a offert 3 millions de wons nécessaires pour l'ouverture de l'église.

Se repentant totalement dans son cœur pour s'être reposé sur des hommes

Comme je me préparais pour l'ouverture de l'église, je m'attendais à environ 40 personnes autour de moi au moment de l'ouverture. J'ai simplement cru qu'ils viendraient à l'église dès l'ouverture parce que je croyais qu'ils me connaissaient bien et qu'ils m'aimaient. Mais la réalité était différente. Le 25 juillet 1982, nous avions le culte d'ouverture, mais de manière imprévue, aucune de ces personnes que je croyais devoir venir n'a assisté au culte d'ouverture. J'ai réalisé que Dieu les avait arrêtés. Dieu ne voulait pas que je me repose sur aucun de mes proches. J'ai prié, «Dieu merci, que tu me fasses réaliser que j'ai un désir de me reposer sur mes proches. Je Te prie de me pardonner pour avoir essayé de me reposer sur des hommes. Maintenant j'ai réalisé Ta volonté je ne me reposerai sur aucun homme si ce n'est Toi mon Dieu, et je ferai tout par la prière.»

Après le culte d'ouverture, j'ai réalisé que j'avais toujours un désir de me reposer sur les hommes et je m'en suis fermement repenti devant Dieu. J'ai prié à Dieu d'envoyer des membres à l'église et le sanctuaire était chaque semaine rempli de croyants envoyés par Dieu.

Commençant au Départ de Rien

Neuf Adultes et Quatre Enfants

Lorsque nous avons tenu le culte d'ouverture, le bâtiment n'était pas encore achevé. Il n'y avait pas de vitres, pas de pupitre et pas de revêtement de sol. C'était une terre nue. Nous avons divisé l'espace en deux au moyen d'un rideau. Une partie était utilisée comme résidence pour ma famille et l'autre moitié était utilisée comme sanctuaire et pièce de prières. Y compris ma famille, il y avait 9 adultes et 4 enfants au culte d'ouverture. Il y avait quelques participants en dehors des membres de ma famille. J'ai prêché le message, «La foi est le plus précieux des trésors.» L'histoire de l'Eglise Centrale Manmin a commencé de rien. Parce qu'elle venait de s'ouvrir, nous n'avions pas d'argent, mais nous avions beaucoup de dépenses. Mais je n'ai jamais emprunté de ma famille ni de personne. J'ai seulement prié Dieu. J'étais même prêt à jeûner si Dieu ne pourvoyait pas. Mais lorsque nous n'avions rien à manger, Dieu nous a d'une certaine manière donné de la nourriture au travers des mains de quelqu'un. J'ai même pu avoir de la pastèque que j'aimais pendant tout l'été.

Priant ensemble 5 à 6 heures par jour

Après le culte d'ouverture, l'offrande hebdomadaire était d'environ trente à quarante mille wons, mais avec cet argent, je ne pouvais même pas payer le loyer mensuel du sanctuaire. Quatre ou cinq membres se sont réunis et ont prié de 5 à 6 heures par jour, transpirant dans la chaleur. Parce qu'il n'y avait pas de membres à l'église, je ne devais pas les visiter pour prendre soin d'eux. Tandis que nous priions dans la pièce de prières, nous étions couverts de sueur. Jérémie 33 :3 dit, *«Invoque-moi, et je te répondrai; Je t'annoncerai de grandes choses, des choses cachées, Que tu ne connais pas.»* Lorsque nous avons crié à Dieu dans nos prières, Dieu nous a envoyé des croyants et nous a donné les choses nécessaires dans l'église.

«Dieu, donne-nous un micro»

Après avoir prié une semaine, nous avions un micro. La semaine suivant, nous avions besoin d'un téléphone et nous avons prié pour cela. Parce qu'il n'y avait pas beaucoup de membres à l'église en ce temps là, Dieu travaillait au moyen de la veillée de vendredi soir. D'autres membres de l'église qui assistaient à la veillée de vendredi soir ont reçu beaucoup de grâce et un après l'autre, ils ont offert des choses dont nous avions besoin à l'église. De cette manière, nous avons reçu des rideaux, un pupitre, un piano, des ventilateurs électriques et même un beffroi avec une croix. Deux mois après l'ouverture, nous avions tout ce dont nous avions besoin.

Dans le livre des Actes, il est dit que les serviteurs de Dieu doivent se concentrer sur la parole et la prière. J'ai donc laissé toute la maintenance et les choses de l'église aux membres, et je me concentrais essentiellement sur la parole de Dieu et la prière. Parce que je ne connaissais pas tellement de choses concernant la parole de Dieu en ce temps là, je prêchais ce que je comprenais de la volonté de Dieu à la veillée de vendredi soir et au culte de dimanche sous l'inspiration du Saint Esprit.

Malgré que je manque de bonnes capacités d'élocution, les auditeurs ont gagné de la vie et de la foi au travers des sermons parce que c'étaient des messages purs et spirituels. Il y avait aussi des œuvres et des choses qui accompagnaient la parole. Alors que les membres pratiquaient la parole, leur foi grandissait et ils ont commencé à recevoir les réponses à leurs prières. Depuis le moment de l'ouverture, Dieu nous a envoyé de nouveaux croyants chaque semaine et ils ont acquis la vie au travers des messages. En voyant les miracles qui se produisaient pendant les veillées de vendredi soir, ils ont reçu la grâce et leur foi a grandi.

Trouvant la réponse dans la Bible

Parce que les premières églises étaient établies par les apôtres qui ont directement été enseignés par Jésus, elles ont suivi la volonté du Seigneur, et Dieu était satisfait d'elles et Dieu rajoutait à leur nombre tous ceux qui étaient sauvés. Les premières églises sont devenues mon but et modèle à suivre jusqu'à ce que le Seigneur revienne. Le meilleur type d'église que Dieu veut n'est pas simplement une église qui a un grand bâtiment d'église ni beaucoup de membres, mais c'est une église qui ressemble aux premières églises. Lorsque nous suivons l'exemple des premières églises qui ont suivi la volonté agréable à Dieu, Dieu nous bénit par un réveil permanent dans l'église.

«*La crainte s'emparait de chacun, et il se faisait beaucoup de prodiges et de miracles par les apôtres. Tous ceux qui croyaient étaient dans le même lieu, et ils avaient tout en commun. Ils vendaient leurs propriétés et leurs biens, et ils en partageaient le produit entre tous, selon les besoins de chacun. Ils étaient chaque jour tous ensemble assidus au temple, ils rompaient le pain dans les maisons, et prenaient leur nourriture avec joie et simplicité de cœur, louant Dieu, et trouvant grâce auprès de tout le peuple. Et le Seigneur ajoutait chaque jour à l'Église ceux qui étaient sauvés.*» (Actes 2 :43-47).*

Suivant l'exemple des premières églises qui essayaient de se réunir chaque jour dans le sanctuaire, nous avions chaque jour des réunions de prières et nous partagions la parole de Dieu, prenant le pain d'amour, c'est-à-dire la parole de Dieu (Jean 6 :48) et la mettant en pratique. Dieu était avec nous, nous montrant Ses signes et Ses prodiges et parce que de nouveaux membres s'enregistraient chaque semaine, l'église a grandi très rapidement.

Se Basant sur la Parole seulement

Après l'ouverture de l'église, nous devions économiser

chaque centime. Mais je connaissais le secret pour recevoir les bénédictions selon qu'il est écrit dans Luc 6 :38, «*Donnez, et il vous sera donné: on versera dans votre sein une bonne mesure, serrée, secouée et qui déborde; car on vous mesurera avec la mesure dont vous vous serez servis.*» J'essayais d'aider les nécessiteux en me reposant sur la Bible.

En ce temps là, nous avions dix étudiants du séminaire dans notre église et nous devions les aider. Ce n'était même pas facile de payer le loyer du sanctuaire qui était de 120.000 Wons (120 dollars). Quelques semaines après l'ouverture de l'église, certaines offrandes avaient été faites et ainsi, avec la foi que Dieu nous bénirait, nous avons pris une portion de ces offrandes et nous l'avons envoyée à d'autres nouvelles églises de notre dénomination. Depuis le culte de dédicace, chaque membre avait fait le vœu de donner 1 million de wons (1.000 dollars) pour le bâtiment du séminaire de la dénomination à laquelle nous appartenions. En essayant de notre mieux, nous sommes devenus une église qui aide les autres en se reposant sur la parole.

Lorsque j'ai ouvert l'église, j'ai cherché dans la Bible une église modèle que nous pourrions suivre, et c'était la première église dans le livre des Actes.

«A moins que vous ne voyez des signes et des miracles, vous ne croirez point.»

Culte de dédicace

Lorsque j'ai prié pour le culte de dédicace, Dieu m'a donné une parole en disant, *«Offre le culte de dédicace lorsque toutes les récoltes seront mûres, avant la gelée,»* c'est pourquoi, le 10 octobre 1982, nous avions un culte de dédicace et nous avions déjà plus de 100 membres. Depuis l'ouverture de l'église, Dieu nous avait envoyé beaucoup de membres et le sanctuaire était déjà trop petit. Pendant la veillée de vendredi soir, il y avait plus de 100 participants dans un espace d'à peine 540 pieds carrés, et il y avait donc des gens dans les cellules de prière ou dans les escaliers. C'est pourquoi, depuis le culte de dédicace, nous avons aussi loué le sous-sol.

Lorsque j'ai prié pour l'événement de Noël, Dieu nous a envoyé de nombreuses personnes talentueuses pour préparer une pièce biblique, et nous avons pu avoir un très bon événement.

Culte d'établissement

Dieu nous a envoyé une personne qui avait de bonnes capacités dans l'arrangement floral et une actrice qui était aussi une bonne danseuse. Elle a enseigné des pas de danse et le mouvement des mains à l'école de dimanche. Rapidement, les membres sont devenus capables de préparer eux-mêmes les événements. En ce temps là, je devais délivrer plus de 10 sermons par semaine pour divers cultes, y compris les réunions de prière matinales. J'allais aussi encore à l'école étant donné que c'était avant la remise des diplômes au séminaire. Nous avions aussi toujours des veillées, mais à 4 heures du matin je dirigeais toujours la prière du matin. Lorsque la nouvelle s'est répandue que de nombreuses œuvres de guérisons se déroulaient, de nombreux patients sont venus de partout dans le pays, et je priais pour chacun d'eux plusieurs fois par jour.

Un changement dans la famille

Monsieur Youngsuk Kim, avant qu'il ne connaisse le Seigneur avait l'habitude d'être un grand buveur. Lorsque sa toux ne s'est plus arrêtée, il s'est rendu dans un hôpital. On a diagnostiqué une tuberculose dans son système lymphatique. Il devait subir une opération et plus d'une année de repos, mais il ne pouvait pas se le permettre.

Sa femme souffrait de l'inflammation de la vessie après son accouchement. Elle était tellement découragée qu'elle a essayé de se suicider, mais heureusement, elle a survécu. En octobre 1982, Youngsuk Kim a entendu parler de notre église et il s'est affilié. Il a fait le vœu de 10 matinées de jeûne et de prière du matin. Il avait une fièvre tellement élevée et il toussait fortement. Mais en voyant tant d'autres personnes malades recevoir leur guérison, il a gagné la foi qu'il pouvait aussi être guéri. J'ai souvent prié pour lui. Le $10^{\text{ème}}$ jour, la fièvre a diminué et la toux s'est arrêtée. Il avait l'assurance de la guérison et a subi une visite de contrôle. On lui a dit qu'il n'y avait plus de tuberculose. La maladie était entièrement guérie par le feu du Saint Esprit. Depuis lors, sa femme s'est aussi affiliée à l'église et très rapidement elle a été guérie de son inflammation de la vessie. Leur fille est aussi devenue en bonne santé. Youngsuk Kim a commencé à étudier la théologie avec reconnaissance pour la grâce de Dieu. Il est maintenant pasteur.

Des veillées de vendredi soir avec les signes miraculeux de la Bible

Les veillées de vendredi soir étaient remplies de gens de tout le pays. C'était devenu un genre de réunion multi confessionnel. L'étroit sanctuaire était comble de gens. La chaleur du Saint Esprit était tellement forte et le plafond était couvert de goutes d'eau. Tandis que les participants louaient passionnément Dieu et priaient, le culte qui commençait à 23 heures continuait jusqu'à 6 heures du matin. Tandis qu'ils expérimentaient de nombreuses personnes malades qui étaient guéries et qui se levaient et marchaient et couraient dans chaque veillée de vendredi, de plus en plus de gens sont venus.

Ceux qui avaient reçu des sentences de mort de leurs hôpitaux étaient guéris dès qu'ils venaient à l'église et ceux qui avaient des béquilles commençaient à marcher et à sauter. Les aveugles voyaient, les muets parlaient et celles qui n'étaient pas capables de concevoir un bébé sont devenues enceintes. Une personne qui avait la main brisée a pu la bouger librement après avoir reçu la prière.

Un patient atteint de leucémie guéri

Un jour, une femme qui avait un visage tellement pâle est venue vers moi pour recevoir ma prière. Elle m'a dit que son médecin lui avait dit qu'elle ne vivrait plus que 15 jours. Voici l'histoire de sa vie. Elle avait été chrétienne depuis le commencement de sa vie à l'école du dimanche. Mais à un moment donné, elle a reçu une proposition de mariage d'un homme qui était incroyant. Elle a répondu qu'elle ne pouvait épouser qu'un croyant, et c'est pourquoi il s'est affilié à l'église et est venu pendant un certain temps.

La femme a cru que son mari allait mener une bonne vie chrétienne, mais après quelques mois, sa belle mère l'a forcée à croire en Bouddha en disant, «Notre famille a été une famille Bouddhiste pendant de nombreuses générations, et tu dois donc aussi devenir Bouddhiste.» Parce qu'elle n'a pas suivi sa belle mère, son mari a aussi rejoint sa mère et lui a interdit d'aller à l'église. Il l'a frappée et persécutée. S'il y avait un problème quelconque dans la famille, tous la blâmaient.

Elle a été chassée à de nombreuses reprises de la maison, mais elle avait tout supporté. Mais lorsque son mari a commencé une aventure avec une autre femme, elle n'a plus pu le supporter et elle a arrêté de fréquenter l'église. Elle savait qu'elle devait aller à l'église, mais elle vivait dans le désespoir et finalement, elle a eu la leucémie.

Malgré qu'elle n'aille plus à l'église, son mari a continué son aventure et il continuait à la frapper.

Malgré qu'elle souffre de leucémie, son mari et sa belle mère étaient froids avec elle et ils ne voulaient même pas l'amener dans un hôpital.

Après qu'elle soit déclarée en phase terminale, malade à l'hôpital et condamnée à mourir, elle a entendu parler de notre église et elle est venue recevoir ma prière en dernier recours pour s'attacher à Dieu. Dieu a guéri cette femme. Après un temps, elle est revenue vers moi avec un visage sain et elle m'a remercié et est retournée à la maison.

Deux types différents de signes

Jésus guérissait les malades et ressuscitait les morts. Il a montré divers miracles pendant Son ministère. Il disait, *«Si vous ne voyez des miracles et des prodiges, vous ne croyez point.»* (Jean 4 :48). Un miracle est une œuvre de Dieu qui bouge ou apporte un rapide changement dans les situations météorologiques. Du temps de Josué, ils avaient une bataille à Gabaon et le soleil est resté au milieu du ciel (Josué 10 :13). Du temps d'Esaïe, l'ombre du soleil a reculé de 10 degrés (2 Rois 20 :11), et les trois rois mages sont allés à Bethléem en suivant une étoile filante (Matthieu 2).

Les signes sont les œuvres de Dieu qui laissent une trace visible et des preuves. Dans l'accomplissement des signes, Dieu le Père joue souvent le rôle principal. Ces cas sont les signes dans l'Ancien Testament et l'un d'entre eux est relaté dans Apocalypse 15 :1. Marc 13 :22 dit, *«Car il s'élèvera de faux Christs et de faux prophètes; ils feront des prodiges et des miracles pour séduire les élus, s'il était possible.»* Ce verset dit 'si possible' pour mentionner que c'est en fait impossible. C'est-à-dire que les faux prophètes n'ont pas la puissance d'accomplir des signes, mais 'si c'était possible', ils essaieraient de le faire pour tromper les gens, même les élus. Les exemples de signes de Dieu le Père sont les Dix Plaies d'Egypte (Deutéronome 6 :22), et le feu qui monte jusqu'au ciel (Juges 13 :19-20).

Il y a un autre type de signe qui est accompli où le Seigneur et le Saint Esprit jouent ensemble le rôle principal pour laisser des traces. Ils se retrouvent principalement dans le Nouveau Testament, lorsque Jésus change l'eau en vin, guérit les malades et ressuscite les morts, faire voir les aveugles et entendre les sourds et parler les muets. Ces signes sont des choses qui ne peuvent être accomplies par des hommes (Jean 6 :2). Jésus, après avoir prêché la parole de Dieu, a accompli des signes de sorte que ceux qui les expérimentaient pouvaient croire que la parole de Dieu est absolument vraie. Bien sûr on est encore plus béni en croyant sans voir ces preuves, mais ce n'est pas facile de posséder une foi véritable sans voir. Comme le péché prévaut plus, les cœurs des gens deviennent plus bornés et c'est plus difficile pour eux de posséder la vraie foi. De nos jours, pour répandre l'évangile et sauver des âmes, il est plus efficace et profitable d'avoir des signes et miracles qui suivent.

Voici les signes qui suivront ceux qui auront cru

Certains croyants ne croient pas ou pensent plutôt que c'est étrange, quand nous affirmons que les signes qui se trouvent dans la Bible se produisent encore de nos jours. Certains autres peuvent avoir des doutes en pensant, «J'ai prié avec foi et pourquoi les œuvres de Dieu ne se sont-elles pas accomplies?»

Mais Jésus a certainement dit, *«Voici les miracles qui accompagneront ceux qui auront cru: en mon nom, ils chasseront les démons; ils parleront de nouvelles langues; ils saisiront des serpents; s'ils boivent quelque breuvage mortel, il ne leur fera point de mal; ils imposeront les mains aux malades, et les malades, seront guéris.»* (Marc 16 :17-18). «Ceux qui auront cru» se réfèrent ici à ceux qui ont la foi spirituelle parfaite. Il y a une mesure de foi trouvée dans Romains 12 :3. Tout comme il y a un processus pour une semence de germer, grandir, pousser et porter du fruit. Dès que nous semons la semence de la foi en nous, dans la mesure où nous prenons bien soin d'elle, la foi grandira de différentes manières. C'est pourquoi, chaque mesure de foi est différente. Dans la mesure où nous pratiquons la parole et changeons nos cœurs en un cœur de vérité, Dieu nous donne la foi spirituelle d'en haut (Hébreux 10 :22). C'est pourquoi, si nous grandissons vers la foi parfaite qui ressemble au cœur de Jésus, ces signes vont nous accompagner.

C'est-à-dire que nous chasserons les démons dans le nom de Jésus Christ et parlerons de nouvelles langues. 'Saisir les serpents' signifie spirituellement que nous détruirons les œuvres de Satan par la parole de Dieu. Ceux qui sont au niveau parfait de foi ne seront plus affligés par aucune maladie ou germe, et même s'ils boivent par accident un poison mortel, cela ne les atteindra pas parce que Dieu le brûlera par le feu du Saint Esprit. Il y avait un cas similaire lorsque l'apôtre Paul a été mordu par un serpent venimeux sur l'île de Malte (Actes 28 :5). Mais si vous tentez Dieu en sachant que c'est un poison, Dieu ne peut pas vous protéger. Aussi, avec la foi parfaite, nous pouvons montrer les œuvres de guérison par la puissance de Dieu lorsque nous prions même pour des maladies incurables.

Que sont les 'Nouvelles Langues'?

Que signifie ici 'Nouvelles langues'? Parler en d'autres langues est un don du Saint esprit que Dieu veut que tous Ses enfants possèdent (1 Corinthiens 14 :5). Généralement nous prions Dieu dans notre langue. C'est la prière du cœur. Mais parfois nous prions en langues, ce qui est la prière de l'esprit (1 Corinthiens 14 :5).

Lorsque nous réalisons que nous sommes pécheurs, nous nous repentons et acceptons Jésus dans notre cœur, Dieu nous donne le Saint Esprit comme un don et dans de nombreux cas, Il donne le don de parler en d'autres langues, qui est l'un des dons du Saint Esprit. Lorsque nous recevons le Saint Esprit, l'esprit qui avait été mort à cause du péché originel d'Adam revit. Si nous recevons le don de parler en langues et prions, nous recevrons plus de puissance dans la prière et notre âme va prospérer.

Depuis que j'étais un nouveau converti, j'ai prié de tout mon cœur pendant mes veillées de prières et lorsque j'ai commencé à prier en esprit, c'est-à-dire en d'autres langues, changeant la prière, j'ai commencé à chanter en d'autres langues sous l'inspiration du Saint Esprit. Lorsque j'ai plus profondément chanté des louanges dans d'autres langues, parfois mes mains se levaient inconsciemment et je dansais. A partir de là, lorsque je suis entré dans de plus profonds niveaux de prières, je parlais dans de nouvelles langues. Parler dans de nouvelles langues est une prière puissante.

Lorsque j'Ordonnais dans le Nom de Jésus Christ

Tester même des plantes

Combien cela est digne de reconnaissance que les œuvres de Dieu que Jésus a montrées sur la terre il y a 2000 ans se déroulent de la même manière pour tous ceux qui prient avec foi! Alors que j'étais un nouveau converti, ne connaissant pas grand-chose de la parole de Dieu, j'ai accumulé d'incalculables prières pour que je puisse manifester toutes les puissantes œuvres de Dieu qu'avaient accomplies les prophètes et les apôtres. Au moment de l'ouverture de l'église, les signes qui accompagnent ceux qui croient étaient déjà présents.

Juste après l'ouverture de l'église en 1982, nous avions à peu près trente à quarante mille wons (30 – 40 dollars) d'offrandes hebdomadaires. Nous voulions avoir des décorations florales sur l'autel, mais nous n'avions personne pour le faire et nous n'avions pas non plus l'argent pour acheter les fleurs. Mais en août quelqu'un a apporté un pot avec un petit arbre avec de nombreuses feuilles. Malgré que nous n'ayons pas de décorations florales, nous avions ce pot et il était beau et précieux. Mais après environ deux semaines, les feuilles ont jauni et il mourait. J'étais désolé parce que ce joli arbre mourait. Si Dieu est capable de ressusciter un homme mort, me répondrait-Il si je priais pour cet arbre? Avec cette pensée dans mon esprit, j'ai imposé les mains à l'arbre et j'ai prié, «Reviens à la vie au nom de Jésus Christ!»

Le lendemain, lorsque je suis venu au sanctuaire pour conduire la prière du matin, les feuilles jaunies étaient redevenues vertes. Le lendemain, l'arbre avait complètement repris vie avec de nouvelles feuilles vertes. Les membres qui ont vu cela se sont réjouis avec moi et nous avons donné gloire à Dieu. J'étais très heureux et ravi après avoir expérimenté cet arbre mourant qui était revenu à la vie. En Septembre, on a offert un pot de chrysanthèmes à l'église. En regardant les belles fleurs, je voulais tester pour voir si les fleurs allaient mourir si je priais pour qu'elles meurent. Lorsque Jésus a maudit le figuier, il est mort. Donc, si je prie et que j'ordonne à ce chrysanthème de mourir, allait-il mourir?

J'ai prié et ordonné que la fleur de chrysanthème meure uniquement pour avoir une expérience. Mais j'avais un sentiment de malaise dans mon cœur. Lorsque j'ai prié ce soir là, j'ai entendu la parole de Dieu qui me réprimandait fermement, malgré que personne ne m'ait vu maudire cette plante.

«Mon serviteur, même une plante a sa vie et est grandie par Dieu, et comment peux-tu la maudire? Me mets-tu à l'épreuve? Mon serviteur, tu es mauvais. Repens-toi. Tu ne peux pas comme cela bénir ou

maudire n'importe quand. Tu ne dois le faire que si le Saint Esprit remue ton cœur.»

J'étais tellement surpris que je transpirais. J'ai immédiatement commencé un jeûne de trois jours et me suis fermement repenti. Depuis lors, même lorsqu'il y avait des gens qui persécutaient, calomniaient et me maudissaient, je ne les haïssais pas ni ne priais avec haine contre eux. Comme le dit la parole de Dieu, j'ai prié pour ceux qui me persécutaient et je les ai bénis avec amour.

La tâche de la Mission Mondiale

«Invoque-moi, et je te répondrai; Je t'annoncerai de grandes choses, des choses cachées, Que tu ne connais pas.» (Jérémie 33 :3). M'accrochant à ce verset, j'ai accumulé tellement de prières en luttant avec Dieu comme Jacob à la rivière Jabbok. Comme je criais dans la prière et que je jeûnais en obéissance à la parole de Dieu et que j'essayais de vivre selon la parole, Dieu a accompli Sa parole. J'en suis arrivé à entendre la voix de Dieu, et de temps à autre, j'en suis arrivé à voir de grandes et puissantes choses. Parfois Dieu me faisait savoir à l'avance ce qui allait se passer dans le pays et dans le cours de la situation mondiale. Au moment de l'ouverture de l'église, Dieu nous a fait savoir qu'au travers de notre église, il accomplirait grandement la mission mondiale et que nous construirions le Grand Sanctuaire pour Lui.

Depuis que je suis appelé Son serviteur, j'ai prié pour devenir un serviteur qui pourrait répandre l'évangile à tous les peuples et sauver beaucoup d'âmes. Alors, Dieu m'a donné la tâche d'accomplir la Mission Mondiale, et j'ai reçu une parole qui dit, *«Tu franchiras les montagnes et les rivières et les mers et tu accompliras des signes et des miracles.»* Il m'a aussi donné la tâche de prêcher l'évangile à Son peuple élu, Israël pendant les jours de la fin. Il m'a fait savoir que l'évangile retournerait à son pays natal et même les Juifs qui ne reconnaissaient pas Jésus comme leur Sauveur se repentiraient.

La Vision de construire le Grand Sanctuaire

Juste après l'ouverture de l'église, nous avions des réunions de guérison lors de chaque veillée de vendredi et Dieu a donné à un de nos membres de recevoir une vision chaque semaine. J'ai personnellement vérifié auprès de chaque membre si le don qu'ils avaient reçu venait vraiment de Dieu. Dieu nous donne les dons du Saint Esprit parce qu'ils sont un bénéfice pour nous, mais parfois, des gens reçoivent des dons qui ne sont pas de Dieu par les œuvres de Satan et ils voient des choses étranges. C'est pourquoi nous devons correctement discerner les esprits.

Un jour de septembre 1982, Dieu a montré une vision à 17 membres au sujet du Grand Sanctuaire que nous devrons construire. L'un a vu le toit, une autre personne a vu l'intérieur et une autre personne a vu la façade arrière et une autre encore a vu les belles colonnes de marbre. Le centre du toit pouvait s'ouvrir en forme de croix de sorte que les rayons du soleil puissent entrer. La chaire du Grand Sanctuaire était située au centre du sanctuaire et elle tournait lentement. L'un des membres m'a vu prêcher là dans le sanctuaire rempli de monde.

En réunissant toutes les choses que nos membres ont vues, nous avons consulté un expert et avons construit une vue aérienne du sanctuaire. Même maintenant, nous avons cette photo de la vue aérienne du Grand Sanctuaire sur la première page de notre journal hebdomadaire. De manière à accomplir le rêve que Dieu nous a donné au commencement de notre église, nous avons constamment prié avec foi.

Dieu nous a expliqué pourquoi le Grand Sanctuaire est nécessaire à la fin des temps et comment il sera construit. Le Grand Sanctuaire au travers duquel Dieu veut recevoir la gloire ne peut pas être construit uniquement parce que nous avons de l'argent. Dieu veut que Son sanctuaire soit construit par Ses enfants qui aiment passionnément Dieu et qui ont circoncis leurs cœurs et sont devenus saints.

Premier Réveil dans la Ville Natale

En Février 1983, j'ai conduit la première réunion de réveil dans ma ville natale. C'était dans une église dans la ville de Heje, dans le district Cholla Nam-Do de Muan. Mais les membres de l'église même n'y ont pas assisté. Au contraire, d'autres personnes du village ont rempli l'église.

Ils avaient une histoire pitoyable. Une autre église dans un village voisin qui appartenait à une grande dénomination tentait les membres de l'église avec de l'argent et la plupart des membres étaient tentés d'aller dans l'autre église. Le pasteur a donc tenu cette réunion de réveil pour garder les membres qui voulaient partir, mais même les membres n'ont pas collaboré et n'ont pas assisté. La raison pour laquelle ils n'ont pas assisté à la réunion de réveil était que le pasteur n'avait pas invité un homme de réveil connu, mais qu'il avait invité un pasteur inconnu et même pas encore ordonné appelé 'Jaerock Lee.'

Dieu a manifesté de grands miracles dès la première réunion. Une femme qui n'avait pas été capable de marcher pendant 10 ans et qui ne pouvait pas dormir à cause de fortes douleurs dans ses os a écouté le message et a gagné la foi. Au travers de la prière, elle a pu se lever, marcher et sauter. Immédiatement, cette nouvelle s'est répandue dans les villages environnants et dès les jours suivants, les pasteurs et les membres sont venus de plus de 18 miles. La réunion de réveil a continué dans l'église remplie de gens qui venaient de divers endroits.

Il y avait une vielle femme dont le dos était courbé à 90 degrés. Elle était déjà obligée de marcher en regardant le sol. Cette vieille femme m'a servi, moi qui étais le prédicateur avec des boissons chaudes à chaque réunion du matin, du jour et les réunions de prières du soir, même dans le temps froid. En fait je n'aimais pas ce type de boisson qu'elle m'apportait, mais je le buvais cependant en pensant à ses efforts. Le dernier jour du réveil, son dos a été entièrement fortifié. En plus de cela, de nombreuses personnes ont expérimenté les œuvres de guérison de Dieu et Lui ont donné gloire. Alors seulement, les membres de cette église ont entendu parler des grandes œuvres de Dieu et ils ont réalisé qu'ils avaient mal agi, et ainsi, ils se sont repentis devant leur pasteur et ils ont assisté aux réunions suivantes du réveil.

Ordonnant au Gaz de Monoxyde de Carbone dans le Nom de Jésus

En ce temps là, la plupart des maisons utilisait un large

éventail de briquettes de charbon pour se chauffer. Ainsi, en hiver, il y avait beaucoup d'accidents. Chaque jour, nous avions des nouvelles de ces gens qui mouraient ou étaient hospitalisés à cause de l'empoisonnement au gaz. Le 12 février 1983, nous avions la veillée de vendredi avant le Nouvel An Lunaire. Le sous sol du bâtiment était utilisé en ce temps là comme ma résidence. Il y avait des chambres à coucher, un salon, la chambre du concierge et des bureaux.

Avant que la veillée de vendredi ne commence, un jeune homme nommé Suk-ki Park a pensé qu'étant donné que le lendemain du culte était le début du congé du Nouvel An Lunaire, il pouvait ne pas assister au culte de dimanche mais au contraire rencontrer ses amis. A ce moment, il s'est assoupi et il a voulu prendre un petit peu de repos et puis retourner au culte. Il s'est rendu dans le sous-sol où se trouvait ma résidence.

Il a cru qu'il se reposerait pour un moment, mais il est tombé profondément endormi. Dans la chambre à coucher de ma résidence, mes trois jeunes filles dormaient. Le sanctuaire qui n'avait que 540 pieds carrés était rempli par plus de 150 personnes, et il n'y avait pas de place pour les enfants. L'église débordait de gens qui assistaient au culte. Il y en avait même dans les petites salles de prières ou qui se tenaient dans les escaliers en dehors du sanctuaire.

Parce que le ciel était très chargé de nuages ce jour là, le gaz de monoxyde de carbone ne se ventilait pas suffisamment vers l'extérieur. Parce que la veillée de vendredi commençait à 23 heures et finissait à 6 heures le matin suivant, le jeune homme et mes trois filles ont été exposés au gaz mortel pendant plus de 7 heures. Le jeune homme a dit qu'il avait une fois repris conscience, mais parce que son corps était déjà devenu raide, il ne pouvait pas bouger. Après le culte, lorsque les membres retournaient à la maison, le concierge est descendu et il fut le premier témoin de la scène. En les trouvant, il a crié, «Ils sont morts!» A ce cri d'urgence, ceux qui se trouvaient dans le sanctuaire se sont regroupés. Les membres ont transporté dans le sanctuaire mes trois filles et le jeune homme qui avaient tous perdus connaissance. Leurs yeux étaient devenus blancs et ils avaient de la bave mousseuse dans la bouche.

Mes trois filles respiraient à peine, mais le jeune homme, Suk-ki Park ne respirait plus. Son corps était aussi déjà raide. C'était en fait déjà un cadavre. Je connaissais très bien les dangers du gaz de monoxyde de carbone, mais parce que je n'avais jamais connu ce type d'expérience auparavant, je n'ai pas pensé qu'ils pouvaient ressusciter. C'était pratiquement inimaginable que Dieu puisse les faire revivre au travers de ma prière. Même s'ils allaient à l'hôpital pour recevoir un traitement et étaient ressuscités, ils seraient devenus mentalement ou physiquement handicapés ou des légumes humains pour le restant de leurs vies.

Je venais de commencer mon ministère, et si quelqu'un meurt à cause d'un accident, juste après l'ouverture de l'église, comment pourrais-je continuer mon ministère? Je ne pouvais pas rester pour déshonorer Dieu avec une telle chose qui se produisait. Je suis retourné à l'autel et j'ai prié, «Dieu, Tu es celui qui donne la vie et qui la reprend. Je Te remercie de ce que mes filles sont avec le Seigneur dans le ciel là où il n'y a ni regret, ni larmes ni douleur. Mais ce jeune homme est un membre de l'église, et s'il meurt, cela sera une disgrâce pour Toi. Je te prie de faire revivre cet homme.»

Après que j'aie rendu grâces à Dieu dans la prière, beaucoup de membres priaient Dieu à genoux afin qu'ils revivent. Je me suis d'abord rendu vers le jeune homme mort, lui ai imposé les mains et ai prié, «J'ordonne dans le nom de Jésus Christ, gaz de monoxyde de carbone, sors! Père, ressuscite son esprit et sois glorifié.» J'ai ensuite prié pour mes trois filles une à une. Après avoir prié pour le jeune homme, j'ai prié pour ma plus jeune fille Soojin. Tandis que je priais pour elle, le jeune homme s'est levé et s'est assis près des sièges des choristes. Il semblait qu'il ne se rendait pas compte de ce qui s'était passé étant donné qu'il s'était assoupi pendant le culte. Alors, tandis que je priais pour ma seconde fille, ma troisième fille Soojin a repris conscience et s'est levée. Pas même une minute après que j'aie prié pour mes trois filles, elles étaient toutes assises. Les membres qui regardaient cela donnaient gloire à Dieu avec une émotion tellement remplie de l'Esprit. Plus tard, le jeune homme a dit que son esprit qui avait quitté son corps, regardait depuis les airs ce qui se passait. Il a aussi vu comment le concierge a porté son corps dans le sanctuaire et comment il a reçu ma prière.

Parce que le gaz de monoxyde de carbone détruit les cellules cérébrales, il semblait évident qu'ils allaient mourir après avoir respiré le gaz pendant plus de 7 heures. Même s'ils avaient été à l'hôpital et qu'ils avaient survécu, ils auraient dû souffrir de tous les autres effets secondaires. Lorsqu'un tel test m'est arrivé, je me suis seulement reposé sur Dieu et je n'ai même pas pensé à me reposer sur le monde. Après que j'aie passé ce test avec reconnaissance, j'ai réalisé que Dieu m'avait donné la puissance de contrôler et de régir même des choses inertes comme le gaz de monoxyde de carbone.

Après cela, Dieu m'a enseigné comment chasser le gaz de monoxyde de carbone. Parce que le gaz paralyse d'abord les cellules cérébrales et puis les nerfs dans tout le corps, une personne qui est affectée perd d'abord conscience et puis le corps devient raide. Ainsi, pour ceux qui étaient empoisonnés au gaz, Dieu m'a dit que je devais prier en disant, «J'ordonne, au nom de Jésus Christ, sors rapidement par les narines, la bouche et les deux oreilles et au travers de toutes les cellules.» De cette manière, le gaz qui paralysait tout le corps obéira à l'ordre de lâcher le corps et il partira rapidement.

N'ont-ils pas été guéris tous les dix? Mais où sont les neuf autres?

J'ai prié et Dieu m'a montré

Pendant les deux premières années après l'ouverture de l'église, j'ai moi-même visité et pris soin des membres. S'il y avait certains membres qui n'avaient pas assisté au culte de dimanche ou qui souffraient de certaines difficultés, je jeûnais et je veillais pour eux et je me repentais pour eux avec des larmes. La plupart des membres vivaient à de grandes distances de l'église. De plus, la plupart d'entre eux n'étaient pas financièrement à l'aise et certains d'entre eux étaient dans la faillite et le désespoir.

Jusqu'à ce que les membres ne deviennent des centaines, je pouvais voir d'un coup d'œil, qui n'était pas là au culte de dimanche. Je jeûnais pour les membres et lorsque c'était difficile pour moi de les visiter moi-même, j'envoyais des ouvriers pour les visiter de ma part. J'ai essayé de ne pas perdre une seule âme que Dieu m'avait confiée.

Conseiller avec amour

Je donnais parfois des conseils avec amour ou je montrais quelque chose aux membres avec le désir qu'ils changent et grandissent dans la foi. Lorsque j'avais des soucis pour un membre, et si je priais pour cette personne pendant dix minutes, Dieu me montrait et me faisait connaître les problèmes de cette personne, dans sa famille ou à son travail.

Un dimanche, un membre qui ne ratait jamais un culte n'est pas venu. Je ne pouvais m'empêcher de me soucier à son sujet. Je priais, «Dieu, ce membre particulier n'est pas venu au culte de dimanche. Que s'est-il passé avec lui?» Dieu m'a montré qu'il était dans un pub le dimanche. Après un certain temps, je lui ai dit ce que j'avais vu parce que j'étais convaincu qu'il ne serait pas offensé ni choqué même si je le faisais. Ensuite, son visage a rougi, mais il a reconnu les faits.

Il y avait un membre qui avait assisté uniquement au culte du matin et je n'étais pas capable de le voir au culte du soir. Il est l'un de ceux qui avaient toujours gardé proprement le sabbat. Lorsque j'ai prié à son sujet, Dieu m'a montré qu'il buvait à une réception de mariage. Après plusieurs jours, je lui ai dit, «Une personne qui portait une certaine couleur de vêtement t'a pressé plusieurs fois de prendre un verre. Tu as refusé plusieurs fois, mais tu as finalement accepté et tu as bu.» Son visage est devenu rouge et il était tellement embarrassé.

Cependant, lors de tels incidents, je pouvais voir que les membres qui commettaient des péchés commençaient à me craindre et ils m'évitaient. Comme je voyais les membres commettre des péchés, tricher et leurs actes d'obscénité et d'adultère. J'avais le cœur brisé et je priais Dieu avec des larmes.

Un jour, dans la prière, j'ai entendu le Seigneur me parler.

«Ne regarde pas à la situation actuelle de tes membres. Regarde-les avec les yeux de la foi et leur attente de changer dans le futur. S'ils te trompent, écoute-les seulement et n'essaye pas de savoir plus... Si tu regardes uniquement à la situation actuelle de tes membres, ton cœur sera brisé, ton âme va pourrir et tu perdras ta santé et tu ne seras donc pas capable d'accomplir ta tâche.»

Depuis lors, j'ai tout laissé entre les mains de Dieu et j'ai cessé de prier pour savoir ce que mes membres faisaient.

Il n'y avait pas uniquement ces gens qui venaient à l'église de partout dans le pays pour recevoir leur guérison, mais aussi ceux qui cherchaient la parole de vie avec une soif spirituelle. Il y avait des gens qui servaient Dieu et se consacraient à Dieu en regardant aux récompenses célestes après que leurs problèmes aient été résolus et qu'ils aient été guéris, tandis qu'il y en avait d'autres qui retournaient vers le monde en recherchant leur propre profit.

Chasser les idoles et venir dans la lumière

Kyeongsoon Park était d'une famille qui avait adoré des idoles avant qu'elle ne vienne à l'église. Sa belle-mère avait une fille faible d'esprit et la mère accomplissait au moins un exorcisme rituel par mois rien que pour guérir sa fille.

Elle a aussi mis des charmes de chance et des amulettes sur les meubles, dans les oreillers et même attachés au plafond. Elle en a mis dans tous les coins de la maison.

Peu après l'ouverture de l'église, j'ai visité cette maison pour un culte d'adoration dans la maison, et j'ai pu voir les formes des démons et je lui ai dit, «Tu dois certainement encore posséder des amulettes qui restent dans la maison.» Elle a insisté, «Non pasteur, j'ai déjà cherché partout et je les ai toutes jetées.» Je lui dis à nouveau, «Il y a un démon dans la maison qui ne part pas. Il doit y avoir plus d'amulettes. Trouve-les et brûle-les.»

Lorsque Kyeongsoon Park a de nouveau cherché dans la maison, elle a trouvé d'autres amulettes. Toute la famille a jeté les idoles, s'est affiliée à l'église et a mené des vies en Christ. Kyeongsoon Park a été guérie de la maladie cardiaque dont elle souffrait depuis longtemps. Sa belle-mère a aussi été guérie de ses problèmes d'estomac.

Un jeune homme avec une tuberculose terminale

Il y avait en ce temps là beaucoup de gens qui souffraient de tuberculose pulmonaire. Daehee Cho de Kwangju avait eu la tuberculose lorsqu'il était dans le secondaire. Il a pris les médicaments du centre public sanitaire et a guéri. Mais lorsqu'il est entré à l'université, il a commencé à boire et à fumer et il a eu une rechute. Mais après sa rechute, malgré qu'il prenne les médicaments, rien ne fonctionnait. Sa mère a pris tout ce qu'on disait être un 'bon traitement' pour la maladie de son fils et le lui donnait. Ces «cures» incluaient des serpents, des chats, du foie frais, des jus d'excréments humains et même des médicaments pour les lépreux. Ils ont aussi fait des exorcismes, l'ont nourri au départ d'un sac amniotique, ont pris de la chair d'un cadavre au cimetière et le lui ont fait manger parce que quelqu'un a dit que c'était un bon médicament.

En Janvier 1982, il a été diagnostiqué à l'hôpital Severance de l'université de Yonsei. Son poumon était déjà perdu et il n'y avait plus d'espoir pour un traitement. Il a été hospitalisé, mais il n'y avait aucune amélioration. Sa mère a abandonné et voulait le faire sortir de l'hôpital. A ce moment, une grand-mère de la famille est venue le visiter. Cette vieille femme habitait près de l'église Manmin. Malgré qu'elle n'ait jamais été à l'église, elle a vu que de nombreux malades venaient et recevaient leur guérison. Elle les a vus se promener avec des corps sains. C'est pourquoi, elle a pressé son petit fils d'aller à l'église Manmin. Le 13 mars 1983, Daehee Cho a assisté à la veillée de vendredi soir. Il a senti que c'était le dernier espoir. Il était tellement maigre que ses yeux ressortaient.

Dans cette situation, il a assisté chaque jour à des réunions pour les malades avec sa mère, et il a jeûné pendant 3 jours. Le troisième jour du jeûne, Dieu lui a donné l'esprit de repentance et il a fait une entière et profonde repentance trois fois. Le 13ème jour après son arrivée à l'église, Daehee Cho a été convaincu qu'il était guéri. Après la prière du matin, il est allé à la salle de bain et il a craché. Il n'y avait pas de sang. Il avait même craché du sang la veille. Mais ce jour là, le crachat était propre de sang. La douleur lancinante dans la poitrine avait disparu et il n'y avait pas d'expectoration de sang. Plus tard, il a été appelé en tant que serviteur de Dieu et maintenant il exerce son ministère en tant que pasteur assistant de notre église.

J'ai prié pour la guérison de tous les patients

D'abord, lorsque les patients venaient à l'église, je priais pour leur guérison immédiate. Je pensais que c'était le meilleur de les faire expérimenter la grâce de Dieu et de les libérer du joug des maladies. Je priais simplement, «Dieu, guéris tous les patients dès qu'ils viennent.» Dieu en fait, répondait comme je le priais. Chaque patient qui venait à l'église était immédiatement guéri. Mais rapidement, j'ai réalisé qu'il n'y avait aucun fruit de salut, ce qui était la chose la plus importante. La plupart d'entre eux quittaient Dieu après avoir reçu leur guérison.

Une fois, il y a eu un couple marié qui a assisté à la veillée de vendredi. Ils m'ont dit que le mari avait eu un tendon endommagé dans un accident de circulation. Il ne pouvait pas bien marcher, et il avait une tellement grande douleur qu'il ne pouvait même pas se redresser pendant le service. Le Saint Esprit a bougé et je lui ai imposé les mains. Immédiatement après la prière, il s'est levé et il a sauté. Mais il a arrêté de venir à l'église après quelques temps.

Un pasteur de l'église l'a visité et il a dit, «N'est ce pas suffisant que je sois venu quelques fois à l'église avec un esprit reconnaissant pour ma guérison? Quelqu'un va-t-il me donner de l'argent si je viens à l'église?» Et ainsi il n'est plus jamais revenu à l'église. Il a ressenti qu'il n'avait plus besoin de revenir à l'église étant donné qu'il était déjà en bonne santé. Si Dieu ne l'avait pas guéri il n'aurait pas été capable de travailler. Dieu lui a donné la vie et la grâce et l'a guéri, mais parce qu'il n'avait pas de parole de vie en lui, il n'a recherché que son propre intérêt.

Il y avait un couple marié qui avait donné naissance à leur premier bébé au 7ème mois. Le bébé était dans un incubateur à l'hôpital pendant 3 mois, mais son état ne s'améliorait pas. Le médecin a dit qu'il n'y avait pas d'espoir. Le père a dit un jour, «Lorsque le bébé aura un an, nous aurons une fête et nous inviterons tout le monde à l'église.» Etant donné que les parents ont réalisé que la science médicale ne pouvait pas les aider, ils ont amené leur bébé à l'église. Le bébé a reçu la prière et a été guéri, et il est devenu en parfaite santé après 15 jours.

«Pasteur, merci beaucoup. Au premier anniversaire de notre bébé, je t'inviterai avec tous les membres et nous aurons une grande fête.»

«O.K., je t'en prie, fais ainsi.»

Le père du bébé était tellement heureux à ce moment parce que son bébé avait récupéré et il avait lui-même suggéré la fête. Mais il a lentement commencé à ne pas aller au culte de dimanche à l'église et lorsque le premier anniversaire du bébé est arrivé, il a tenu la fête, mais il n'a invité que ses amis et les gens mondains qu'il connaissait.

Un jeune homme de Kang-won Do était sain de corps, mais il était exceptionnellement vantard. Mais tandis qu'il écoutait les messages de l'église, il s'est repenti. Lorsque j'ai prié pour ce jeune homme pour chasser les démons de lui, il avait des bulles dans la bouche et il est tombé. Tandis que le démon était chassé de lui, il est devenu une personne normale avec un caractère doux. Mais il est retourné dans son église et on ne l'a jamais revu.

Une fois, une femme âgée a perdu la vue au point qu'elle était pratiquement aveugle. Après avoir entendu parler de notre église, les membres de sa famille sont venus avec elle, et elle a récupéré la vue. Mais dès qu'elle a été guérie, ils ont quitté l'église.

Ne pèche plus

Dans Jean 5 :14, après avoir guéri une personne malade, Jésus l'a trouvé dans le temple et Il lui a dit, *«Voici, tu as été guéri; ne pèche plus, de peur qu'il ne t'arrive quelque chose de pire.»*

Etant donné qu'ils ont été guéris par l'amour et la puissance de Dieu, ils devraient maintenant vivre selon Sa parole et ils devraient être reconnaissants pour cette grâce. Mais s'ils commettent à nouveau des péchés, comment Dieu peut-Il les protéger? Parce que Dieu a dû détourner d'eux Sa face et ne pouvait pas les garder, ils ont à nouveau reçu la maladie par les œuvres de Satan et parce qu'ils ont dédaigné la grâce de Dieu, ils ont reçu des maladies même plus graves que ce qu'ils avaient auparavant.

Nous pouvons être protégés lorsque nous vivons selon la parole

Un tel incident s'est produit en Novembre 1982. En ce temps là lorsque nous avions la veillée de vendredi soir, il continuait jusqu'à 6 heures du matin. Peu après minuit, un couple est entré dans le sanctuaire en portant une fillette d'à peu près 5 ans. La petite fille criait en étant incapable de supporter sa douleur. Elle habitait à Busan, et elle a été diagnostiquée avec un cancer du pancréas.

Les médecins ont essayé de l'opérer, mais parce que la tumeur était tellement grosse, ils n'ont pu le faire. Aussi, parce que la tumeur grandissait dans l'estomac, c'était dangereux de suturer. Le médecin s'était contenté de mettre un fil sans le serrer sur son estomac. C'était une scène tellement horrible.

Son nom était Wonmi. Elle recevait de la morphine plusieurs fois par jour. C'était le seul moyen pour elle de supporter la douleur. Avec son masque à oxygène, Wonmi était prête à mourir. Sa tante, la sœur de son père a persuadé les parents en disant, «Frère, il y a une église à Séoul remplie de la grâce de Dieu. Allons-y et laissons-la recevoir la prière. Dieu va guérir Wonmi.» Les parents avaient déjà abandonné et n'avaient plus d'espoir et ainsi, ils l'ont écoutée. Ils ont amené Wonmi et sont venus à Séoul à l'église.

J'ai prié pour la fille pendant 15 jours. Lorsqu'elle a reçu la prière pour la première fois, ses douleurs ont disparu. Après quelques jours, les œuvres de guérison se produisaient de manière visible. La douleur était partie et l'estomac gonflé était redevenu normal. Alors, ses parents ont commencé à avoir la foi. Je leur ai conseillé d'enlever les fils à l'hôpital, mais ils ne sont pas allés à l'hôpital, mais ils ont enlevés les fils eux-mêmes avec foi. Curieusement, en quelques jours, Dieu a guéri la blessure ouverte et l'a refermée.

Wonmi se mourait dans une douleur atroce, mais maintenant elle a été guérie en seulement 10 jours. Elle a appris les chants de louange et la danse à l'école de dimanche et elle a chanté et dansé avec ses amies. Ceux qui la voyaient étaient naturellement très heureux de la voir. Elle était intelligente et beaucoup de membres l'aimaient.

Ils sont restés 15 jours à l'église en recevant la prière, et puis ils sont repartis vers leur ville natale. Lorsque j'ai prié pour les parents, la parole de Dieu est venue.

«Lorsqu'ils retourneront, ils doivent garder les Dix Commandements, et leur fille grandira en bonne santé. Mais s'ils ne gardent pas les Dix Commandements, Dieu détournera Sa face.»

Je leur ai dit, «Vous devez garder le Sabbat, donner vos dîmes et bien servir Dieu. Vous les parents devez garder les Dix Commandements pour que l'enfant soit toujours en bonne santé.» Le père de Wonmi a dit, «Merci Pasteur! Bien sûr que nous devons faire cela. Et je ne crois pas que l'église possède déjà un grand bus. Lorsque je rentrerai à la maison, j'enverrai un grand bus à l'église.»

Mais peu de temps après, j'ai entendu que l'enfant était mort. Les parents de Wonmi étaient allés à l'église après leur retour à la maison, mais tandis que le temps passait, il semble qu'ils n'aient pas gardé le jour du Seigneur. Mais il faut être reconnaissant de ce que l'esprit de Wonmi a été sauvé et elle vivra dans le bonheur éternellement dans le royaume céleste là où il n'y a pas de regrets ni de larmes.

Dieu les guérit selon leur foi

Comme c'était le début de mon ministère, j'avais le cœur brisé de les voir abandonner la grâce de Dieu, quitter l'église et retourner dans le monde.

«Père Dieu, ils t'ont rencontré, ont expérimenté Tes œuvres

et ont été guéris, et comment peuvent-ils ainsi t'abandonner?»
J'ai crié en versant tant de larmes avec un cœur brisé, et un jour, j'ai
entendu la voix du Seigneur.

> *«Mon serviteur, lorsque j'ai guéri dix lépreux, neuf
> sont partis et un seul est revenu pour rendre gloire à
> Dieu. De la même manière, lorsque tu demandes au
> Père et que tu les guéris avec ta foi, s'ils n'ont pas la
> vérité et la vie en eux, ils vont abandonner la grâce et
> quitter l'église. C'est pourquoi, ils ne quitteront pas
> uniquement lorsqu'ils auront entendu la parole et auront
> acquis la foi. Alors, lorsqu'ils sont guéris avec leur foi,
> ils ne quitteront pas l'église. Parce que tu as prié, je les
> ai guéris au travers de ta puissance, mais maintenant,
> change le contenu de ta prière. Tu devrais prier qu'ils
> soient guéris selon leur propre foi.»*

Le but ultime de mener une vie chrétienne est le salut de
notre esprit et pour nous d'aller dans le royaume des cieux. Donc,
la chose la plus importante est de connaître la volonté de Dieu et
d'avoir la foi pour être capable d'entrer dans le royaume des cieux.
Lorsque Jésus a guéri les dix lépreux, un seul est revenu vers Jésus
et a donné gloire à Dieu (Luc 17 :11-19). Les neuf autres ont
quitté Dieu et sont rentrés dans le monde. Un seul a été sauvé.

Les gens viennent à l'église parce qu'ils ont certaines maladies
ou d'autres problèmes, mais tandis qu'ils assistent aux cultes
d'adoration, écoutent les messages et apprennent à connaître la
volonté de Dieu, ils gagnent de la foi et la vie. C'est la volonté de
Dieu de les guérir lorsqu'ils reçoivent le Saint Esprit, croient dans
le ciel et l'enfer, et ont la foi pour être sauvés. S'ils sont guéris sans
posséder la foi, sauf pour ceux qui ont une très bonne conscience,

la plupart d'entre eux retourneront dans le monde. Et finalement ils ne seront pas sauvés. Et donc, depuis ce temps, j'ai changé ma prière en disant, «Dieu, guéris-les selon leur foi.» Dieu a réellement montré Ses œuvres de guérison lorsqu'ils montraient leur foi.

La foi qui contrôle le temps

Le 1er août 1983, nous avions la première retraite d'été sur l'île de Daebu près d'Incheon. Mais le jour précédent la retraite, il pleuvait très fort avec des éclairs et du tonnerre. Le ferry qui allait sur l'île de Daebu ne fonctionnait qu'une seule fois par jour. J'ai demandé à Dieu, «Dieu, comment pouvons-nous aller à la retraite avec une telle pluie? Je Te prie d'arrêter la pluie.»

Nous devions quitter l'église à 5 heures du matin, c'est pourquoi, certains étudiants qui habitaient loin de l'église ont dormi dans le sanctuaire cette nuit là. Je voulais prendre un peu de repos dans la résidence, mais je ne pouvais dormir à cause du grand bruit de la tempête. J'étais simplement couché sans être capable de m'endormir. Je priais seulement dans mon cœur lorsque vers 3 heures du matin, j'ai entendu la voix du Saint Esprit qui me disait de ne pas me soucier. Je me suis rendu au sanctuaire pour conduire la prière de 4 heures du matin et il y avait quelques jeunes adultes. Après la prière du matin, c'était 4h55, mais la tempête devenait même plus forte. Il y avait même plus de tonnerre et d'éclairs, et une forte pluie frappait les cloisons et les fenêtres.

J'ai dit, «Prions ensemble pour que cette pluie s'arrête!» Comme ils avaient expérimenté tant de signes miraculeux lors des veillées de vendredi, les étudiants et les jeunes adultes avaient une bonne foi. Ceux qui étaient dans le sanctuaire ont prié avec ferveur pendant quelques minutes, mais les éclairs et le tonnerre continuaient.

J'ai entendu, «Ne t'inquiète pas. Prenez vos bagages et descendez au premier étage. Lorsque quelqu'un mettra le pied sur le sol, la pluie s'arrêtera!»

Lorsque j'ai proclamé cela avec assurance, tous ont répondu 'Amen'. Ils se sont tous levés et sont descendus au premier étage. Lorsque la première personne a mis le pied dehors, la pluie s'est immédiatement arrêtée, et les éclairs et le tonnerre se sont aussi arrêtés. Au travers des expériences, Dieu nous a donné une grande foi en tant que don.

Recevoir les Explications des Passages Difficiles et le «Message de la Croix»

Après l'ouverture de l'église, j'étais invité à parler à de nombreuses réunions de réveil. J'ai prêché la parole pour planter la foi dans chacun des participants et pour donner l'opportunité de comprendre l'amour de Dieu. Chaque fois que je priais pour les malades, beaucoup des gens étaient guéris. Les paralytiques marchaient et les aveugles voyaient. De nombreux miracles se produisaient. Dieu m'a aussi dit ce que je devais prêcher à ces réunions de réveil. Je prêchais Jésus Christ, Dieu le Père, la foi véritable et la vie éternelle, les miracles, la résurrection, le Second Avènement du Seigneur et au sujet du royaume des cieux.

Habituellement, les réunions se déroulaient du lundi au jeudi. Elles commençaient à 18 heures et le message commençait à 19h30. Je continuais habituellement jusqu'à 23 heures ou minuit, parce que les pasteurs et les participants me demandaient de continuer ma prédication. Après la session du soir, je dormais quelques heures et je conduisais la prière du matin. En 1983, je me rendais dans tout le pays en prêchant dans des réunions de réveil. Un jour, le Seigneur m'a demandé d'arrêter de prêcher dans des réunions de réveil et d'aller dans la montagne pour prier.

Il voulait m'expliquer les passages de la Bible qui sont difficiles à interpréter. J'avais prié pendant 7 ans pour recevoir l'explication de ces passages difficiles à comprendre, et j'ai finalement reçu la réponse du Seigneur. Ainsi, à partir de mai 1983, j'ai arrêté de parler à des réunions de réveil et je me suis rendu à la montagne de prières de Kwangju à Kwangju, Kyeong-gi Do. Après le culte de dimanche soir, je partais là bas pour prier toute la journée, et je revenais le vendredi à l'église pour conduire la veillée de vendredi soir. Cette vie a continué pendant de nombreuses années.

Me battant dans les hivers rigoureux et les étés torrides

En été, le soleil était très fort, et en hiver, la température descendait à moins 10 ou 15 degrés Celsius (approximativement +10 Fahrenheit). Mais je prenais seulement une couverture d'armée sur le rocher et je criais vers le ciel en prières. Même les hivers rigoureux, je pouvais aller dans la montagne, et je priais du matin jusqu'au soir. Je me battais dans le vent froid pendant toute la journée. Si cela descendait en dessous de moins 10 degrés Celsius, je ne transpirais pas du tout, même si je criais et me battais de toutes mes forces dans la prière.

Parce que je n'avais pas d'argent, je ne pouvais me permettre d'avoir un endroit de repos confortable et chaud. Je ne pouvais me permettre qu'une seule briquette de charbon par jour pour me réchauffer. L'air dans la pièce était froid. La fenêtre en papier était déchirée et le vent froid entrait. Dans la pièce, j'avais de l'encre avec laquelle je pouvais écrire les explications du Seigneur concernant les passages Bibliques difficiles. La chambre était tellement froide que l'encre était gelée. Je devais la faire fondre d'une manière ou d'une autre avant d'écrire. Parce que je n'avais pas une bonne couverture, je dormais de manière inconfortable en ne me couvrant que d'une couverture militaire, je me levais tôt matin pour aller dans le sanctuaire assister à la prière du matin. Après avoir pris le déjeuner, je retournais à la montagne et priais toute la journée.

Les explications sur les passages difficiles de la Bible contenant de nombreuses significations.

Parfois, je brisais la glace et je me lavais avec l'eau froide, et alors je priais et lisais la Bible toute la journée. À 19 heures les gens assistaient à la session du soir et c'était calme. Alors j'entrais dans la cellule de prières et je me battais en transpirant dans la prière. Le Seigneur m'a expliqué les versets de la Bible pour lesquels j'avais prié pendant la journée. Il a expliqué les passages du début de la Bible qui étaient les plus difficiles pour moi de comprendre, et c'était plus doux que le miel. Surtout, il y avait la volonté cachée et infinie de Dieu contenue dans ces versets. Voyons un passage parmi les passages difficiles que le Seigneur m'avait expliqués. Dans Jean chapitre 2, Jésus s'est rendu au banquet de noces de Cana et a changé l'eau en vin. Généralement, un banquet de noces est l'endroit où les gens boivent et deviennent trop indulgents. On pourrait seulement se demander pourquoi Jésus, qui était venu pour sauver toute l'humanité, s'est rendu à ce type de banquet et y a montré le premier signe de Son ministère.

Le banquet de noces représente la fin des temps où les gens peuvent boire et manger et où le péché abonde. Ce premier signe de Jésus prédit symboliquement le commencement et la fin du Ministère de Jésus. Jésus a été invité au banquet de noces de Cana et cela signifie que lorsque les gens mondains avaient invité Jésus, c'était pour le crucifier. Il leur a permis de Le crucifier et Il a finalement été crucifié. L'eau symbolise l'eau de la vie éternelle (Jean 4 :14), et cette eau est la parole de Dieu qui donne la vie éternelle. La parole est Jésus Christ, qui est venu dans ce monde dans un corps humain. Le vin représente le précieux sang de Jésus. Cela symbolise que Jésus, la parole qui est venue sur la terre dans un corps humain serait pendu à la croix et répandrait dans le futur son précieux sang. Jésus qui est descendu sur cette terre qui était remplie de péchés donnerait Son corps saint à la croix et verserait Son sang et Son eau. Ce verset nous montre cet amour du Seigneur.

Changer l'eau en vin signifie que le sang que Jésus verserait à la croix deviendrait le sang qui donne la vie éternelle. Le vin que Jésus a fait au banquet de noces était purement du jus de raisin sans aucune substance pour saouler les gens. Les gens ont aussi goûté le vin qui était fait avec l'eau et ont dit que c'était du bon vin. Cela symbolise que les gens deviendront heureux lorsque leurs péchés seront lavés en buvant le sang de Jésus et ils auront l'espérance pour le royaume des cieux.

Finalement, il est dit, «*Tel fut, à Cana en Galilée, le premier des miracles que fit Jésus. Il manifesta sa gloire, et ses disciples crurent en lui.*» (Jean 2 :11). Ici, «Manifester Sa gloire» est relié aux quatre évangiles qui mentionnent que Jésus irait à la croix, mais qu'au troisième jour de son ensevelissement, il briserait l'autorité de la mort et ressusciterait pour manifester Sa gloire c'est pourquoi, cette seule expression contient beaucoup de significations.

Les disciples ont été dispersés lorsque Jésus a été crucifié et même lorsque des gens qui avaient vu le Seigneur ressuscité leur ont dit que Jésus était ressuscité, ils ne l'ont pas cru. Ce n'est qu'après qu'ils aient rencontré le Seigneur ressuscité eux-mêmes qu'ils ont cru. Les disciples croyaient en Jésus, non pas après qu'ils aient vu le premier signe dans le ministère de Jésus, mais ils ont cru lorsque le Seigneur a manifesté Sa gloire lorsqu'Il a été crucifié, a brisé l'autorité de la mort et est ressuscité. Au travers de ce premier signe que Jésus nous a montrés, nous étions maintenant capables de réaliser que ce n'était pas uniquement pour aider à la célébration d'un mariage de ce monde physique.

Le «Message de la Croix», le secret caché depuis avant le commencement des temps

Comme j'en suis arrivé à comprendre la grâce et l'amour de Dieu pendant que je lisais les quatre évangiles qui ont écrit sur le ministère de Jésus, je ne pouvais pas continuer à lire parce que mon nez coulait et que je versais tant de larmes. Je commençais à pleurer à la scène où Jésus se trouvait à la cour de Pilate. Tandis que je lis à propos de Jésus étant flagellé, portant la couronne d'épines sur Sa tête et étant crucifié, j'ai beaucoup pleuré et pendant beaucoup de temps je n'ai pu m'arrêter de pleurer, et j'ai dû fermer la Bible.

Malgré que j'essaye de me contrôler, cela prenait de nombreux jours rien qu'à lire les quatre évangiles. Pendant de nombreuses années après l'ouverture de l'église, lorsque je lisais la Bible, je versais des larmes. J'étais aussi à peine capable de participer à la Sainte Communion en contrôlant mon désir de pleurer. Mais après cela, j'ai pu contrôler mes larmes lorsque j'ai complètement compris combien il y a de la reconnaissante et combien c'est une bénédiction pour nous que Jésus ait pris le chemin de la croix et que c'était le chemin du salut pour nous. Je pouvais maintenant lire la Bible et participer à la Sainte Communion avec joie et reconnaissance. Lorsque j'ai reçu le «Message de la Croix» que le Seigneur m'a révélé par inspiration, j'ai plus profondément réalisé l'amour du Seigneur.

C'était en 1983, pendant que je priais à la montagne de prières de Kwangju, que le Seigneur m'a aussi expliqué le «Message de la Croix». Il m'a expliqué pourquoi Jésus est notre seul Sauveur, pourquoi nous pouvons être sauvés en croyant qu'Il est le Sauveur et pourquoi Dieu a placé l'arbre de la connaissance du bien et du mal, et pourquoi Dieu nous cultive nous les êtres humains sur cette terre. Il m'a expliqué le 'Message de la Croix' qui était un secret caché depuis avant le commencement des temps. Il m'a aussi montré et expliqué le monde spirituel relaté dans le livre de la Genèse.

Dieu m'a aussi fait entièrement comprendre et enregistrer en profondeur les significations et les voies pour nous de participer à la nature divine au travers des 'Neufs Fruits du Saint Esprit', 'des Béatitudes', et de 'l'Amour Spirituel.'

Comment puis-je nourrir le troupeau avec la Parole spirituelle

Si je priais au même endroit pendant un temps assez long, la nouvelle se répandait et les gens venaient pour recevoir ma prière. Comme il y avait de plus en plus de gens qui me connaissaient, j'ai dû aller dans un autre endroit. Pour avoir une communication avec Dieu dans la prière, tout comme l'apôtre Jean a relaté le livre de l'Apocalypse sur l'île de Patmos, j'avais aussi besoin d'un lieu solitaire loin des choses séculières.

Je me suis donc rendu dans un endroit à Kangwon Do et Jochiwon. Lorsque j'ai prié pendant les chaudes journées d'été sans un ventilateur, j'ai été mouillé de sueur, mais je n'avais ni inconfort, ni plaintes.

J'avais deux questions : «Comment puis-je faire comprendre correctement au troupeau la volonté de Dieu et leur donner des messages spirituels, de sorte que je puisse spirituellement les nourrir pour avoir une foi parfaite?» Et, «Comment puis-je prier plus et recevoir la puissance de Dieu que les prophètes et les apôtres ont accomplie de sorte que je sois grandement capable d'accomplir la vision mondiale et construire le Grand Sanctuaire?» Parce que j'étais tellement concentré à l'accomplissement de ces buts, je n'avais pas de temps pour penser à d'autres choses.

En Mai 1984, c'était quelques jours avant mon anniversaire, la Grande Diaconesse Geumsun Vin qui est actuellement la dirigeante du Grand Groupe de Mission Unifié des Femmes, m'a présenté une maison qui appartenait à un proche à Kangwon Do, et j'ai prié là pendant un moment. C'était un endroit où je devais me rendre en barque.

Le vendredi, je devais revenir à Séoul et prêcher les messages lors de la Veillée de Vendredi Soir et aux cultes de dimanche. Mais Dieu a remué mon cœur pour rester là bas et jeûner trois jours. Après un jeûne de 3 jours, Dieu m'a parlé du profond monde spirituel et du royaume des cieux avec beaucoup de détails. J'aurais même pu passer mon anniversaire dans la joie avec les membres, mais au lieu de cela, c'était une chose plus précieuse et joyeuse de recevoir un grand don de Dieu après avoir jeûné et prié. Le contenu concernant le royaume des cieux que le Seigneur m'a enseigné était comme un message compréhensif. Il rapprochait de nombreux versets sœurs relatés dans la Bible. Plus tard, j'ai donné ce message lors de culte de dimanche matin pendant de nombreuses années, et il a été publié en deux livres.

Même les voisins au Marché disaient «Allez à l'Eglise Manmin»

Il y avait un marché près de l'église. Étant donné que l'Eglise était située au coin du marché, beaucoup de gens devaient traverser le marché pour aller de l'arrêt de bus jusqu'à l'Eglise. Les gens du marché voyaient donc souvent des gens qui amenaient des enfants qui étaient dans des conditions dangereuses pour leur vie comme après avoir subi un accident de voiture.

De nos jours, on voit souvent des chaises roulantes, mais ce n'était pas commun en ce temps là en Corée. Chaque fois que les marchands voyaient des gens en urgence, ils disaient, «Ils sont sur leur chemin pour rencontrer le pasteur de l'Eglise Manmin.» Lorsque ces mêmes personnes revenaient en bonne santé après un jour ou deux et achetaient des choses sur le marché, les marchands étaient très surpris.

«N'es-tu pas celui qu'on a amené hier sur une civière?»

«Oui, c'est moi.»

«Alors comment as-tu pu marcher ainsi?»

«J'ai été guéri par la prière hier.»

Parce que les marchands voyaient ce genre de choses très souvent, ils ont reconnu que Dieu était vivant. Mais lorsqu'on leur prêchait l'évangile, ils disaient qu'ils savaient que Dieu était vivant, mais qu'ils étaient trop occupés à gagner leur vie et qu'ils ne viendraient pas à l'église. Malgré qu'ils ne viennent pas à l'église, lorsqu'ils voyaient quelqu'un qui était malade, ils lui suggéraient d'aller à l'église Manmin.

Le Seigneur Travaillait avec Nous

Déménageant vers le Second Sanctuaire

Approximativement un an après le culte d'ouverture, il n'y avait plus de place pour une personne de plus dans le sanctuaire. Lorsque nous avions culte d'adoration, les cellules de prière, le corridor et même la salle à manger étaient remplis de gens. Il n'y avait absolument plus de place. Nous avons donc commencé à prier pour déménager vers un nouvel endroit.

Nous devions avoir un endroit d'au moins 7.000 pieds carrés, mais la foi des membres de l'église n'était pas assez grande. Lorsque j'ai à nouveau prié pour un nouveau sanctuaire, la parole de Dieu m'a été donnée, *«Va et construis un autel temporaire dans un endroit disponible. Il va s'écrouler, et ensuite reconstruis-le et il s'écroulera à nouveau. Après cela, Ma providence sera révélée.»*

En Septembre 2004, il y avait un endroit disponible sur le toit d'un bâtiment d'un seul étage près du marché. Dieu nous a dit d'y construire une structure temporaire, mais Il ne m'a pas permis de dire aux membres que cela échouerait. Bien sûr, ce n'était pas légalement permis de construire un bâtiment permanent sur le toit. J'ai simplement dit que c'était la volonté de Dieu d'y construire une structure temporaire et je leur ai laissé commencer la construction. Le propriétaire du Bâtiment a accepté et il a dit qu'il se rendrait au bureau gouvernemental local et qu'il obtiendrait les autorisations nécessaires pour construire une structure temporaire.

En utilisant les manières de penser humaines, il était difficile d'accepter de construire une structure temporaire sur le toit d'un bâtiment et de l'utiliser comme sanctuaire. Mais parce que c'était la parole de Dieu, je n'ai fait qu'obéir. Je savais également que la construction temporaire s'écroulerait dès qu'elle serait construite. Après que les membres aient placés les briques de ciment, les ouvriers civils du bureau gouvernemental sont venus et les ont abattues immédiatement. Lorsque nous la construisions de nouveau, ils l'ont à nouveau abattue. Dans ce processus, il y a eu certains membres qui se sont plaint, mais la plupart des membres ont regardé vers Dieu qui fait concourir toutes choses pour le bien et ils ont prié avec des cœurs unis. Les habitants du quartier qui ont vu tout cela ont pensé, «Le gouvernement doit-il s'engager tellement?» Et ils commencèrent à avoir pitié de l'église. Même les marchands du marché connaissaient les œuvres de Dieu qui se produisaient à l'église Manmin. Comme nos membres traversaient cette difficile situation, la passion pour un nouveau sanctuaire est devenue plus chaude et comme nos cœurs étaient unis. C'est ainsi que Dieu préparait déjà un nouveau bâtiment.

Jusque là, il n'y avait aucun bâtiment que notre église pouvait utiliser. Mais dans un endroit proche, il y avait un bâtiment d'à peu près 7.000 pieds carrés qui était achevé et nous pouvions l'utiliser. Dieu nous a dit de déménager vers ce bâtiment. Nous avions environ 300 membres en ce temps là, et le montant des offrandes n'était pas suffisant pour des objectifs missionnaires. La plupart des membres n'étaient pas riches et ce n'était donc pas facile de réunir même quelques millions de wons. C'est pourquoi, si j'avais suggéré aux membres de déménager dans un bâtiment de 7.000 pieds carrés, ils auraient beaucoup pu se plaindre. Rien que pour louer l'endroit, nous avions besoin de 40 millions de wons (40.000 dollars US). Nous avions besoin d'encore 20 millions de wons pour le transformer en sanctuaire. C'était quelque chose de difficile à accomplir avec la foi de nos membres. Mais étant donné que les membres ont traversé un temps d'épreuves, leur soif pour un nouveau sanctuaire avait grandi et comme ils priaient avec des cœurs passionnés, une pensée et une force unies. C'était comme si en un moment nous avons collecté le montant nécessaire pour déménager notre sanctuaire. Finalement, le 31 décembre 1984, nous avons loué le bâtiment à Dae-Bahng Dong, Dong-jak Gu, et nous y tenions notre premier culte. Dieu a augmenté la foi des membres au travers de ce type d'épreuve.

Etablissant les organisations de l'Eglise

La taille de l'église augmentait rapidement étant donné que Dieu a envoyé de nombreux nouveaux membres. La foi des membres augmentait aussi rapidement à cause des puissantes œuvres de Dieu qui était avec nous dans les signes et les prodiges qui se produisaient continuellement. Certains ne venaient à l'église que pour recevoir leur guérison, mais il y en avait aussi beaucoup qui venaient avec soif et recherchaient la parole de Dieu.

En Octobre 1983, le Centre de Prières Manmin a été établi. Dieu a conduit mon épouse, Boknim Lee à conduire des réunions de prière chaque jour pour guérir les patients spirituellement et physiquement. Il l'a nommée à la tâche de présidente du centre de prières. Elle a dirigé chaque jour des réunions de prières et s'est concentrée sur le conseil, les visites de suivi aux membres et les prières. En Janvier 1984, la 'Mission des Consacrés à la Prière' a été établie pour prier pour le royaume et la justice de Dieu. Ceux qui s'étaient consacrés à la prière ne se contentaient pas seulement de prier, mais ils assistaient aussi aux réunions de guérison et aidaient les patients par leurs prières. En Mars 1984, le Jardin d'Enfants Manmin a ouvert la mission pour les enfants. En seulement quelques années après l'ouverture de l'église, la forme et la structure des organisations de l'église ont été mises en place.

En Octobre 1985, comme ma femme remplissait la tâche en tant que présidente du centre de prières, elle a commencé des prières nocturnes avec quelques personnes. Ces réunions de prières sont devenues le commencement des Réunions de Prières de Daniel d'aujourd'hui auxquelles participent des milliers de membres pour prier chaque nuit. La Présidente Boknim Lee s'est concentrée sur le jeûne et les prières. Elle ne recherchait pas seulement son bonheur personnel pour sa famille, mais elle vivait pour les autres âmes. Dieu travaillait avec la voix claire du Saint Esprit et l'a bénie en manifestant de nombreuses œuvres puissantes. Même maintenant elle conduit chaque soir la Réunion de Prières de Daniel. De nombreux membres expérimentent la puissance de Dieu et reçoivent les réponses qui sont données pendant leur temps de prières et de louanges dans le sanctuaire. Au travers de cette Réunion de Prières de Daniel, les âmes des membres de l'église sont prospères. C'est la ligne de force du réveil de l'église.

Ceux qui aspiraient à la parole de vie sont venus et ont écouté les messages spirituels et ils ont gagné de la paix et du repos. Ceux qui ont reçu les réponses et les solutions à leurs problèmes sont restés à l'église, et l'église s'est affermie.

Un étudiant en médecine avec une tumeur cérébrale

Sooyeol Cho, qui était né dans une famille chrétienne, a développé une maladie appelée 'fibrome naso-pharingique'. Les vaisseaux sanguins dans le nez se sont accumulés et se sont transformés en tumeur, cela c'est développé en tumeur cérébrale.

En ce temps là, un des proches de Sooeyol Cho était le vice-directeur de l'Hôpital Universitaire National de Séoul. Il a subi une opération chirurgicale importante pendant 8 heures. Mais même après l'intervention, il avait toujours un encombrement nasal. Mais tandis qu'il était à l'université, il s'est attaché au monde, et ses symptômes se sont aggravés. Trois mois après l'opération, son nez était bloqué et il avait à nouveau beaucoup d'hémorragie du nez. Il est retourné à l'hôpital et le médecin lui a dit qu'il avait une rechute.

Avant son opération précédente, le médecin avait dit qu'il y avait de grandes chances que la tumeur se répande dans le cerveau, et la racine de la tumeur était déjà dans le cerveau, et maintenant il avait une tumeur cérébrale. En décembre 1984, il a réalisé qu'il ne pouvait pas être guéri par la science médicale. Il a entendu parler de notre église et il s'est affilié avec les membres de

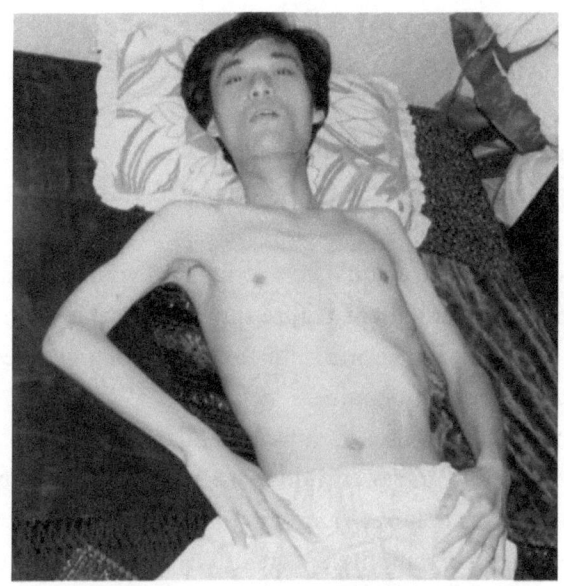

Sooyeol Cho souffrant d'une pneumonie

Il est un pasteur en bonne santé aujourd'hui

sa famille.

En janvier 1985, il a reçu la grâce pendant des réunions de réveil et son état s'est amélioré. A ce moment, les médecins ont suggéré une autre opération, et il pensait encore jusqu'à un certain point qu'il pourrait être guéri par un traitement médical.

Mais en 1986, alors qu'il versait un gros volume de sang plus de 10 fois, il a pleinement réalisé qu'il ne pouvait vivre que par la grâce de Dieu. Il a connu deux épisodes de saignement rectal abondant qui l'avaient épuisé.

Tandis que je priais à Jochiwon pendant la semaine, un jour, dans mes prières, j'ai ressenti de manière inexprimable un grand regret dans mon cœur et j'ai réalisé que Sooyeol Cho était dans une situation extrêmement critique. J'ai prié Dieu avec des larmes.

En ce temps là, une diaconesse qui priait beaucoup dans notre église a reçu une vision, et elle a dit que je tenais fermement le bord de la robe de Jésus en Lui demandant la vie de ce jeune homme. Même après cela, chaque fois que le jeune homme se trouvait dans une situation critique pour sa vie, le Saint Esprit me le faisait savoir et il a passé ces moments critiques en recevant ma prière. Depuis lors, Sooeyol Cho a acquis la foi spirituelle et dans cette mesure son état s'est amélioré.

S'il ne priait pas et s'il n'était pas pleinement rempli du Saint Esprit, les grumeaux dans son nez grossissaient énormément et sa gorge était bloquée, ou sa langue ressortait de sa bouche, ou les grumeaux ressortaient de ses narines. En ce temps là, lorsqu'il se repentait et recevait ma prière, il était pur. Dans ce processus, le jeune homme a découvert les pensées charnelles et le mal en lui et il a jeûné en pensant, «Si je dois mourir, je mourrai.»

Il a fait de son mieux pour se changer lui-même. Il est

finalement devenu un jeune homme en parfaite santé. Maintenant, il sert dans l'église en tant que pasteur assistant. Il a une famille heureuse avec sa femme et son fils.

Le corps raidi par un empoisonnement au monoxyde de carbone

En Février 1985, un samedi après-midi, je priais dans ma chambre. À l'extérieur, il y avait un attroupement de gens et j'ai entendu quelqu'un crier qu'une personne était morte. Lorsque je suis sorti après la prière, il y avait une sœur de l'église qui avait succombé à un empoisonnement au gaz de monoxyde de carbone.

Elle était rentrée chez elle après la veillée de vendredi soir, avait allumé une briquette de charbon et s'est endormie.

Mais après 14 heures, le samedi, elle a été découverte empoisonnée par le gaz. Lorsqu'elle a été trouvée, elle avait déjà respiré le gaz pendant de nombreuses heures et son corps était déjà paralysé et il y avait de la mousse dans sa bouche. Un de ses voisins l'a trouvée et l'a conduit vers ma résidence, mais il semblait qu'elle était morte. Elle était inconsciente et son corps était déjà relativement raide et froid.

Je lui ai imposé les mains et j'ai prié, «Au nom de Jésus Christ, j'ordonne au gaz de monoxyde de carbone, sors! Sors par les deux yeux, les deux narines, la bouche et par toutes les cellules de son corps!» Au moment où j'ai terminé ma prière et que je retirais ma main, la sœur a retrouvé la chaleur dans son corps, et elle a lentement ouvert les yeux. Alors son corps raide a commencé à se relâcher. Les gens autour d'elle ont massé son corps pendant quelques minutes et elle a retrouvé les mouvements de son corps. Elle s'est redressée et a récupéré sa santé sans aucun effet secondaire.

Si on l'avait conduite à l'hôpital après qu'on l'ait trouvée, elle aurait eu très peu de possibilités de récupérer. Même si elle avait vécu, elle aurait souffert de traumatismes à vie et de dégâts cérébraux. Mais le Dieu tout puissant qui ressuscite même les morts a montré Sa puissance, elle est complètement redevenue normale en seulement deux minutes. Elle est Minsum Lee, qui a plus tard épousé le Pasteur Jeon-hwan Cha de notre église.

«Je t'en prie, va à Shindachang Dong.»

Parfois, j'ai aussi prié pour ceux qui arrêtaient de respirer. En Juin 1985, quelque chose est arrivé à la fille de deux ans, Seung-ah du diacre Seok-hee Cho. Sa maman cuisait des saucisses et sa fille s'est avancée vers elle et a tendu sa main vers elle. Sa mère lui a donc donné un petit morceau de saucisse. Mais soudain elle n'a plus eu conscience de sa fille qui tournait dans la pièce. Elle est partie dans une autre pièce, et là, Seung-ah mourait avec de la mousse dans la bouche en essayant de respirer et la couleur de sa peau était devenue bleue.

Cela s'est produit en quelques minutes et elle était tellement surprise. Elle l'a rapidement porté sur son dos et a pris un taxi. Parce qu'elle avait entendu et vu les maladies incurables être guéries et les morts ressusciter dans l'église, elle a montré sa foi devant Dieu. Elle a dit au chauffeur d'aller à Shindaebang Dong. Il a répondu: «Il n'y avait pas d'hôpital là bas et a demandé pourquoi elle voulait se rendre dans un endroit si éloigné?»

«Non, il y a un médecin extrêmement compétent là bas à

Shindaebang.»

J'étais à la maison au moment où elle est arrivée et j'ai donc pu prier pour elle. J'ai appris que la jeune fille avait déjà arrêté de respirer et son corps était déjà froid d'avoir été dans le taxi. J'ai prié Dieu avec ferveur de ramener l'esprit de l'enfant mort. Dès que la prière fut achevée, l'enfant s'est réveillée et a récupéré sa respiration. Depuis lors, elle a bien grandi sans aucun effet secondaire. En ce moment elle étudie à l'université de Kyung-hee et ses parents travaillent en tant que pasteurs à l'église Manmin de Jinjoomun à Sacheon, province de Kyeong-nam.

Brûlure du troisième degré guérie par la puissance de Dieu

Le dimanche 6 Avril 1986, la grande diaconesse Eun-deuk Kim qui avait alors 62 ans a eu un accident pendant qu'elle travaillait à la cuisine de l'église. Il y avait une grande marmite sur le fourneau de la cuisine et il y avait de l'eau bouillante pour cuire des nouilles.

Lorsqu'elle a glissé, elle a par erreur saisi une poignée sur le fourneau et par conséquent, l'eau bouillante de la marmite a été renversée. L'eau est tombée sur sa poitrine, son abdomen, ses bras et ses jambes en laissant de graves brûlures. C'était une chance qu'elle n'a pas été brûlée sur la tête et le visage.

En entendant cette nouvelle, je me suis rendu à la cuisine. J'ai prié pour elle pendant qu'elle était étendue sur le sol. Les brûlures étaient tellement graves que sa peau était bouillie et collait à ses vêtements. Elle avait toujours une certaine conscience. La chaleur était insoutenable pour elle, mais quand j'ai prié pour elle, elle a dit qu'elle a senti la chaleur sortir de son corps. La chaleur est sortie du côté gauche de sa poitrine vers le côté droit, est descendue et est sortie de son corps par son pied droit.

Malgré que la chaleur était partie, les parties brûlées ressemblaient à de la chair grillée et les vêtements étaient attachés à la peau, la chair partait en lambeaux. C'était tellement misérable. Si elle était partie à l'hôpital dans cet état, on n'aurait pas pu garantir sa vie. Même si elle avait vécu, il aurait fallu de nombreuses années pour greffer la peau. Même après de nombreuses opérations, elle aurait eu de nombreuses cicatrices et des effets secondaires. On l'a conduit à ma résidence et je priais pour elle une fois par jour. Elle n'a même pris aucun médicament ni piqûre, mais avec l'œuvre de Dieu, elle a rapidement récupéré.

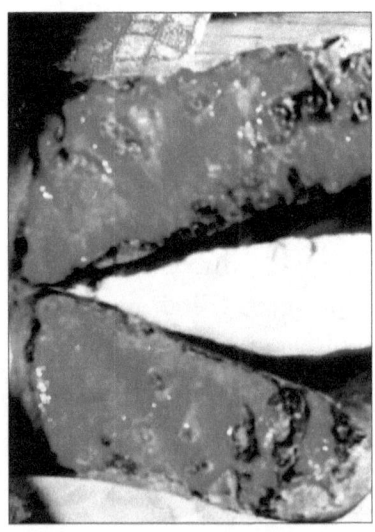

Guérie du 3e degré de brûlure

Les cellules complètement mortes et cuites sont devenues des croutes comme l'écorce d'un arbre et rapidement ces croutes sont tombées et de la nouvelle chair apparaissait. De la nouvelle chair provenait des parties qui avaient été brûlées et de nouveaux vaisseaux sanguins se formaient. La peau morte était restaurée. Les membres qui l'ont visitée ont vu ce processus complet se réaliser.

La grande diaconesse Eun-deuk Kim a été complètement guérie juste 3 mois après l'accident. Elle est devenue entièrement normale. Depuis 2007, elle a 82 ans et mène une vie chrétienne diligente.

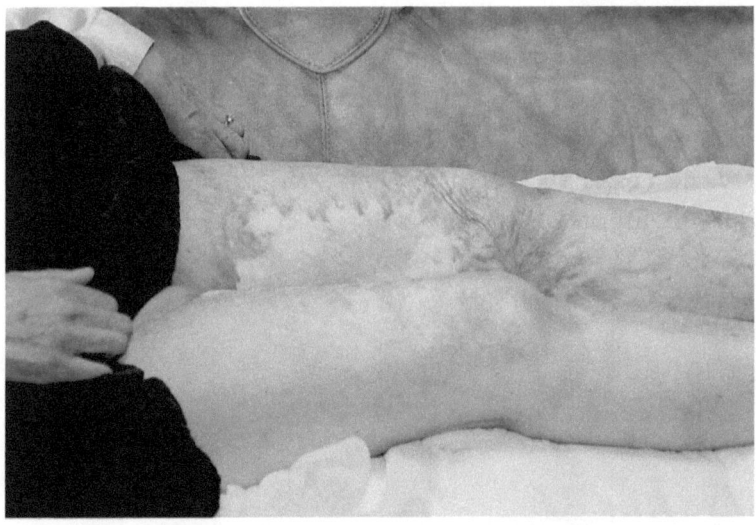

Complètement guérie et développement de la nouvelle chair après la prière

Les œuvres de feu

«Le Seigneur, après leur avoir parlé, fut enlevé au ciel, et il s'assit à la droite de Dieu. Et ils s'en allèrent prêcher partout. Le Seigneur travaillait avec eux, et confirmait la parole par les miracles qui l'accompagnaient.» (Marc 16 :19-20)

Lorsque les disciples sont sortis pour prêcher, le Seigneur travaillait avec eux. De la même manière, il semble que j'impose la main aux patients, mais en réalité, ce sont les mains de sang du Seigneur qui leur sont imposées. Ceux qui ont le don de voir des visions ou qui voient des choses spirituelles attestent que lorsque je priais, le Seigneur imposait Ses mains avec les miennes sur les parties malades des patients.

Je prie pour les gens malades dans chaque espèce de culte d'adoration, et de nombreuses personnes voient comme une masse de feu qui sort de mes bras. Ce feu, qui est le feu du Saint Esprit va vers chaque membre selon sa foi et brûle les maladies. En leur imposant les mains, je prie avec ferveur pour eux de tout mon cœur et avec foi pour les guérir et résoudre leurs problèmes, et Dieu a répondu à ces prières au travers des œuvres enflammées du Saint Esprit.

L'inspiration du Saint Esprit annonçant les choses du futur

Ordonné en tant que Pasteur

En Mai 1986, quatre années après avoir ouvert l'église, j'ai été ordonné en tant que pasteur. Nous avons offert le culte de dédicace de l'église en juin. Ce jour là, les membres de l'église m'ont donné une grande clé d'or en tant que symbole de leur confiance et de leur amour. Cela signifiait que l'entière autorité concernant l'église me serait donnée en tant que pasteur et qu'ils me feraient confiance et m'obéiraient. Je conserve encore comme un trésor ce cadeau des membres de l'église qu'ils ont donné avec leur sincérité.

Après l'ordination, le Seigneur m'a conduit à Lui offrir une prière de Daniel de 21 jours. J'ai essayé de communiquer avec Dieu au travers de jeûnes et de prières à mon endroit de prières de Jochiwon. Alors le Seigneur a essayé de m'expliquer le livre de l'Apocalypse qui relate les choses qui se produiront pendant les derniers jours.

À partir du culte de dimanche matin 20 juillet 1986, j'ai commencé les séries sur le livre de l'Apocalypse. Ces séries ont continué pendant près de 4 ans jusqu'au 20 décembre 1989. Ceux qui connaissaient ne fut ce qu'un peu le monde spirituel ont écouté ces messages avec une grande joie.

Veillée de vendredi soir avec des gens de tout le pays

Après que nous ayons déménagé vers un nouveau bâtiment et avons tenu une réunion de réveil, l'église fut rapidement remplie à nouveau. Parce que la vitesse du réveil était très élevée, nous n'avions pas le temps de construire des bâtiments d'église.

En 1987 nous avons loué un bâtiment à Shindaebang Dong, Dongjak Gu et nous y sommes entrés. C'était notre troisième sanctuaire, et trois mois plus tard nous achevions les réunions de réveil commémorant le déménagement dans le nouveau bâtiment et toute l'église était à nouveau remplie. Le nombre de membres enregistré à ce moment dépassait les 3.000. Nous utilisions les 2ème et 3ème étages en tant que sanctuaires, mais nous ne pouvions accommoder tout le monde, il n'y avait pas assez de place. Certaines des personnes qui venaient devaient repartir.

En Juin 1989, nous avions grandi vers une méga église avec 6.000 membres enregistrés. Depuis la fondation de l'église, je voulais seulement me concentrer sur la parole de Dieu et les prières pour accomplir entièrement la tâche donnée par Dieu. Je laissais donc le suivi des membres aux pasteurs assistants. Au temps des premières églises, parce que les apôtres devaient accomplir plus de travail tandis que les églises grandissaient, ils ont choisi sept diacres pour accomplir le travail de l'église. Les apôtres se concentraient exclusivement à la parole de Dieu et aux prières (Actes 6 :3-4). De la même manière, je n'étais pas impliqué dans les finances de l'église, et nous avions chaque département qui prenait aussi soin des autres travaux.

Nous avions des conférences pastorales une ou deux fois par an pour encourager les pasteurs et en faire de puissants serviteurs. Je voulais sincèrement former de puissants pasteurs qui pouvaient être aimés par Dieu et les membres de l'église plus que moi-même, et j'ai donc fait tout mon possible pour élever autant de pasteurs assistants que possible.

La veillée de vendredi soir était bien connue au travers du pays pour être remplie du Saint Esprit et de nombreuses personnes venaient et cela peu importe leur dénomination. Combien c'est bon qu'ils soient remplis du Saint Esprit pendant la nuit et qu'ils retournent ensuite dans leurs églises respectives pour servir leurs églises le dimanche! En commençant avec la veillée du 12 décembre 1986, j'ai apporté une série d'enseignements sur le livre de Job que le Seigneur m'avait expliqué. Cette série s'est arrêtée à la veillée du 11 décembre 1992.

C'étaient des messages spirituels qui étaient différents des autres interprétations du livre de Job. C'était un message précieux qui analysait le cœur d'une personne appelée Job. Ils étaient donnés de manière à ce que nous puissions trouver le mal dans notre cœur et le cœur de contrevérité. De même dès 1989, le Seigneur a commencé à enseigner au sujet du 'Corps, Ame et Esprit ' de l'homme dans le détail. Après cela il m'a parlé des différentes 'Dimensions'. Lorsque je parlais aux membres de ces messages, leurs yeux spirituels étaient ouverts et je pouvais clairement voir les changements. Dans la mesure où leur foi grandissait, je devais leur enseigner de nouvelles choses, et je devais donc continuer à entrer dans de plus profonds niveaux du monde spirituel.

Changer ne fut ce qu'une personne de plus en bon grain

Un jour, tandis que je priais, le Seigneur a dit en se lamentant,

«Mon serviteur, publie rapidement les livres avec les messages que je t'ai dit. Aujourd'hui il n'y en a que quelques uns qui ont une foi véritable et qui peuvent être sauvés. Ils disent qu'ils croient, mais ils pratiquent l'iniquité. Ils me crucifient à nouveau. Ils ne croient pas mais ils se méprennent en pensant qu'ils croient.»

Jésus a dit, *«Quand le Fils de l'homme viendra, trouvera-t-il la foi sur la terre?»* (Luc 18 :8). Aujourd'hui, le péché et l'iniquité prévalent tellement qu'il est très difficile de trouver des gens qui ont une foi spirituelle véritable que Dieu veut.

Lorsque les fermiers moissonnent, ils ne récoltent que le grain et la paille sera simplement brûlée par le feu. De la même manière, Dieu préfère un seul grain de blé à n'importe quelle quantité de paille. Il ne rassemble que le blé dans Son royaume (Matthieu 3 :12). Il veut que nous priions avec diligence, agissions selon Sa parole pour chasser les désirs de la chair et accomplir le cœur du Seigneur qui est la parfaite sanctification (1 Thessaloniciens 5 :23).

Lorsque les membres de l'église ont appris les messages 'Corps, Ame et Esprit', et 'Dimensions', ils ont commencé à comprendre leur fondement et à essayer de chasser leurs péchés. Si personne ne nous parle des péchés, nous ne connaîtrons probablement rien ou très peu au sujet des péchés. Si les gens ne sont pas conscients du compromis avec le monde, ils deviendront des croyants du type paille qui ne peuvent pas être sauvés. C'est pourquoi, les pasteurs doivent très bien enseigner aux croyants ce qu'est le péché.

Se basant uniquement sur Dieu pour les messages

Lorsque Jésus envoyait ses disciples, il disait, *«Mais, quand on vous livrera, ne vous inquiétez ni de la manière dont vous parlerez ni de ce que vous direz: ce que vous aurez à dire vous sera donné à l'heure même; car ce n'est pas vous qui parlerez, c'est l'Esprit de votre Père qui parlera en vous.»* (Matthieu 10 :19-20). L'année où j'ai ouvert l'église j'étais en terminale au séminaire. Je devais faire mon devoir en allant à l'école. Je devais aussi préparer plus de dix messages par semaine pour les réunions de prières matinales quotidiennes, les veillées de vendredi et les cultes des dimanches matin et soir. Je devais aussi visiter et conseiller les membres et je devais aussi prier personnellement pour les personnes malades et j'étais toujours trop occupé.

Je n'avais même pas le temps de noter mon sermon sur un cahier, mais lorsque je priais, Dieu me donnait le titre et le passage biblique. Lorsque je priais à ce sujet, Dieu me donnait Son inspiration pendant le sermon. Lorsque je me tenais devant là chaire, la parole de Dieu coulait dans mon esprit.

Aujourd'hui, les cultes d'adoration sont retransmis en direct partout dans le pays et vers d'autres pays par internet et les satellites, et j'ai donc les notes préparées d'avance. Mais depuis le commencement de l'église jusqu'à ce que les sermons diffusés ne commencent, je prêchais sans aucune note ni mémo.

Je ne suis qu'un serviteur indigne

Un jour, en avril 1987, parce que je ne pouvais pas prier assez en raison du manque de temps, je n'ai pas reçu d'inspiration pendant le sermon. Je sentais même que le sermon ne coulait pas bien. Après le sermon j'étais tellement désolé devant Dieu que je n'avais pas préparé ce sermon avec plus de prières. Chaque fois que je faisais face à ce type de situation, je ressentais profondément que je n'étais pas capable de faire quoi que ce soit, et que je ne suis rien si Dieu n'est pas avec moi. Si Dieu m'abandonne, je ne serais pas du tout capable d'apporter un message, il n'y aurait aucune œuvre de guérison même si je priais et le Saint Esprit ne travaillerait pas lorsque je prêche, et ainsi les membres de l'église ne changeraient pas. Malgré que j'aie réussi à accomplir certaines choses, je ne suis qu'un serviteur indigne devant Dieu. C'est pourquoi, malgré que j'aie reçu une grande puissance d'en haut et que j'aie été utilisé comme un instrument de Dieu, je ne puis jamais être arrogant à ce sujet.

En Avril 1987, mon mémoire témoignage, Goûter à la Vie Eternelle avant la Mort a été publié. Ce livre a été republié encore et encore et est devenu une vente régulière. En ce moment il a été traduit en différentes langues et est distribué dans de nombreux pays partout dans le monde. Au travers de ce livre, de nombreuses personnes ont cru au Dieu vivant, le Dieu de guérisons, le Dieu qui donne des réponses aux prières et le Dieu d'amour.

Soojung Maeng qui vivait en Allemagne en ce temps là a reçu ce livre d'un pasteur réputé en Allemagne et elle l'a lu.

Elle a eu une très bonne impression du livre. Lorsqu'elle est venue en Corée, elle a visité notre église pour assister au culte d'adoration et elle est finalement devenue un membre régulier. Elle a expérimenté que sa vie avait changé grâce à la parole de vie. Elle était remplie de la ferveur pour répandre l'évangile et en ce moment elle est missionnaire à Washington D.C., en dévouant sa vie à la propagation de l'évangile.

«Ceci est AM 837 Khz Système de Retransmission Chrétienne. Aujourd'hui dans ce 'Vous êtes avec moi', nous vous raconterons l'histoire du Révérend Dr. Jaerock Lee de l'Eglise Centrale Manmin.» Du 1er au 30 juin, dans le programme intitulé 'Vous êtes avec moi' de CBS radio, mon témoignage a été diffusé en série dramatique. Pendant un mois, il a été diffusé deux fois par jour, le matin et le soir. Au travers de ce programme, de nombreuses personnes partout dans le pays ont pu recevoir la grâce de Dieu au travers du témoignage et ils se souviennent de mon nom. Certaines personnes ont dit qu'elles ont pu croire en Dieu.

Le 18 août, j'ai apparu dans un programme appelé 'Renouvelle moi' sur CBS et j'ai donné mon témoignage. A ce moment là, le producteur m'a demandé de ne pas mentionner que Dieu m'avait guéri. Il m'a dit qu'il y aurait certaines objections si nous parlions de miracles. Je ne pouvais être d'accord avec cela et je n'ai fait que sourire en retour. Après tout, tandis que j'enregistrais le programme, j'ai raconté toute mon histoire et le processus de ma guérison par Dieu. Mais même après la date prévue pour la retransmission, mon histoire n'avait pas encore été diffusée, et j'ai donc interrogé la chaine à ce sujet. La cassette était sur le point d'être détruite, mais nous avons été finalement capables de retrouver la cassette de l'enregistrement avec l'aide d'une autre personne, et elle a été retransmise pendant une heure. Je ressentais que cela aurait été bien s'ils avaient simplement retransmis la vérité telle qu'elle est.

Des prophéties sous l'inspiration du Saint Esprit

Dieu nous donne les dons du Saint Esprit pour notre bénéfice (1 Corinthiens 12 :7). 1 Corinthiens 14 :1-5 dit, *«Recherchez la charité. Aspirez aussi aux dons spirituels, mais surtout à celui de prophétie. En effet, celui qui parle en langue ne parle pas aux hommes, mais à Dieu, car personne ne le comprend, et c'est en esprit qu'il dit des mystères. Celui qui prophétise, au contraire, parle aux hommes, les édifie, les exhorte, les console. Celui qui parle en langue s'édifie lui-même; celui qui prophétise édifie l'Église. Je désire que vous parliez tous en langues, mais encore plus que vous prophétisiez. Celui qui prophétise est plus grand que celui qui parle en langues, à moins que ce dernier n'interprète, pour que l'Église en reçoive de l'édification.»*

L'apôtre Paul voulait que tous les enfants de Dieu reçoivent le don de parler en langues et il pressait les croyants de recevoir particulièrement le don de prophétie. J'ai parfois dit aux membres de l'église ce qui se passerait sous l'inspiration du Saint Esprit, pour l'édification et pour implanter plus de foi en eux. Pendant que je priais dans la prière du matin, j'ai prié, «Père Dieu envoie-nous un certain nombre de participants la semaine prochaine.» Alors j'ai proclamé qu'un certain nombre de personnes assisteraient au culte la semaine suivante. En ce temps là, le nombre de membres de l'église a augmenté si rapidement.

«Il y aura 50 personnes au culte la semaine prochaine.»

Le dimanche suivant, j'ai demandé à nos membres de compter le nombre de participants. C'était exactement 50 personnes.

«65 personnes viendront la semaine prochaine.»

Chaque semaine le nombre de personnes augmentait et je prophétisais chaque dimanche. Le dimanche suivant, les membres comptaient le nombre de participants et ils étaient toujours surpris.

Mais quand cela a atteint 80 personnes, le nombre ne s'est plus accru pendant plusieurs semaines. Lorsque j'ai prié à ce sujet, j'ai réalisé que l'ennemi diable dérangeait pour que le nombre ne dépasse pas 100 personnes. J'ai jeûné et prié avec les membres et j'ai chassé l'ennemi diable et à partir de cette semaine, le nombre a de nouveau commencé à augmenter et le jour de la dédicace, le 10 octobre, il y avait plus de 100 personnes.

Dans certains cas spéciaux, Dieu me faisait savoir à l'avance le montant des offrandes. Après l'ouverture de l'église c'était lorsque nous avions à peu près 6 millions de wons (6.000 dollars US) par semaine. Comme nous nous concentrions toujours sur la mission mondiale, nous devions dépenser beaucoup plus que le revenu. Nous étions toujours dans le besoin et notre église n'était pas dans une bonne situation financière. J'ai commencé à prier Dieu pour cela. Lorsque je priais avec ferveur, le Seigneur a travaillé de manière spéciale pour résoudre les situations difficiles. Sous l'inspiration claire du Saint Esprit, Dieu m'a fait connaître le montant exact des offrandes.

«La semaine prochaine l'offrande sera de 33 millions de wons (33.000 dollars US).»

J'avais reçu la réponse et j'ai dit le montant exact aux ouvriers qui étaient en charge des finances de l'église, de manière à implanter en eux une plus grande foi. Mais ils n'ont montré aucune réaction spéciale, probablement parce qu'ils n'étaient pas capables de me croire. Ils semblaient douter en pensant comment l'offrande pourrait être multipliée par 5 en une semaine.

Mais l'après-midi du dimanche suivant, le comité des ouvriers des finances a compté les offrandes et ils m'ont rapporté le montant exact de 33 millions de wons. Depuis lors je prie Dieu chaque fois que nous faisons face à une situation financière difficile, et chaque fois Dieu nous a bénis plusieurs fois de sorte que nous puissions franchir les difficultés par la grâce de Dieu. Surtout quand il nous donnait autant de fois plus que d'habitude, Il me le faisait savoir et je le disais d'avance au comité des finances. Je pouvais voir que leur foi grandissait après avoir connu à de nombreuses reprises ce type d'expérience.

Me disant les choses du futur en Corée et dans le monde

Je m'écriais toujours dans mes prières et je vivais dans la plénitude de l'Esprit. Et le Seigneur me faisait connaître de temps à autre les choses à venir et aussi de grandes et secrètes choses. Le Seigneur a donné une vision à Pierre pour lui révéler des choses futures (Actes chapitre 10), et Etienne a vu la gloire de Dieu et le Seigneur debout à la droite de Dieu. De la même manière, la puissance de Dieu peut tout accomplir. Que ce soit dans l'Ancien Testament, dans le Nouveau ou de nos jours, Il travaille de la même manière.

Amos chapitre 3, verset 7 dit, *«Car le Seigneur, l'Éternel, ne fait rien Sans avoir révélé son secret à ses serviteurs les prophètes.»* Comme cela est écrit, lorsque je priais, Dieu me faisait connaître d'avance des choses au sujet des membres de l'église, de notre pays et des situations mondiales.

Pendant que j'assistais au séminaire le 26 octobre 1979 j'avais un sentiment désagréable le matin. J'ai prié à ce sujet. Alors le Seigneur m'a révélé qu'une grande étoile tomberait dans notre pays. Il m'a fait savoir que le président Park Chung Hee mourrait. J'ai dit à ma femme qu'un grand désastre se produirait et je me suis rendu au séminaire. Mon cœur était tellement troublé. J'ai empêché mes larmes de couler toute la journée. Le lendemain matin, nous avons entendu la nouvelle que le président Park Chung Hee venait d'être assassiné la nuit précédente.

Sans avoir révélé son secret à ses serviteurs les prophètes

Dieu m'a fait savoir à l'avance comment les situations mondiales allaient évoluer, et parfois, il me faisait savoir concernant des personnages connus. En 1984, Dieu m'a révélé que I.P. Gandhi, qui était le premier ministre féminin de l'Inde allait mourir. Dieu me l'a révélé quelques mois avant sa mort et je l'ai dit aux membres de notre église. En octobre de cette année là, j'ai lu dans le journal un article disant qu'elle avait été assassinée par des Sikhs.

La même année, Dieu m'a fait savoir que le président Reagan et le premier ministre Margaret Thatcher seraient réélus. Margaret Thatcher avait de la bravoure comme un homme et aussi avec son humilité et sa docilité, elle a essayé d'être sans blâmes devant Dieu. Elle n'a pas mis son esprit sur l'autorité et la prospérité et elle a servi son peuple avec amour. Dieu m'a dit que ces personnes étaient aimées par le peuple parce qu'elles aimaient le pays et aimaient et servaient le peuple.

En 1985, le Secrétaire Général du Parti Communiste de l'Union Soviétique, K.U Chermenko est mort. Mais plusieurs mois auparavant en 1984, Dieu m'en a montré une vision. De manière à implanter la foi dans nos membres, j'ai dit ce que j'avais vu. Plusieurs mois plus tard, il y a eu des articles à propos de sa maladie, et finalement il est mort.

La déclaration 6/29 et le processus de démocratisation

Le 29 juin 1987, Monsieur Taewoo Roh, le président du Parti Démocratique pour la Justice a lancé la déclaration 6/29. Après les élections générales du 12 février 1985, les partis d'opposition ont critiqué le manque d'authenticité du Président Doohwan Chun, qui avait élu au moyen d'une élection indirecte et ils ont réclamé une élection présidentielle directe. Ils ont insisté pour que le peuple du pays élise directement le président.

Contre ces mouvements, le 13 avril 1987, le Président Doohwan Chun a lancé la 'Protection de la Constitution' pour arrêter toutes les discussions au sujet de la modification de la constitution et de restituer le gouvernement selon cette constitution. Le 10 juin, il a conduit la convention du Parti Démocratique pour la Justice et il a élu Taewoo Roh en tant que candidat présidentiel du parti dans une tentative d'étendre le gouvernement militaire. Dans cette situation, un étudiant d'université appelé Jongcheol Park est mort des suites de tortures par la police. À partir du 10 juin, de grandes manifestations ont commencé partout dans le pays. Le 26 juin plus d'un million de personnes dans 37 villes ont manifesté jusque tard dans la nuit. Étant donné qu'il n'y avait pas suffisamment de policiers pour contrôler ces manifestations, le gouvernement a considéré engager la force militaire. Mais finalement les modérés l'ont emporté. Ils ont décidé d'accepter la demande populaire pour une élection directe et c'était la déclaration 6/29.

Le 15 juin 1987 je menais une réunion de réveil à l'église Cheil de Bupyeong. Le 18 juin Dieu m'a soudainement donné une vision et une révélation. Il m'a expliqué que la déclaration 6/29 serait rédigée et aussi son contenu. Parce qu'Il m'a fait savoir qu'il y aurait un grand changement dans le pays sous une forte révélation du Saint Esprit, j'ai compris que les choses évoluaient très rapidement.

Le jour suivant, le 19 juin, j'ai dit ces choses aux membres de mon église en acronymes et j'ai fait imprimer ces acronymes dans le bulletin hebdomadaire du dimanche suivant. Le gouvernement discutait à ce sujet dans le secret, et c'était une chose difficile à imaginer en tant que citoyen ordinaire.

Imprimer à l'avance le progrès dans le bulletin hebdomadaire le 21 juin 1987

Considérant la situation politique du gouvernement dictatorial de l'époque, j'ai fait imprimer les acronymes dans le bulletin hebdomadaire suivant à l'arrière. Nous avons toujours ce bulletin. Ces acronymes étaient en caractères coréens Hangul, «Min, Gey, Yak, Sei, Dae, Gye, Chong, Mo, Roh, Hu, Dae.» Et j'ai expliqué les détails des acronymes le dimanche 5 juillet pendant le culte de dimanche.

Cela signifiait, «le Président (Dae) a édicté la 'Protection de la Constitution' pour soutenir le candidat présidentiel (Hu) Taewoo Roh (Roh). Mais tandis qu'un homme est tué (Chong) dans la tête (Ho), tous les plans (Gye) de la 'Protection de la Constitution' échoueraient. L'influence(Sei) du président(Dae) Cheon a été affaiblie(Yak) par l'opposition du peuple et que pour accéder à la demande du peuple, il allait édicter la déclaration 6/29. Il y aura un amendement(Gey) de la constitution pour tenir des élections directes et cela sera le début de la démocratisation(Min).»

Pour votre information, les 8 provisions de la Déclaration 6/29 sont les suivantes :

1. Transmission pacifique du gouvernement en février 1988 au travers d'un amendement constitutionnel

2. Contrôle juste des élections par la modification des lois d'élection présidentielle

3. Amnistie et restauration de Mr. Daejung Kim

4. Respect de la dignité humaine et amélioration des droits humains

5. Permission de la liberté d'expression

6. Autonomie locale, liberté des collèges et autonomie de l'éducation

7. Actes de garantie des différents partis

8. Actes de résolution de purification sociale

Le résultat de l'élection présidentielle

En Décembre 1987, avant la 13ème élection présidentielle, j'ai prié à ce sujet, «Dieu, quelle est Ta volonté? Quel sera le président le plus adéquat selon Ta volonté? Qui deviendra en fait président?»

Dieu m'a fait savoir que le candidat Taewoo Roh deviendrait président dans cette élection. Alors Dieu m'a montré le candidat Youngsam Kim dans un wagon fleuri allant à la Maison Bleue, le palais présidentiel, après Mr. Roh et le candidat Daejung Kim est entré dans la Maison Bleue dans un wagon fleuri.

Dieu m'a aussi expliqué que si Youngsam Kim et Daejung Kim étaient unis, le candidat Youngsam Kim serait le président d'abord et qu'ensuite Daejung Kim serait le président. Comme le Seigneur me montrait cette vision, il a expliqué que la volonté de Dieu était que ces deux candidats soient unis, mais que parce qu'ils ne seraient pas unis dans cette élection, le candidat Taewoo Roh deviendrait président.

Dieu m'a aussi fait savoir que le candidat Roh aurait plus de voix que prévu que le second serait le candidat Youngsam Kim et que le troisième serait le candidat Daejung Kim et le quatrième le candidat Jongpil Kim qui n'aurait que quelques votes. Il m'a aussi fait connaître dans le détail comment les candidats Youngsam Kim et Daejung Kim pourraient être unis et que si cela se produisait, le candidat Youngsam Kim serait le président.

J'ai écrit une lettre avec ce contenu et j'ai demandé à un membre de mon église de la remettre au candidat Youngsam Kim à sa résidence de Sangdo Dong. Ce membre de l'église s'est rendu à la résidence du candidat Youngsam Kim, mais il est allé à Busan pour un discours électoral et ainsi nous avons donné la lettre à sa femme. Elle a immédiatement lu la lettre et a dit qu'elle la donnerait à son mari. Nous avons toujours la copie de cette lettre à l'église. Finalement, parce que les deux candidats ne se sont pas unis, le candidat Taewoo Roh a été élu en tant que président.

Chapitre 6

La Croissance
de l'Eglise et les
Epreuves

Privé du Droit de Parler et le Marteau Brisé

En fait, la dénomination à laquelle mon église appartenait était l'union de l'Eglise de Sanctification de Corée. Depuis l'ouverture de l'église, je faisais de mon mieux pour collaborer avec la dénomination et mon église grandissait continuellement.

Après l'union avec une autre dénomination

Mais le 13 décembre 1988, notre dénomination et l'Eglise de Sanctification de Corée à Anyang ont été unifiées et nous avons été intégrés dans la dénomination d'Anyang. C'était lorsque le pasteur Taekwo Sohn, mon professeur de séminaire était le président de l'Union de l'Eglise de Sanctification de Corée et à sa suggestion les églises ont été unifiées. A ce moment, mon église avait une croissance qui ouvrait les yeux. Lorsque notre cinquième église filiale a été établie à Suwon, l'Assemblée

Générale de la dénomination a objecté au nom de notre église filiale. Ils ont dit que c'était un problème d'avoir le nom 'Manmin' dans notre église filiale et nous devions changer le nom en «Eglise Suwon Deokwoo.»

En Décembre 1989, j'ai reçu une lettre officielle de l'Assemblée Générale pour me dire qu'il y aurait une mise en examen et que je devais être présent à 11 heures. Le 18 décembre, je suis arrivé dans la salle d'assemblée vers 10h30, mais il n'y a pas eu d'annonce d'un quelconque changement avant midi. C'était bien après midi que j'ai été appelé et suis entré dans la salle de réunion. Il y avait six pasteurs qui étaient des membres de l'Assemblée Générale. Dès qu'ils m'ont vu, ils ont promptement commencé à me poser des questions. Je pensais que nous devions commencer avec la prière étant donné que c'était une réunion de pasteurs. J'étais donc déçu parce que ce n'était pas réellement comme cela. Ils ont matraqué avec des questions et des accusations.

«J'ai entendu que tu as dit que Jésus revenait dans 3 ou 4 ans, est-ce exact?»
«Je n'ai jamais dit une chose pareille.»
«Tu dis un mensonge! Tu es un pasteur menteur.»

J'étais abasourdi par ces questions. Ils m'ont dit que je n'avais pas à donner d'explications mais que je devais seulement répondre par 'oui' ou par 'non'.

«Tu mens très bien ainsi et c'est pourquoi tu trompes des milliers de brebis. Ne crois-tu pas que nous pouvons aussi avoir autant de membres en racontant des mensonges?» «On dit que tu reçois des révélations. Ainsi as-tu d'autres paroles que celles des 66 livres de la Bible ?»

«Cela ne s'est jamais produit.»

«Menteur! Tu empêches les membres de l'église d'aller travailler, et tu dis aux étudiants de ne pas étudier!»

«Je n'ai jamais fait cela.»

«Tu danses une danse de sorciers à l'autel!»

«Je n'ai jamais fait pareille chose.»

Les questions absurdes ont continué. Toutes ces questions provenaient de malentendus. Ils ne m'ont laissé aucun temps pour expliquer aucune de ces accusations. Un certain pasteur que j'appellerai 'Pasteur S' qui m'interrogeait, m'a donné neuf clauses qui avaient été préparées à l'avance. Je ne savais même pas que ces questions absurdes faisaient partie d'un plan pour amener un jugement. Ces neuf clauses avaient été envoyées à mon église. Ils disaient que si nous ne corrigions pas ces neuf choses, le jugement de la réunion d'examen se poursuivrait. Les clauses comprenaient : interdiction de vendre mon mémoire témoignage «*Goûter à la Vie Eternelle avant la Mort*»; interdiction de vente de mes cassettes de sermons ; interdiction d'utiliser le nom de Manmin lorsque nous établissons des églises filiales ; et interdiction des danses saintes (danses accompagnant les chants de louange). Toutes ces choses étaient inacceptables pour moi.

Concernant cette 'lettre officielle', j'ai soumis des réponses avec des explications dans le détail. J'ai ajouté que j'avais écrit la lettre parce que je n'avais rien trouvé qui soit contraire à la parole de Dieu et s'il y avait quelque chose de mauvais, qu'ils me le fassent savoir. Après plusieurs mois, l'assemblée générale m'a envoyé une réponse disant qu'ils avaient refusé d'accepter mes réponses en ne donnant aucune explication.

Privé du droit de parler

L'Assemblée Générale de la dénomination s'est tenue pendant deux jours, du 30 avril au 1er mai. J'étais un membre du comité des représentants de l'assemblée et j'y ai assisté. Il y avait deux autres membres du comité qui étaient des anciens dans mon église. Mais nous ne pouvions trouver de siège portant mon nom. J'ai réalisé qu'il y avait un plan pour m'excommunier. J'ai essayé de trouver mon nom ici et là mais je n'ai pu le trouver. Mon nom n'était pas non plus sur la liste des membres du conseil. N'avoir aucun siège signifie que je n'avais pas le droit de parler. Mais parce que je devais leur faire entendre la vérité, je regardais l'assemblée d'un siège du fond.

Lorsque l'assemblée générale a commencé le 1er mai, mon nom a été mentionné. Le 'Pasteur S', le chef du comité d'examen, a commencé à dire des choses qui me condamnaient. Ils m'ont privé d'un droit de parole devant l'assemblée, et ensuite selon leur agenda, ils ont continué la réunion. Tout le contenu dit à mon sujet n'était pas la vérité, tel que :

«Le pasteur Jaerock Lee a dit qu'il connaissait la date du retour du Seigneur. C'est écrit dans telle ou telle page de son livre de témoignage.»

Je n'ai jamais dit que je connaissais la date du retour du

Seigneur. Je ne connais pas cette date et bien sûr une telle chose n'est pas écrite dans mon livre de témoignage, mais parce que les participants n'étaient pas capables à ce moment de lire mon livre, ils ont simplement cru ce qui leur était présenté et ils ont dû participer au vote. « Parce que le pasteur Jaerock Lee est profondément dans l'erreur, excommunions-le. Je vous prie de lever la main si vous êtes d'accord. »

Dans la réunion de vote pour mon excommunication, la plupart des 300 membres du comité se sont levés et ont quitté leur siège et à peu près 90 membres sont restés. Parmi eux, près de 30 personnes ont levé la main et c'était déjà ceux qui s'étaient mis d'accord d'avance de le faire. Nos gens ont compté le nombre de personnes qui ont levé la main. C'était 30 personnes, mais le président a annoncé, « Quarante huit membres ont levé la main, ce qui représente plus de la moitié, et la mention est donc acceptée. » Il a alors frappé avec le maillet et j'ai alors été excommunié alors que seulement 30 des 300 membres étaient d'accord.

Le maillet brisé.

Mais lorsque le président a frappé avec le maillet, la tête en a été brisée et est tombée sur le sol. Apparemment ce n'était pas quelque chose d'habituel. Rien qu'en voyant la tête du maillet se briser, on pouvait voir que le jugement n'était pas juste aux yeux de Dieu. Moi, en tant que victime n'avais pas été autorité à prononcer un seul mot. A ce moment, l'ancien Boaz Jungho Lee a reçu avec peine le droit de parler, disant, « Tout ce qui a été dit jusqu'à présent n'est pas vrai. Comment pouvez-vous le juger sans l'entendre même une seule fois? Il est présent ici, ne devons-nous donc pas l'écouter?»

«Alors, nous lui donnerons le droit de parler. Retournez à votre siège.»

Cependant, le président ne m'a pas donné de chance de me défendre, malgré sa promesse. Même après que l'ancien Boaz soit retourné à son siège, je n'ai reçu aucune chance de parler, et il a commencé à argumenter à voix haute.

«Président, je suis retourné à ma place parce que vous aviez dit que vous donneriez le droit au Pasteur Jaerock Lee de parler, mais pourquoi ne lui donnez-vous pas ce droit?»

Le président a simplement ignoré l'objection de l'ancien Lee. Tout s'est terminé si rapidement. Rien que pour obtenir le droit de parler, j'étais assis ici depuis tôt le matin pendant 7 heures en accumulant tant de refoulement, mais cela ne m'a jamais été concédé jusqu'à la fin. Même pour un condamné à mort, ils lui laisseraient une chance de se défendre. Même dans un état dictatorial ou un procès du parti communiste, ils écouteraient le suspect. Mais on ne m'a même pas donné une chance de parler, malgré que j'aie été faussement enterré dans la dénomination.

Litiges que la Bible enseigne

La Bible nous enseigne d'avoir au moins deux à trois témoins même pour accuser un ancien (1 Timothée 5 :19). Et au sujet d'un serviteur de Dieu, un pasteur, ils auraient dû certainement me donner une chance de me défendre, mais ils m'ont complètement empêché de prononcer même une seule parole et ils m'ont unilatéralement condamné. Pour empirer la chose, leurs accusations n'étaient pas vraies du tout mais c'étaient des choses fabriquées.

Lorsque David était poursuivi par le roi Saul qui était jaloux de lui, David a eu à une occasion la chance de tuer le roi Saul, mais il ne l'a pas tué. Il a dit, «*Que l'Éternel me garde de commettre contre mon seigneur, l'oint de l'Éternel, une action telle que de porter ma main sur lui! car il est l'oint de l'Éternel.*» (1 Samuel 24 :6). Malgré que Saul était abandonné par Dieu, il avait à un moment donné été oint par Dieu. Seul Dieu peut traiter avec Son serviteur qui a été oint par Lui, mais ils m'ont simplement excommunié selon leur volonté.

J'aurais pu l'éviter en disant une seule fois 'Oui'

Certains pasteurs qui étaient dans l'assemblée se sont sentis désolés pour moi et ils m'ont conseillé en disant, «Pasteur, parce que ton église grandit tellement, tu es devenu l'objet des jalousies. Pourquoi ne dis-tu pas une seule fois seulement 'Oui' à ce que d'autres pasteurs principaux te demandent? Dis seulement 'Oui' une seule fois! S'ils disent que le coca est du cidre, répond 'Amen' et s'ils disent que le cidre est du coca, répond aussi 'Amen'.» Je ne me suis pas compromis avec l'injustice mais j'ai toujours suivi le droit chemin. Je me souviens de Daniel quand il allait être jeté dans la fosse aux lions et même à ce moment il ne s'est pas compromis avec l'injustice. Alors j'ai pensé au moment où les trois amis de Daniel ne voulaient pas se compromettre même lorsqu'ils étaient jetés dans la fournaise ardente. Quand j'ai pensé à cela je ne me suis pas reposé sur le monde mais sur Dieu seulement.

Tandis que cette nouvelle se répandait dans notre église, des centaines de membres se sont rendus auprès des deux pasteurs qui conduisaient le mouvement d'excommunication pour protester. Aussi, beaucoup d'autres pasteurs qui connaissaient la vérité ont appelé ces pasteurs pour protester. Alors le président de la dénomination m'a appelé et m'a demandé de le rencontrer. «Je vais oublier les choses qui se sont déroulées. Dis-moi seulement une seule chose.» Il a dit, «Alors je restaurerai ton nom et nous retournerons à notre ancienne relation que nous avions avant tout cela. Dis-moi simplement que tu diras «oui» aux neuf clauses et que tu les reconnaîtras.» Mais je ne pouvais pas admettre que c'était la vérité. Comment pourrais-je vraiment me compromettre avec le mensonge juste par peur d'être excommunié? J'étais si triste et plein de regrets pendant toute la semaine et j'ai perdu quatre kilos. Lorsque je pensais aux deux pasteurs qui m'avaient unilatéralement condamné, je ne pouvais m'empêcher d'avoir des regrets et j'étais désolé pour eux. Un des pasteurs que j'appellerai pasteur 'K' qui était un des présidents de la dénomination disait souvent, «L'Eglise Centrale Manmin n'est pas bibliquement hérétique.»

J'ai publié un livre intitulé, le Ciel déclarera la justice et je l'ai envoyé aux églises de Corée, indépendamment de la dénomination. Lorsque cela s'est produit, pendant que je priais, Dieu m'a prononcé ces paroles,

«Tu aurais pu décider de quitter toi-même la dénomination et tu ne serais donc pas passé par le déshonneur d'être excommunié. Mais tu n'as pas choisi d'agir ainsi de manière à ne pas trahir toi-même ta dénomination. C'est cela le type de serviteur et d'enfant que Je recherche. Tu as choisi la voie juste,

et rapidement tu deviendras la tête d'associations d'églises.»

Dieu nous a conduit à établir une nouvelle dénomination de manière à ce que nous puissions éviter des prohibitions déraisonnables et travailler pour le royaume de Dieu avec toute notre énergie. Le 1er juillet 1991, l'Assemblée Générale de l'Eglise Unifiée de Sanctification de Corée a été établie, et j'ai été élu président. Après avoir traversé une grande épreuve, j'ai pu sentir que Dieu avait déversé sur moi une plus grande puissance.

Menant des réunions de Réveil dans tout le Pays

Depuis que j'ai été ordonné en tant que pasteur en 1986, j'ai été invité à de nombreux endroits partout dans le pays pour parler dans des réunions de réveil. Depuis 1987, j'ai parlé chaque moi à des réveils inter-dénominationnels y compris dans les villes de Pohang et Daegu. Je parlais le plus souvent de la prière faite en criant vers Dieu et pourquoi Jésus est notre seul Sauveur. Les deux sont des sujets développés dans le *'Message de la Croix.'*

Les deuxième et troisième jours des réveils, les pasteurs recevaient une grâce de la parole prêchée tandis qu'ils comprenaient les significations spirituelles contenues dans la parole de Dieu, et contrairement au début du réveil, ils m'étaient reconnaissants avec des attitudes d'humilité.

La Grande Diaconesse Boonhan Cho guérie du zona

En Mars 1990, à l'invitation d'une église à Daegu, je suis allé. J'ai aussi pu visiter la Grande Diaconesse Boonhan Cho dans sa maison. Elle avait 77 ans en ce temps là et elle souffrait grandement d'un zona. A ce moment là, son petit-fils le Diacre Alvin Joonha Hwang travaillait en tant qu'officier médecin à l'armée à Jinhae City, alors qu'il avait terminé son diplôme de doctorat en médecine à l'Université de Corée. Le diacre Joonha Hwang avait une foi sincère, et il est à plusieurs reprises venu pour prendre soin de sa grand-mère. Elle a aussi visité notre église pendant un temps avec une aspiration pour la parole vivante de Dieu. La Grande Diaconesse Boonhan Cho avait aussi des furoncles sur la peau et ils éclataient, et cela causait une grave arthrite en tant qu'effet secondaire. Les virus ont touché les nerfs internes, et cela occasionnait tant de douleur qu'elle criait le jour et la nuit. Elle ne pouvait pas du tout bouger et elle était couchée en permanence. Ses membres étaient contractés et elle avait de grandes difficultés pour manger et dormir. Elle en était réduite à la peau et les os. Elle espérait seulement mourir rapidement. Bien sûr, les souffrances des membres de sa famille qui la soignaient était aussi grandes.

Je lui ai imposé les mains et j'ai prié pour elle, et dès que la prière a été finie, elle a soudainement crié, «Le démon sort!» et elle a levé la main droite. Parce qu'elle souffrait de zona au côté droit du cou et à l'épaule droite, c'était encore plus difficile de bouger son bras droit. Mais elle s'est rapidement levée et elle s'est rendue compte que le démon qui avait causé cette maladie l'avait quittée. Elle était complètement guérie.

En plus de son beau-fils qui était professeur à l'Université

Nationale Kyoungpook à Daegu, ses enfants voulaient la soigner, mais elle est venue à Séoul, a loué une petite maison près de l'église et a mené une vie chrétienne saine pour un long moment dans la plénitude du Saint Esprit.

Malgré des Désordres contre le Réveil Unifié de Daegu

Le 4 Mai 1990, j'étais invité à parler dans une réunion au Centre de Prières de la Montagne Jooahm à Daegu City. Elle était organisée par l'Union Missionnaire de la Province de Keyong Sang. Il y avait tellement de gens qu'ils étaient même assis au bas et au haut de l'autel. Malgré cela tous ne pouvaient pas entrer dans le sanctuaire. Nous avons donc enlevé les panneaux des fenêtres pour ceux qui assistaient au culte de l'extérieur. Même les membres de la chorale ne pouvaient pas entrer et ils ont dû chanter à l'extérieur. Par la grâce de Dieu, de nombreux pasteurs assistaient et de nombreuses œuvres de guérisons se sont produites.

L'organisateur de cette réunion, à cause de son grand succès, a tenu une plus grande réunion l'année suivante. Ils ont loué le gymnase de Daegu. De nombreuses organisations missionnaires ont soutenu cette réunion par leurs prières. La dénomination qui m'avait condamné a essayé de perturber cette réunion.

Tout juste une semaine avant la réunion, lors de la veillée de vendredi, les paroles de Dieu sont venues sur moi. Je devais demander à tous les membres de l'église de jeûner un jour le dimanche suivant pour chasser la synagogue de Satan. Jusque là, je n'étais pas au courant de ce qui se passait à Daegu. Le samedi, j'ai reçu le rapport des ouvriers de l'église qui avaient visité Daegu et j'ai compris ce qui se passait.

La dénomination qui m'avait condamnée a envoyé une lettre officielle au président du comité d'organisation, à la presse et à d'autres organisations impliquées en disant que j'avais été condamné en tant qu'hérétique et excommunié, dans une tentative d'annuler la réunion. Alors l'assemblée de la dénomination «J» des pasteurs qui avaient soutenu la réunion a envoyé des lettres officielles à chacune de leurs églises en disant, «Parce que le Révérend Jaerock Lee est hérétique, nous allons condamner en tant qu'hérétiques, ceux qui soutiennent cette réunion.» A cause de cela de nombreuses organisations de soutien et des pasteurs qui avaient prié pour cette réunion n'ont plus été capables d'aider. Il y avait de nombreuses fausses rumeurs qui se propageaient, y compris la rumeur que la réunion avait été annulée.

Le 18 Mars 1991, sans avoir une chance de parler de la position de notre église et de la vérité, la réunion a commencé. Ces organisations de soutien qui croyaient à ces lettres qui avaient été envoyées nous ont tourné le dos. Mais malgré la pression de l'assemblée de la dénomination, de nombreux pasteurs ont participé à la réunion. Quelle chose réconfortante! Etant donné que Dieu avait touché le cœur des membres de notre église, ils sont partis pour Daegu et ils ont préparé la réunion. Soudain, elle était tenue par notre église, mais il y avait de nombreux participants et elle s'est terminée par la grâce de Dieu.

L'ennemi diable a essayé d'annuler cette réunion et il a apporté une grande opposition, mais parce que Dieu sait tout dans les pensées et les cœurs des hommes, Il nous a permis de jeûner et de prier d'avance. Finalement, cela a tourné au bien de toute chose.

«Que dirons-nous donc à l'égard de ces choses? Si

Dieu est pour nous, qui sera contre nous? Lui, qui n'a point épargné son propre Fils, mais qui l'a livré pour nous tous, comment ne nous donnera-t-il pas aussi toutes choses avec lui? Qui accusera les élus de Dieu? C'est Dieu qui justifie! Qui les condamnera? Christ est mort; bien plus, il est ressuscité, il est à la droite de Dieu, et il intercède pour nous! Qui nous séparera de l'amour de Christ? Sera-ce la tribulation, ou l'angoisse, ou la persécution, ou la faim, ou la nudité, ou le péril, ou l'épée? selon qu'il est écrit: C'est à cause de toi qu'on nous met à mort tout le jour; Qu'on nous regarde comme des brebis destinées à la boucherie. Mais dans toutes ces choses nous sommes plus que vainqueurs par celui qui nous a aimés.» (Romains 8 :31-37)

Déménageant vers un Nouveau Sanctuaire par la Foi

En Mars 1987, nous ne pouvions plus accommoder le nombre grandissant de membres de l'église dans notre sanctuaire et nous étions en prières pour obtenir un nouvel endroit plus grand. À Shindaebang Dong, là où notre église avait commencé, un nouveau bâtiment avait été construit et nous avons loué les deuxième et troisième étages.

Du 13 au 17 avril, nous avons tenu une réunion de réveil commémorant le déménagement vers un nouveau bâtiment. Le thème était, «Tous ceux qui m'appellent Seigneur! Seigneur, n'entreront pas,» et j'ai prêché sur la grâce, le Saint Esprit, la Foi et la Vie Eternelle. Trois mois après la réunion de réveil, le sanctuaire de près de 1.600 yards carrés était rempli!

Tandis que nous criions dans la prière

Comme aujourd'hui, les membres de notre église priaient 3 heures chaque jour dans la Réunion de Prières du Soir de Daniel. Nous avons mis de la mousse de polystyrène dans les encadrements des fenêtres pour empêcher le son de sortir. Heureusement, en face de l'église il n'y avait qu'une place de marché et non pas un quartier résidentiel.

Un jour, dans une réunion de quartier de cet endroit, une personne a fait une mention à l'agenda de la réunion concernant le bruit provenant de notre église. Mais un membre de l'association des femmes a dit, «ils ferment même les fenêtres au milieu de l'été et ils ont même mis de la mousse de polystyrène dans l'encadrement des fenêtres. Le son des prières ressemble pour moi à une berceuse.» Ils n'en ont plus parlé. Un jour, un citoyen s'est plaint à un commissariat. Le policier qui a reçu cette plainte a dit, «Vous dormez et ces gens prient pour ce pays sans prendre de repos. Que se passe-t-il avec vous?» La personne qui se plaignait ne pouvait plus rien dire.

Surmontant une Crise par la Grâce de Dieu

Dieu ne voulait pas que nous restions complaisants avec la manière dont se passaient les choses à ce moment là. Il a permis une épreuve pour nous qui nous permettrait de déménager vers un endroit plus vaste. En Avril 1988, non seulement le sanctuaire principal, mais aussi les bureaux, la cage d'escalier et même le corridor étaient remplis de gens qui assistaient au culte d'adoration. En ce temps là, au sous-sol de ce même bâtiment, il y avait des supermarchés. Parce que les ventes n'étaient pas bonnes, l'un après l'autre ils fermaient. Nous avions également un contrat pour acheter le sous-sol, mais soudainement, les marchands du marché et les résidents s'y sont opposés. Ils répandaient une fausse rumeur selon laquelle l'église essayait de chasser tous les marchands de la place.

Ces gens faisaient des rituels shamaniques en face de la porte de l'église les dimanches, et ils jouaient très fort des tambours traditionnels coréens. Même lorsque nous appelions la police, la police ne venait et ne vérifiait que lorsque tout était terminé. Le gouvernement de la ville était derrière cela. En ce temps là, Mr «S» qui était un membre du parti d'opposition a visité notre église à de nombreuses reprises et il a eu une communion fraternelle avec moi. Il a reçu ma prière avant les élections et il a été élu. Alors le candidat du parti majoritaire qui avait perdu l'élection a cru qu'étant donné que notre église avait soutenu le parti d'opposition, ce serait difficile pour lui de gagner les élections lors des prochaines élections. Il a donc utilisé certaines influences au bureau gouvernemental du district et dans les bureaux de police pour chasser notre église. Ce n'est qu'après un temps assez long que j'ai compris cette situation. Les ouvriers de l'église ont dit qu'ils ne pouvaient plus le supporter et ils voulaient aller au bureau gouvernemental du district pour protester. Ils voulaient aussi entamer une action en justice, mais je les ai dissuadés de faire quelque chose. Je les ai persuadés avec la parole de Dieu qui nous dit de rendre le bien pour le mal.

Les membres de l'église ont obéi à ma parole. Ils ont supporté l'opposition des résidents locaux et ont essayé de les servir. Mais tandis que le temps passait, les persécutions sont même devenues plus intenses. Le bureau du «Dong» local, le bureau gouvernemental du district, le représentant local du service, le président de l'association des femmes et même les citoyens âgés sont venus pour déranger le culte d'adoration et le service d'incendie est venu chaque jour pour vérifier notre église pour nous donner du mauvais temps.

Je me suis seulement agenouillé devant Dieu pour prier. Et un jour, j'ai entendu que ceux qui essayaient de chasser notre église voulaient me rencontrer. Lorsque je me suis rendu au bureau local de service, il y avait plus de dix représentants des différents secteurs de ce quartier.

«Pasteur, sauve-nous! Nous souffrons tellement. Il nous semble que nous tombons en enfer.» «Nous voulons quitter cet endroit, mais nous n'avons pas un endroit suffisamment grand et nous n'avons pas assez d'argent non plus.» «Pasteur combien as-tu besoin pour déménager ton sanctuaire?»

Ils m'ont raconté leur histoire, et j'ai pu voir Dieu travailler en eux. Parmi ceux qui se trouvaient à l'avant-garde de la protestation pour chasser notre église de son emplacement, il y en a eu beaucoup qui sont soudainement tombés malades de différentes maladies. La rumeur de ce qui se passait s'est rapidement répandue, et il y avait des gens qui étaient devenus effrayés en entendant la nouvelle. Ceux qui étaient actifs à conduire ce mouvement contre nous se voyaient tomber en enfer. Parce qu'ils ne pouvaient pas supporter cette peur, ils voulaient me rencontrer. Ils nous ont donné 300 millions de wons (300.000 dollars US) en ce temps là, ce qui était le montant nécessaire pour déménager notre sanctuaire. Nous n'avions même pas quelques dizaines de milliers de dollars et c'était pour nous un très gros montant.

Lorsque le roi Abimelech a pris Sarah en pensant que c'était la sœur d'Abraham, Dieu est apparu dans son rêve et lui a dit que Sarah était la femme d'Abraham, et Il lui a ordonné de la laisser aller. Abimelech n'a pas seulement renvoyé Sarah, mais il a aussi envoyé des moutons, des vaches et des serviteurs à Abraham (Genèse 20). Lorsque Dieu a travaillé, Abraham a surmonté la crise et a été bien traité. De la même manière, notre église a aussi surmonté la crise par l'intervention de Dieu.

La terre préparée par Dieu était devant nous

Nous avons prié, «Dieu, donne-nous un terrain de plus de 56.000 pieds carrés.» Près de l'église, il y avait un bâtiment qui avait à peu près 6.000 yards carrés, et nous avons prié fort pour déménager vers ce bâtiment. Mais un jour en 1990, l'Académie de la Force Aérienne, qui se trouvait dans le parc de Boramae a annoncé qu'elle allait déménager, et que l'endroit deviendrait un parc. Le gouvernement de la ville de Séoul allait vendre le terrain à des investisseurs privés. J'ai réalisé que Dieu préparait un terrain pour notre église dans le parc Boramae. Il y aurait de nombreux avantages. C'est la raison pour laquelle Dieu m'a dirigé à Shindaebang pour ouvrir l'église. Lorsque nous avons prié pour entrer dans le parc Boramae, le Seigneur nous a dit, *«Je vous ai donné le terrain, allez, prenez-le. Toute votre assemblée doit montrer de la foi. Lorsque vous aurez conquis la terre promise, je prendrai soin de tout.»* Notre église a aussi participé à l'offre, mais c'était difficile d'acheter même 4.000 yards carrés de terrain avec la foi des membres de l'église en ce temps là. Il n'y avait qu'une minorité de membres qui montraient leur foi.

Dieu a conduit le peuple d'Israël vers la terre de Canaan, mais ils n'ont pu entrer dans le pays parce qu'ils avaient désobéi. Seuls leurs enfants ont pu entrer dans le pays. Parce que nous n'avons pas pu montrer notre foi comme c'était demandé, Dieu nous a conduit vers un deuxième endroit à Guro Dong. Il avait préparé un bâtiment dans un quartier industriel qui avait à peu près 10.000 yards carrés.

Culte d'Inauguration du Nouveau Sanctuaire et Perturbations Incessantes

Le complexe industriel de Guro était un endroit qui a ouvert le chemin pour l'industrialisation de la Corée. En ce temps là, il y avait de nombreuses usines là-bas. Notre quatrième sanctuaire, le sanctuaire Guro Dong, avait abrité une société appelée Shin Ae Electronique. Avant que cette société ne fasse faillite, j'avais rencontré son propriétaire.

Il m'avait dit, «Pasteur Principal, je voudrais construire le sanctuaire de l'Eglise Centrale Manmin sur ce site.» Il venait de me rencontrer pour la première fois, mais il m'a dit qu'il voulait construire l'église Centrale Manmin sur le terrain de sa société. Je l'ai pris au mot et j'ai cru ce qu'il avait dit. Je lui ai répondu, «Amen.» Plus tard, Shin Ae Electronique a fait faillite, et le propriétaire a fui aux Etats Unis. La Grande Diaconesse Shin Ae Hyeon est devenue présidente à sa place. Mais à cause du gros montant des dettes, une grève des travailleurs et les ouvriers qui demandaient le payement de leurs salaires impayés, elle passait des moments difficiles. Alors elle a prié pour que le site de la société puisse être utilisé pour le royaume de Dieu par l'un de ces pasteurs réputés. En ce temps là, elle a reçu la réponse de Dieu qui lui disait, «*Donne le terrain au Révérend Jaerock Lee que j'aime.*» Après m'avoir recherché, elle m'a finalement trouvé. Lorsque j'ai reçu son appel, j'ai été chez elle où elle conduisait des réveils, pour la saluer formellement. L'endroit était à Yongsan où j'avais expérimenté la guérison divine dans son église en 1974. Après cela, je ne l'ai rencontrée officiellement qu'une seule fois. Nous ne nous étions plus jamais rencontrés depuis ce moment là et elle ne se souvenait plus du tout de moi.

Elle m'a expliqué le processus qu'elle a traversé pour me trouver. Dieu a ému mon cœur et nous avons décidé d'acheter ce complexe. Nous avions besoin de 10 milliards de wons (10 millions de dollars US), et pour résoudre immédiatement le problème avec les ouvriers, nous avions besoin de 2 milliards de wons (2 millions de dollars US).

Service de Dédicace du Nouveau Sanctuaire

Le 10 février 1991, nous avons quitté l'église de Shindaebang Dong, et nous avons tenu le culte de dédicace. Nous avons payé les créditeurs et les salaires impayés. Alors, nous avons commencé à rénover le bâtiment en un bâtiment d'église.

Lorsque nous avons déménagé, nous n'avions que 300 millions de wons (300.000 dollars US) que nous avions reçus de l'ancien bâtiment. En regardant donc à la réalité de la situation, nous ne pouvions même pas accomplir un seul pas en conduisant tant de membres. Mais parce que nous étions sûrs que Dieu nous conduisait, nous avons avancé avec foi. Un an après avoir déménagé, la banque l'a de nouveau mis aux enchères, mais nous n'avions pas d'argent. La banque a dit, «Vous l'église, vous avez toujours résolu les situations difficiles de la société qui avait des problèmes avec les syndicats ; et vous avez dépensé beaucoup d'argent pour la transformer en église. Mais qui croyez-vous va spéculer dans cet endroit?» Ils nous ont dit d'acheter le complexe lorsque le prix baissait. Mais la réalité était différente. Une certaine société a acheté le complexe en tant que part de leurs spéculations immobilières. Ils nous ont demandé d'évacuer les lieux. Bien sûr, nous n'avions aucun endroit où aller, et nous ne pouvions aller nulle part.

Le 15 février 1992, la société qui avait acheté le complexe a amené plus ou moins 100 exécuteurs et ils ont enlevé les biens de l'église. Certains des ouvriers de l'église ont même été battus alors qu'ils essayaient de les en empêcher. Bien sûr, cette société a entamé une action judiciaire criminelle contre nous, en disant que nous avions violé la loi. Pendant tout ce temps, Dieu avait conduit nos membres à aimer l'église et à prier encore plus. Il a ensuite changé le cœur de ceux qui avaient acheté le complexe, et ils ont signé un nouveau contrat avec nous. Nous avons dès lors commencé à rembourser le prix du complexe.

Perturbations contre la Croisade d'Evangélisation de Séoul

Du 18 au 21 mai 1992, la 'Croisade Evangélique de Séoul' a eu lieu dans notre église, organisée par le 'Comité d'Organisation de la Croisade de Réunification de la Nation 1995, et le Mouvement Evangélique'. Elle s'est tenue avec le mouvement de

Réunification de la Nation et d'Evangélisation avec le soutien du *Kukmin Ilbo*, la Société de Retransmission d'Extrême Orient, le Système de Retransmission Chrétien, le *Quotidien Chrétien, le Journal de l'Eglise Coréenne*, et le Bureau de l'Aumônerie de la Police. L'ennemi diable s'est à nouveau levé pour annuler cette réunion.

Mais il y avait quelques pasteurs réputés y compris le pasteur Hyeon Gyoon Shin et Jaechul Hong qui devaient être orateurs. Ils ont reçu des pressions pour ne pas prêcher à cette campagne. C'étaient à nouveaux ceux qui affirmaient que j'étais hérétique et que j'avais une histoire d'avoir été excommunié de la dénomination. S'ils parlaient à cette réunion, ils devaient rencontrer des situations défavorables dans le futur. Mais ces orateurs savaient que j'étais un pasteur qui suivait la foi de l'évangile avec amour pour le Seigneur Jésus, et ils ne s'y sont pas soumis. La réunion s'est tenue avec succès dans les œuvres du Saint Esprit. De même, du 14 au 17 septembre de la même année, la 'Croisade Unifiée d'Evangélisation des Citoyens de Séoul' s'est tenue dans notre église organisée par l'Association de Réveil de la Chrétienté Coréenne et huit pasteurs y compris le pasteur Jongman Lee ont parlé lors de cette réunion.

Réconciliation avec la dénomination de Sanctification

En Février 1992, l'Eglise Chrétienne de Sanctification de Corée (Anyang), la dénomination qui m'avait condamnée, a commencé à prendre des mesures contre notre église, parce que notre église avait formé une dénomination indépendante et grandissait très vite. Le pasteur 'Y' qui était devenu le président de cette dénomination en ce temps là a lui aussi répandu plusieurs fois des fausses rumeurs auprès du Conseil de Réveil de la Chrétienté Coréenne et de la presse. Tandis que ce type de calomnie se produisait, ce n'était pas uniquement de la diffamation mais cela causait aussi du tort au ministère de prédication de l'évangile. Nous avons finalement décidé que les représentants de notre église devaient poursuivre le pasteur 'Y' pour diffamation.

Le pasteur 'Y' devait maintenant payer l'amende et il était sur le point d'être emprisonné. Il est devenu désespéré et il a nous a demandé à de nombreuses reprises d'annuler les poursuites au travers de mon professeur de séminaire le pasteur Taekwu Sohn. Le pasteur Taekwu Sohn a aussi plaidé avec nous pour annuler le dossier et de nous réconcilier étant donné que le pasteur 'Y' a dit qu'il ne s'impliquerait plus dans les associations d'églises mais qu'il se concentrerait sur son ministère.

Le pasteur 'y' était assez vieux et j'ai eu de la compassion pour lui. Aussi, lorsque je voulais accepter la demande du pasteur Taekwu Sohn d'abandonner la plainte, l'avocat qui était en charge du dossier s'est opposé assez fortement à cette idée. Il a conseillé, «Vous ne devez pas abandonner cette plainte maintenant. J'ai investigué leurs actions antérieures, et si ce problème n'est pas réglé fondamentalement, ils recommenceront les mêmes choses de nouveau.» Malgré le désaccord de l'avocat, j'ai signé le document d'accord mutuel d'abandonner la plainte.

C'était le 20 avril 1993, lorsque nous avons tous deux signé le document. Nous avons toujours la lettre. Le pasteur 'Y' a signé la promesse écrite en disant, «Je suis désolé d'avoir distribué du matériel et d'avoir diffamé le Révérend Jaerock Lee et l'Eglise Centrale Manmin. Je ferai de mon mieux pour ne plus entreprendre ce genre d'action dans le futur et je me concentrerai uniquement sur mon ministère.» Nous avons abandonné la plainte et nous lui avons pardonné, mais comme l'avocat l'avait prévu, plutôt que de nous être reconnaissant, il a continué à perturber notre église. Il a donné l'excuse, «Je ne me suis pas excusé en tant que président de la dénomination, mais uniquement à un niveau personnel.»

L'Hérésie selon la Bible

À cause d'un réveil aussi rapide, je suis devenu connu, mais aussi, certaines personnes ont commencé à penser que j'étais hérétique à cause de la condamnation de l'Eglise Unifiée de Sanctification de Corée. Ceux qui ne m'ont jamais rencontré, n'ont jamais écouté mes messages ou ne sont jamais venus à l'église pourraient nous juger rien qu'en écoutant les autres personnes autour d'eux. Même dans la Bible, l'apôtre Paul qui aimait tellement Jésus Christ et a prêché l'évangile avec toute sa vie a été persécuté et condamné en tant que 'fou', 'une vraie peste' et 'dirigeant de la secte des Nazaréens.' (Actes 24 :5).

À ce point, nous devons considérer ce qu'est la définition de l'hérésie selon la Bible. Dans 2 Pierre 2 :1, il est dit, «*Il y a eu parmi le peuple de faux prophètes, et il y aura de même parmi vous de faux docteurs, qui introduiront des sectes pernicieuses, et qui, reniant le maître qui les a rachetés, attireront sur eux une ruine soudaine.»* Ici, le 'Maître qui les a rachetés' se réfère à Jésus Christ. C'est pourquoi, avant que Jésus ne soit crucifié, ressuscité et ne finisse sa tâche en tant que Sauveur, il n'y a pas de mot comme 'hérésie' dans la Bible. C'est la raison pour laquelle il n'existe pas le mot 'hérésie' dans l'Ancien Testament ni dans les quatre évangiles, c'est-à-dire, Matthieu, Marc, Luc et Jean.

Dans les quatre évangiles, même les scribes, les pharisiens, les prêtres et les grands prêtres n'utilisaient pas le mot 'hérésie' même lorsqu'ils persécutaient Jésus. Uniquement après que Jésus soit ressuscité et ait accompli sa tâche en tant que Christ, ceux qui ont renié leur 'Maître qui les a rachetés' ont été connus et ce n'est que dans le livre de 2 Pierre que la Bible nous a prévenu au sujet de ces gens hérétiques. Le nom de Jésus signifie «Celui qui sauvera son peuple de ses péchés» (Matthieu 1 :21), et Christ signifie 'le Oint'. Ce n'est qu'après que Jésus soit mort et ressuscité, qu'Il a accompli sa tâche de Christ et est devenu notre Sauveur.

C'est pourquoi, lorsque nous terminons nos prières, plutôt que de dire, «Dans le nom de Jésus j'ai prié» ce serait plus parfait dans sa signification spirituelle de dire au nom de Jésus Christ. Dans 1 Jean 2 :22, il est écrit, *«Qui est menteur, sinon celui qui nie que Jésus est le Christ? Celui-là est l'antéchrist, qui nie le Père et le Fils.»* C'est pourquoi, renier Dieu la Trinité (Dieu le Père, Dieu le Fils et Dieu le Saint Esprit) est supposé être de l'hérésie. C'est pourquoi, ce n'est pas juste devant Dieu de juger et de condamner inconsidérément une personne ou une église qui croit en Dieu le Père et accepte Jésus Christ en tant que Sauveur.

Condamner une église où se déroulent les œuvres du Saint Esprit dans le nom de Jésus Christ, signifie condamner et s'opposer au Saint Esprit, et la Bible nous avertit que ce péché ne peut jamais être pardonné. Le Saint Esprit est l'un des membres de la Trinité, et si des gens disent que ces œuvres du Saint Esprit sont des œuvres du diable, cela revient à dire que Dieu est le diable et est hérétique, et comment de telles personnes peuvent-elles être sauvées. A partir de Matthieu 12 :22, Jésus a guéri une personne qui avait été aveugle et sourde à cause d'un démon. Alors, les Pharisiens ont condamné Jésus en disant, *«C'est pourquoi je vous dis: Tout péché et tout blasphème sera pardonné aux hommes, mais le blasphème contre l'Esprit ne sera point pardonné. Quiconque parlera contre le Fils de l'homme, il lui sera pardonné; mais quiconque parlera contre le Saint-Esprit, il ne lui sera pardonné ni dans ce siècle ni dans le siècle à venir.»* (Matthieu 12 :31-32).

Lorsque les Pharisiens ont condamné les œuvres du Saint Esprit manifestées par Jésus au travers de la puissance de Dieu, c'était blasphémer les œuvres du Saint Esprit. C'était un péché tellement grave qu'il ne pouvait pas être pardonné et ils ne pouvaient pas être sauvés.

Test de saigner jusqu'à la mort

En Juin 1992, traversant de nombreuses choses difficiles dans l'église dont je ne pouvais parler avec personne, j'ai passé de nombreuses journées sans prendre de repos, et je n'ai pas pu dormir pendant plusieurs jours. Le niveau de ma fatigue était en dehors de mon contrôle. Surtout que certains pasteurs assistants et ouvriers ont arrêté de prier et ils ont commencé à désobéir, et finalement Dieu a permis une épreuve. Parce que je portais de tels fardeaux sur moi-même, j'étais sur le point de saigner dans le cerveau. Lorsque les membres de l'église étaient malades, je pouvais prier pour eux, mais que se passerait-il si moi je tombais à cause d'une hémorragie cérébrale? Dieu a travaillé de telle manière qu'avant que je ne tombe d'une hémorragie cérébrale, Il a percé une grosse veine dans mon nez pour me laisser saigner.

C'était le samedi 13 juin 1992. Parce que je devais officier à un mariage, je me préparais à sortir. Soudain j'ai eu un saignement de nez et j'ai demandé à un autre pasteur d'officier au mariage à ma place. Le sang coulait par les deux narines et la bouche. Pendant l'après midi, j'ai saigné pendant une heure et demi. Le soir, j'ai de nouveau saigné pendant plus d'une heure. J'ai dû m'asseoir avec la tête en arrière. Si je redressais la tête, le sang coulait immédiatement dans ma gorge et me causait une asphyxie.

Le dimanche matin, j'étais sur le point de me laver, et j'ai recommencé à saigner et je ne pouvais pas aller à l'église. Une grande quantité de sang sortait des narines et coulait dans mon cou. Pendant que je saignais, je me demandais d'où provenait une aussi grande quantité de sang.

Plus de 100 assistants pasteurs et ouvriers de l'église ont entendu les nouvelles de l'église et sont venus à ma résidence. Au début certaines personnes ont commencé à éponger le sang avec des mouchoirs en papier et puis des serviettes, mais étant donné que le sang ne s'arrêtait pas mais continuait à couler, ils ne pouvaient plus le contenir avec cela, j'avais un bassin devant moi. Mais parce que tous savaient que dans ma foi, je ne me repose pas du tout sur les méthodes humaines, personne n'a parlé d'aller à l'hôpital.

Je voulais soudain écouter des hymnes et j'ai demandé aux personnes présentes. Quelqu'un est venu et a mis des hymnes. Et je les écoutais, et j'ai eu la paix dans mon cœur et je voulais tellement aller au ciel. J'ai lentement perdu toute mon énergie et j'ai commencé à perdre conscience. Mais j'ai pu ressentir que mon esprit devenait plus clair et rempli de l'Esprit.

À la croisée des chemins entre la vie et la mort

À ce moment, dans une claire vision, Dieu m'a fait connaître l'état spirituel exact de certaines des personnes qui étaient réunies là-bas. J'ai pressé ces gens de chasser l'arrogance et la contrevérité que Dieu hait, et j'ai donné mes dernières volontés aux membres de ma famille. Plus tard j'ai appris que l'église entière priait pour moi.

Mon pouls s'est arrêté et j'ai aussi arrêté de respirer. À ce moment, j'ai perdu conscience et je pouvais voir que mon esprit quittait mon corps. J'ai entendu l'Ancien Boaz et d'autres qui priaient, «Dieu, je Te prie de faire revivre notre pasteur!» avec des cris et des larmes. Ils m'ont dit que lorsqu'ils touchaient mon poignet, il n'y avait plus de pouls, et lorsqu'ils touchaient ma poitrine, elle était froide. À ce moment le Seigneur est venu à moi.

«Mon Serviteur, vas-tu venir vers Moi et vas-tu retourner et accomplir ta tâche?»

«Seigneur, je veux être à Tes côtés.»

En ce temps là, nous vivions dans une maison de location. Je n'avais même pas de maison à moi ni d'économies à la banque. Je ne me souciais cependant pas pour les membres de ma famille, mais je voulais seulement aller au ciel. Alors, le Seigneur m'a montré deux scènes. Lorsque je me suis retrouvé aux côtés du Seigneur, le diable a frappé notre église. Le sanctuaire s'écroulait et de nombreux croyants étaient devenus des brebis égarées et sont retournés dans le monde vers le chemin de la mort. Certains membres allaient vers les portes du ciel avec des jeûnes et des prières, mais la plus grande partie de l'assemblée a perdu son chemin et ils ont commencé à aller vers le monde et le chemin de l'enfer. A ce moment j'ai recouvert mes sens.

« Seigneur, laisse-moi retourner. Je veux venir devant toi avec les membres de l'église après que nous ayons construit le Grand Sanctuaire. »

J'ai prié avec le désir de vivre. A ce moment, une lumière est venue d'en haut, et une puissante force est descendue sur moi. Je me suis redressé en un instant et j'ai demandé un verre d'eau. Plus tard, je me suis rendu compte que l'eau que j'avais bue s'était transformée en sang dans mon corps. Je me suis relevé et je suis sorti du salon. Certains membres qui ne pouvaient pas entrer dans ma chambre, priaient et pleuraient là-bas. Ils étaient surpris et cependant très heureux. J'ai serré les mains de chacun d'eux et j'ai même parlé avec eux. Mon visage est devenu rouge. Il n'y avait aucun signe que j'aie saigné à mort. Ma conscience n'était cependant pas encore parfaite, je me souviens seulement de ce que j'ai entendu des autres gens et je ne me souviens pas de tout dans le détail.

Depuis lors, j'ai bu de l'eau quand je saignais. D'habitude, je bois des boissons gazeuses plutôt que de l'eau, mais je voulais boire beaucoup d'eau. Parce que j'ai tant saigné, je serais mort s'il n'y avait pas de provision de sang. Mais, comme le Seigneur a changé l'eau en vin, je croyais que l'eau pouvait être changée en sang par la puissance de Dieu chaque fois que je buvais de l'eau. Parce que je savais que même mon saignement était dans la providence de Dieu, je ne voulais pas me reposer du tout sur la médecine de ce monde. Parce que je croyais complètement et faisait confiance au Dieu tout puissant, j'ai tout remis entre Ses mains.

Je n'avais aucun désir d'aller à l'hôpital pour prolonger ma vie. Si Dieu voulait prendre mon esprit, il n'y avait aucune raison pour moi de vivre. Seulement si c'est la volonté de Dieu, j'aimerais choisir la mort. Je connais le Dieu tout puissant plus que quiconque et j'ai guéri tant de gens malades au travers de la puissance de Dieu et si je ne pouvais pas être guéri par la foi, comment pourrais-je enseigner à l'assemblée de recevoir la guérison par la foi? C'est pourquoi je préfère choisir de mourir par la foi plutôt que de me reposer sur des hôpitaux. J'ai fait face à ma mort avec bonheur, laissant mes dernières volontés aux membres de ma famille avec paix, mais parce que ce n'était pas la volonté de Dieu pour moi de mourir. Dieu m'a permis de revenir à la vie en un instant.

Passer l'épreuve d'Abraham

Depuis que le saignement s'est arrêté ce soir, j'ai dîné et je suis parti vers ma maison de prières. Mais cette nuit là, j'ai saigné à nouveau pendant environ une heure et demie et le lendemain matin j'ai saigné de nouveau. Je ne pouvais ni me lever ni me coucher. Si je me couchais, le sang dans mon cœur se tasserait c'est pourquoi je devais m'asseoir un peu de biais avec la tête penchée. Le dimanche, j'étais toujours dans ma maison de prières. J'ai regardé le culte d'adoration du dimanche avec la cassette vidéo du sermon «Le Dieu qui guérit» que j'avais prêché auparavant. Au moment de la 'prière pour les malades' j'ai mis mes mains sur ma tête et j'ai reçu la prière, et depuis lors, le sang s'est complètement arrêté. Au travers de cette expérience j'ai réalisé une fois de plus et j'ai été surpris que la prière pour les malades soit si puissante.

J'ai calculé la durée de temps pendant laquelle j'avais saigné. Pendant 8 jours à 30 occasions différentes, j'ai saigné pendant 24 heures. C'était suffisant pour saigner plusieurs fois tout le contenu sanguin d'un corps humain. Lorsque je saignais, je buvais de l'eau, et cette eau se changeait en sang, et cela a continué pendant 8 jours. Dieu m'a testé pendant 8 jours, mais je ne me suis jamais plaint ni n'avais de ressentiment comme Job. J'étais seulement reconnaissant. Malgré que je doive mourir, c'était pour aller aux côtés du Seigneur et je vivrais heureux dans le ciel, et il n'y avait donc aucune raison pour moi d'être triste.

Parce que je saignais plus quand je me couchais, je devais toujours rester avec la tête baissée. J'ai pensé de différentes manières. Dieu m'a donné beaucoup de force, mais je ne conduisais pas très correctement l'assemblée dans la foi. Je ne contrôlais pas correctement les ouvriers de l'église, et nous n'avions pas encore construit le sanctuaire. J'étais de plus en plus désolé devant Dieu tandis que je continuais à penser. J'ai passé 8 jours sans aucun sommeil avec un cœur de repentance devant Dieu.

Parce que je voulais volontairement donner ma vie lorsque Dieu me le demandait, Dieu m'a ressuscité en 8 jours. Dieu m'a fait savoir par la suite que tout comme Abraham avait passé l'épreuve d'offrir son fils bien-aimé Isaac, j'avais aussi passé l'épreuve de donner ma vie. Comme je passais ce type de test, la confiance de Dieu en moi devenait même plus forte, et Il m'a béni en montrant de plus puissantes œuvres. Cet incident était aussi une opportunité pour que les ouvriers de l'église et les membres se réveillent à nouveau et l'église était établie sur un rocher solide.

Malgré que j'ai prévenu d'une eschatologie limitée dans le temps

En 1984, après que notre église soit ouverte, j'ai prêché sur les signes de la fin des temps, au départ des choses que j'ai réalisées au travers de l'inspiration de Dieu. J'ai expliqué au sujet de la relation entre la Corée du Nord et le Corée du Sud, au sujet du chiffre '666' et de l'union de l'Europe en un seul état et ainsi de suite. Mais les relations entre la Corée du Sud et le Corée du Nord étaient dans une mauvaise situation et même les cartes de crédit n'étaient pas courantes, de sorte que les membres se sentaient peu familiers avec certaines choses que je disais.

Jésus s'est lamenté en disant, *«Lorsque le Fils de l'Homme reviendra, trouvera-t-Il encore la foi sur la terre?»* (Luc 18 :8). C'est pourquoi, j'ai fait de mon mieux pour implanter de la foi dans la vie des croyants pour en faire du vrai grain de blé qui ont une foi véritable en cette fin des temps. Mais j'ai simplement prêché sur les signes de la fin des temps. J'étais reconnu comme si j'avais mis une limite de temps à la fin de l'histoire. Mes articles étaient dans les journaux, les magazines, la télévision. J'étais à nouveau connu par le monde.

Certains articles publiés ont dit des choses que je n'avais pas dites et un pasteur, 'L' qui réclamait une eschatologie limitée dans le temps disait que j'avais proclamé la même chose que lui. La plus grande partie de la presse a écrit des articles favorables sur moi, mais une personne Mr. 'T' d'un magazine mensuel a écrit que j'avais proclamé connaître le jour du retour du Seigneur. Mais parce que tout serait révélé au temps approprié, je n'ai pris aucune action légale, ni donné des excuses.

Tous mes sermons sont enregistrés, et ils sont toujours vendus au public. Depuis l'ouverture de l'église, j'ai toujours dit à mon assemblée d'être éveillée dans leur vie chrétienne comme les cinq vierges sages illustrées dans le chapitre 25 de l'évangile de Matthieu. Voici des extraits des sermons impliqués depuis le début et la moitié de l'année 1992 et qui sont des exemples de mes enseignements concernant ce sujet.

«Aujourd'hui, certains d'entre vous lisent certains livres ou ont entendu d'autres personnes, et y en a-t-il parmi vous qui croient que le Seigneur revient le 10 ou le 28 octobre? Vous ne devriez jamais faire cela! M'avez-vous jamais entendu parler de l'année 1992? Vous ne l'avez pas. Je n'ai fait que proclamer la parole de Dieu, et je vous ai dit de chasser les péchés et de vivre dans la lumière et la justice pour ressembler au Seigneur et de vous préparer comme de belles épouses du Seigneur avec mes larmes et prières. Même si le Seigneur vient demain, je vous ai dit qu'il fallait planter un pommier aujourd'hui.» (Extrait du Culte du Dimanche 19 janvier 1992. «Soyez éveillés»)

«Dans Matthieu chapitre 24, les disciples ont demandé au Seigneur au sujet de son retour et les signes de la fin des temps. Jésus leur a donné les signes qui entourent le temps où Jésus reviendrait. C'est pourquoi nous connaissons les signes de la fin des temps.... En voyant les gens qui proclament octobre 1992, certains sont déçus et d'autres disent qu'ils sont fous. Que pensez-vous? Si vous aimez Dieu et connaissez Sa volonté, vous devez ne rien avoir à faire avec ce type de proclamation. Vous ne devez pas écouter ce genre de proclamation. Nous pouvons être sauvés par la foi, mais pas en sachant quand, quel jour ou quel mois le Seigneur revient. Jésus est notre Sauveur et Il nous rachète de nos péchés de sorte que nos péchés puissent être pardonnés par la foi, que nous devenions enfants de Dieu et entrions dans le royaume des cieux. Mais ils disent que nous ne pouvons être sauvés que si nous proclamons quel mois et quel jour, et que nous ne pouvons pas être sauvés si nous ne savons pas cela. Combien cela est-il ridicule! Ce n'est pas du tout juste selon la Bible.»
(Extrait du Culte du Dimanche 31 mai 1992, «Quel sera le signe?»)

Chapitre 7

Dieu a élargi les Limites du Ministère

La porte ouverte pour l'Evangélisation mondiale

À la Croisade du Saint Esprit de l'Evangélisation Mondiale

En Mai 1992, j'ai été invité au déjeuner annuel national de prières auquel assistent le président et les politiciens principaux et je m'y suis rendu avec notre orchestre Nissi. La même année le 14 et le 15 août, j'ai pris part au déroulement de la 'Croisade d'Explosion Mondiale du Saint Esprit' qui s'est tenue avec le titre 'Le Monde au Saint Esprit' et qui était une méga-réunion suivie par un total de plus d'un million de personnes. Notre église a participé avec une chorale de 200 membres, l'orchestre Nissi et 400 membres de l'église qui ont servi en tant que volontaires pour s'occuper du trafic, de la sécurité et de l'endroit de la croisade.

À la réunion, j'ai rencontré le pasteur Gwangsam Rah, qui était le président du club du Saint Esprit de Washington DC et le président permanent de la Croisade d'Evangélisation du Saint Esprit. Il était mon collègue de secondaire et exerçait son ministère à Washington DC. Je ne l'avais pas vu depuis la remise des diplômes et nous nous sommes retrouvés en tant que pasteurs.

Il m'a dit qu'il se demandait de quelle église venaient les volontaires, et il a été surpris qu'ils étaient de mon église. Au travers de cette réunion, mon ministère a commencé à entrer sur le continent Américain.

Croisade Unifiée d'Evangélisation de Washington DC

En 1993, Dieu a largement ouvert la porte de la mission mondiale. J'ai reçu une demande pour parler à la 'Croisade Unifiée d'Evangélisation de Washington DC' qui s'est tenue sous les auspices de l'Association des églises Coréennes, Washington DC, du 6 au 8 août 1993. Il y avait eu de nombreuses demandes pour conduire des réunions dans d'autres pays, mais je n'ai pas été capable d'y répondre. Mais étant donné que c'est la capitale des Etats Unis, j'ai ressenti que c'était la providence de Dieu et j'ai décidé d'y aller.

Les organisateurs de la Croisade Unifiée de Washington DC ont dit qu'ils préparaient la réunion pour implanter la foi véritable dans les coréens de là-bas et pour leur faire expérimenter les changements dans leurs vies au travers des œuvres du Saint Esprit. La réunion s'est tenue dans le Gymnase de Wheaton High School avec le soutien de l'union de 180 églises du Nord-Est y compris Washington DC, New York et Baltimore. Elle a été remplie du Saint Esprit pendant 3 jours.

Le premier jour, j'ai prêché le 'Message de la Croix', le second jour 'La Foi Charnelle et la Foi Spirituelle', et le troisième jour, 'La Bénédiction de la Vie Eternelle.' Les participants aspiraient humblement à la parole et ont reçu le message en répondant par des 'Amen.'

Pressant le Peuple à Demeurer dans la Lumière

Après que la Croisade de Washington soit passée avec succès, j'ai à nouveau été invité en tant qu'orateur et président honoraire de la 'Croisade d'Evangélisation de Los Angeles 1993' qui s'est tenue sous les auspices de l'association Coréenne de 'Korea town', célébrant le 20ème 'Jour de Korea town' le 19 septembre de la même année. Avant cette croisade, Dieu me l'a fait préparer avec beaucoup de prières. J'ai passé du temps spécial dans la prière pour cette réunion. Je suis parti à la maison de prières pendant 3 semaines et je m'y suis préparé en m'écriant dans la prière.

Les organisateurs de la 'Croisade d'Evangélisation de L.A' m'ont demandé de donner un message de consolation pour les coréens, mais je ne l'ai pas fait. Ce dont ils avaient besoin n'était pas de consolation. Ils avaient besoin de se repentir de ne pas vivre une bonne vie chrétienne, et ils devaient garder le jour du Seigneur saint et convenablement et vivre dans la lumière.

Le 29 Avril 1992, il y avait une mobilisation des Noirs Américains dans la région de LA et les coréens vivaient avec de profondes blessures et un sens de victimisation. Cela avait d'abord été causé par le racisme entre noirs et blancs, mais la mobilisation a commencé à mettre le feu et à voler sans discrimination dans la plupart des magasins tenus par des coréens. De nombreuses familles coréennes ont été lésées matériellement et mentalement.

La Bible nous enseigne que si nous vivons selon la parole, et si nous changeons nos cœurs en bons cœurs et une foi parfaite, nos âmes vont prospérer et toutes choses prospèreront et nous serons en bonne santé. C'est-à-dire que si nous pratiquons la parole de Dieu, nous pouvons être protégés de toutes espèces d'accidents et de désastres. J'avais l'habitude de lire des passages d'Actes 4 :11-12 avec le titre du message, «Pourquoi Jésus est-il notre seul Sauveur?» J'ai prêché le message de la croix et j'ai essayé d'implanter la foi en eux. Je les ai pressés de devenir de véritables chrétiens qui vivent par-dessus tout selon la parole de Dieu.

J'ai aussi été invité dans une église à Irvine et j'ai délivré un message. Après toutes les réunions, le 21 septembre, j'ai visité le Conseil de la Ville de L.A. Les membres du Conseil ont arrêté la réunion pendant un moment et ils m'ont demandé de prier, et j'ai donc prié des bénédictions sur eux. Ce jour là, j'ai reçu une citoyenneté honoraire du comté de LA et j'ai entendu que c'était la première fois pour eux de faire cela. J'ai participé à la 'Parade de la Flotte Florale' qui était le sommet du Jour de Festival Coréen de Los Angeles et chevauchait les eaux. La prière que j'ai offerte en faisant cela a été montrée et relatée par les chaines KTAN, KATV, KTE et dans le *Hankook Daily*, le *Joong-ang daily*, et c'était l'occasion pour moi d'être connu dans la région. Tout était la grâce de Dieu.

Les Sermons activement Retransmis

Depuis mars 1990, mes sermons ont commencé à être retransmis dans un programme intitulé 'Pays Eloigné, Bonne Nouvelle' de la Compagnie de Diffusion d'Extrême Orient. Elle était retransmise en Chine et dans certaines parties de la Russie. Depuis lors, Je recevais des lettres de remerciements de coréens chinois et certains d'entre eux visitaient notre église.

Depuis Août de cette année, mes sermons ont été retransmis dans la région de Washington DC par la radio coréenne. Depuis décembre 1992 ils étaient retransmis par 'Cet Evangile' du système de Retransmission Chrétienne de Busan, en novembre 1993 sur le Système de Retransmission Chrétien Iri, et commençant en février 1994, le Système de Retransmission Chrétien de Cheongju a commencé à retransmettre mes sermons chaque semaine. Chaque année, la durée totale de mes sermons qui étaient retransmis augmentait et plus de 900 minutes de sermons étaient retransmises chaque semaine. Je devais enregistrer chaque sermon et ce n'était pas facile. Du 20 au 22 mai 1994, j'ai délivré un message dans une réunion pour les coréens à Washington DC et Baltimore, tenue par le Système Radio Chrétien de Washington (WCRS). Après cela, l'ancien Yeong Ho Kim, le Pdg de WCRS m'a demandé de devenir le président du conseil du WCRS et j'ai accepté cette proposition.

De nombreux auditeurs du WCRS ont montré une grande réponse et fait en sorte que je sois bien connu dans cette région. Le Pdg, l'ancien Kim m'a envoyé les réponses de beaucoup de gens qui disaient que les messages étaient le véritable évangile. Il était très heureux d'avoir tant de bonnes réponses des auditeurs.

La Foi est l'Assurance des Choses qu'on Espère

Reconnue comme l'une des 50 plus grandes églises dans le Monde

En Février 1991, tandis que nous déménagions vers un nouveau sanctuaire à Guro Dong, nous avions une réunion spéciale de réveil de deux jours. Le dernier jour du réveil, lors de la veillée de vendredi, le nombre des membres enregistrés est passé au dessus des 10.000. Dieu nous a envoyé de nombreuses personnes différentes d'une large variété culturelle, sociale et économique. Après 6 mois, le sanctuaire était rempli. Après 3ans, l'église ne pouvait plus accommoder plus de gens.

Le 11 Février 1993, le principal quotidien et journal chrétien coréen a rapporté l'annonce des 50 plus grandes églises du monde par le 'Magazine Mondial Chrétien' des Etats Unis, et notre église était l'une des 50. C'était seulement après 10 ans depuis l'ouverture et Dieu avait déjà permis la croissance de notre église à celle d'une église mondiale. Ce n'était pas moi, mais Dieu qui l'a fait, et je ne pouvais que donner reconnaissance et gloire à Dieu le Père.

Tout ce pourquoi nous prions avec espérance

Proverbes 29 :18 dit, *«Quand il n'y a pas de révélation, le peuple est sans frein; Heureux s'il observe la loi!»* La révélation est ce que Dieu nous fait connaître au travers de Ses prophètes. Si nous n'avons pas de révélations, nous serons sans frein, c'est-à-dire que nous ignorerons la loi de Dieu et agirons selon notre propre volonté, c'est-à-dire aller sur le chemin de la destruction.

Pendant que je jeûnais pendant 40 jours, juste avant l'ouverture de l'église, Dieu m'a donné beaucoup de rêves et de visions. Dieu est à l'œuvre en nous pour vouloir et travailler pour Son bon plaisir. Il m'a donné des rêves et m'a guidé. J'ai tellement prié que lorsque j'ai ouvert l'église, Il a permis que l'église devienne une église avec une mission mondiale et une église qui est tellement aimée de Dieu.

Pour accomplir la mission mondiale, je devais tout d'abord élever des ouvriers. Je devais élever beaucoup de leaders qui sont justes aux yeux de Dieu non seulement pour qu'ils puissent être utilisés pour des missions domestiques, mais aussi pour les envoyer en tant que missionnaires outremer. J'ai prié pour pouvoir élever beaucoup d'excellents pasteurs. Lorsque je suivais l'école théologique, les étudiants en théologie en ce temps là nettoyaient souvent les toilettes dans l'église, rédigeaient les bulletins hebdomadaires et accomplissaient toutes les autres tâches difficiles des pasteurs et des membres de l'église. Mais généralement, ils ne recevaient pas de louanges. S'ils avaient commis une erreur, ils étaient réprimandés par le pasteur et dans le pire des cas, ils seraient chassés de l'église. J'étais très désolé de voir les étudiants du séminaire dans cette situation. Après que j'aie ouvert cette église, j'ai supporté les minervaux et les dépenses des étudiants en théologie dans notre église. Je voulais les soutenir de manière à ce que leur cœur ne puisse être accaparé par le monde, mais qu'ils grandissent seulement en tant que puissants serviteurs. Dieu a remué mon cœur pour élever beaucoup de pasteurs. Mais parce que la situation financière de l'église n'était pas réellement bonne, ce n'était pas chose facile pour nous. Parfois, les membres qui étaient en charge des finances de l'église se plaignaient. Je les persuadais et j'essayais de leur faire comprendre et de travailler dans la paix.

Pour accomplir la mission mondiale, j'avais aussi besoin de bonnes équipes de louanges et j'ai prié avec un rêve pour cela. Pendant que je jeûnais pendant 40 jours, j'ai vu certaines équipes de louanges diriger la louange dans chaque réunion. Chaque fois, je priais, «Dieu, lorsque j'ouvrirai une église, donne-moi d'excellentes équipes de louanges.» J'y ai regardé avec foi. Plus tard je n'ai plus prié seulement pour des équipes de louanges, mais aussi pour un orchestre qui donnerait gloire à Dieu. 1 Chroniques 23 :5 dit, *«quatre mille chargés de louer l'Éternel avec les instruments que j'ai faits pour le célébrer.»* On peut voir qu'il y avait quatre mille personnes qui jouaient des instruments dans le Temple de Dieu. Le Psaume 150 nous dit de louer avec les trompettes, les luths, et les harpes, aves les instruments à corde et les flutes, avec les cymbales retentissantes et les cymbales sonores!

Tandis que je priais pour un orchestre, j'ai attendu de nombreuses années pour la conduite de Dieu. Dieu a appelé des musiciens professionnels jouant de divers instruments. Dieu les a fait grandir en recevant la parole de vie et a remué leur cœur pour avoir un rêve. Généralement les musiciens ont leur propre caractère particulier et ce n'était parfois pas facile pour eux d'abandonner leurs ambitions et leurs connaissances pour accomplir un ministère qui donne gloire à Dieu. Il y avait cependant des musiciens professionnels qui ne voulaient rendre gloire qu'à Dieu avec reconnaissance pour la grâce de Dieu et ils ont formé un orchestre. C'est l'orchestre Nissi. Le 1er mars 1992, nous avions le culte de dédicace, et depuis ce temps là, ils ont été très actifs dans les associations de l'église. Ils ont joué à la croisade de Jubilé tenue au square Yoido, et dans d'autres concerts tenus dans des églises, et d'autres concerts de charité dans et en dehors de la Corée.

Dieu nous a aussi donné de merveilleuses chorales. Maintenant il y a plus de 20 équipes de louanges et elles donnent gloire à Dieu avec leurs louanges pas uniquement en Corée mais aussi dans de nombreux autres pays.

Louez-Le avec des instruments et la danse

Le rêve d'accomplir la mission mondiale n'a pas seulement donné naissance aux équipes de louanges, mais aussi à des équipes de danse. J'ai médité sur la Bible pour savoir quels types d'attitudes plaisaient à notre Père quand nous le louons. J'ai reçu la réponse au travers de ce qu'a dit David. David a dansé avec une telle joie lorsque l'Arche de l'Eternel est revenue vers lui (2 Samuel 6 :12-23). Mais sa femme Mical l'a méprisé dans son cœur et l'a critiqué. Alors David a dit, *«C'est devant l'Éternel, qui m'a choisi de préférence à ton père et à toute sa maison pour m'établir chef sur le peuple de l'Éternel, sur Israël, c'est devant l'Éternel que j'ai dansé.»* (2 Samuel 6 :21). Mical qui avait méprisé le roi David qui dansait devant Dieu, a été maudite et est devenue une femme stérile. Il est évident pour nous d'obéir à la parole de Dieu et de Lui être agréable plutôt que d'avoir peur de ce que diraient les autres personnes.

Ils font des danses de sorciers!

En Mars 1986, le 'Team de Danse Sainte a été fondé pour donner gloire à Dieu avec de belles danses inspirées réalisées sur des chants de louanges. C'est pour que les spectateurs aient une espérance pour le ciel. Le nom de 'Team de Danse Sainte' a été changé en 'Team Artistique Missionnaire.'

Aujourd'hui, danser est très commun dans la culture chrétienne avec l'aide du développement des média, mais c'était très rare en ce temps là. Notre église a établi le 'Comité de Louanges' et le 'Comité de Performances Artistiques Missionnaires.' Ils organisent divers événements et élèvent des chanteurs, des danseurs et des musiciens professionnels. Mais tandis que notre église grandissait très rapidement, certains étaient jaloux et ils ont répandu des fausses rumeurs et des mensonges. Parmi ces rumeurs, «Ils exécutent des danses de sorciers lors de chaque culte d'adoration!» Plusieurs fois par an, nous préparions des performances artistiques de danse pour des événements spéciaux ou des fêtes Bibliques et les teams se montraient devant l'assemblée. Mais une fausse rumeur s'est répandue que nous étions saisis par des esprits impurs et dansions à chaque culte.

Malgré ces fausses rumeurs, notre 'Team de Danse Sainte ' a été invité à la Croisade d'Union Soviétique Alléluia 1991 du pasteur Hyeon Gyoon Shin. C'était leur première performance internationale qui donnait gloire à Dieu avec leurs danses.

Depuis lors, ils ont gagné l'amour et la faveur de nombreuses personnes avec leurs performances en Corée et dans d'autres pays. Ils accomplissent toujours leur ministère de glorifier Dieu.

Reconnus pour leur talent

Actuellement, il y a beaucoup de teams de performances artistiques dans l'église. Ils ont développé leurs talents en Dieu et sont actifs dans leur ministère. Le 1er juin 1991, un des teams de notre église a participé au '10ème Concours National de Musique Religieuse' tenu par la Compagne de Retransmission d'Extrême Orient, et notre team a remporté le Grand Prix. Le 17 juin 1995, lors du 14ème concours, 'la chorale Son de Lumière' de notre église a remporté le Grand Prix. La 'chorale Son de Lumière' consistait en ce temps là de 3 membres et l'une des trois était ma troisième fille, la cadette, Soojin. Dieu l'avait déjà appelée en tant que Sa servante alors qu'elle n'était qu'une enfant et elle a terminé son cours théologique et elle sert maintenant l'église en tant que pasteur.

Le 17 avril 1993, il y avait un concert de musique chrétienne au Hwaetboll Hall (Torche), pour des enfants qui étaient chefs de famille et notre orchestre Nissi a été invité pour y jouer. La même année, l'Orchestre Nissi a été invité ensemble avec le 'Team Artistique de Mission' et d'autres teams de louanges. Ils ont joué lors du 'Culte Spécial d'Adoration pour l'Evangélisation des Procureurs', qui s'est tenu dans la salle de conférences du Bureau Suprême des Procureurs Publics. Le 6 novembre 1993, les 'Chantres de Cristal' de notre église ont participé au '4ème Concours National de Musique Religieuse' tenue par le Système de Retransmission Chrétien et ils ont remporté le Prix d'Or.

Coopérer dans des Ministères d'Associations d'Eglises

La transition et la croissance de 93-94

Parce que les membres de notre église ont assisté et servi en tant que volontaires lors de nombreux événements chrétiens, de nombreuses organisations ont voulu me donner de hautes positions. Mais parce qu'il y avait de nombreux pasteurs qui étaient mes anciens et aussi parce que je voulais aider dans l'ombre, je ne voulais pas accepter les positions qu'ils m'offraient. J'ai refusé à de nombreuses occasions, mais parce que je pensais aussi qu'ils auraient pu ressentir que j'avais été dur en refusant tant de requêtes, j'ai demandé de baisser d'un rang la position et j'ai accepté leurs demandes. Lors des événements, si mon nom était sur un siège, je devais m'y asseoir, mais si les sièges n'étaient pas désignés, je m'asseyais toujours sur les sièges au bout de la rangée. Je me sentais trop embarrassé de m'asseoir au centre alors qu'il y avait de nombreux pasteurs qui étaient mes aînés. Je me sentais le

À la Croisade de l'Explosion Mondiale du Saint-Esprit de 1992

À la Croisade unie d'évangélisation de Daegu

Croisade d'évangélisation des procureurs

Concert à l'édification des prisonniers et Culte
d'évangélisation

Prêchant à la réunion de prière de jeûne pour la nation et son peuple

Croisade unie Alléluia Séoul (à l'Eglise Centrale Manmin)

Croisade du Jubilé de 1995 pour la réunification de la Corée du Nord et du Sud (à Yoido)

plus confortable dans les sièges au bout de la rangée. De même, aujourd'hui encore, je dois me concentrer sur la parole de Dieu et les prières plutôt que d'avoir des activités extérieures. Ainsi, en de nombreuses occasions, mes pasteurs assistants ou mes anciens de l'église assistaient à ces événements en mon nom. Parce que je ne socialise pas beaucoup et que je n'assiste pas à beaucoup de réunions et que j'ai peu de communion avec des autres pasteurs, peut-être que certains de l'extérieur qui ne me connaissent pas bien pourraient penser que je suis un homme arrogant. Mais chaque fois qu'il y avait une demande de coopération dans un événement d'une certaine association d'églises, je faisais de mon mieux pour les aider à faire de l'événement un succès.

Le 21 Juin 1993, j'ai fait la prière spéciale pour la 'Campagne Cycliste de Tout le Pays et la Grande Croisade Imjingak pour la Réunification de la Nation.' L'orchestre Nissi, notre chorale et des volontaires ont aussi participé. Du 18 au 21 octobre, la même année la Croisade d'Evangélisation de la Région de Séoul en préparation pour la Grande Croisade du Jubilé pour la Réunification de la Nation s'était tenue dans notre église. Quatre pasteurs réputés de Corée étaient les orateurs et ils ont insisté sur le fait que nous réunissions le pays divisé par l'évangile. Le 24 novembre de cette année là, j'ai été invité en tant qu'orateur pour la réunion de prières pour la Réunification de la Nation tenue à la Montagne de Prières de Haneolsan. J'ai prêché le message et prié pour les participants, et de nombreuses œuvres de guérison eurent lieu.

J'avais aussi de l'intérêt pour une Mission d'Edification pour ceux qui sont en prison et ceux qui venaient d'être libérés. Le 28 février 1994, la 2ème «Croisade Chrétienne Coréenne du Comité National d'Edification du Ministère de la Justice» s'est tenue à l'Eglise Presbytérienne de Myung Sung, par l'Association Nationale du Comité chrétien d'Edification Chrétien,' avec pour thème «Parole, Amour et Edification.» j'étais l'un des co-présidents de l'Association, et j'ai fait la lecture du passage Biblique. Le team de louanges de notre église et l'orchestre Nissi et les teams de danse ont exercé pendant la croisade pour la gloire de Dieu. Le 24 mars de la même année, en commémoration du 40ème anniversaire du Système de Retransmission Chrétien (CBS), le «11ème Festival de Chorales Missionnaires» s'est déroulé dans le hall principal du centre Sejong. La chorale de notre église et l'orchestre Nissi ont joué pendant ce Festival. Le 20 juin 1994, la 'Grande Croisade d'Imjingak pour la Réunification de la Nation' s'est tenue, organisée par le Conseil Central d'Evangélisation Mondiale', dont le président en ce temps là était le Pasteur Hyeon Gyoon Shin, et j'y ai fait la prière de début.

Le pasteur président Hyeon Gyoon Shin a prêché sous le titre 'la Manière de Réunifier la Nation au travers de l'Evangile', poussant les églises à être unies en tant qu'une peu importe les dénominations. Des centaines de membres de notre église ont accompli le travail volontaire en tant que chorale, orchestre, huissier et organisateur du trafic. Du 20 au 22 juin, la 'Grande Croisade du Conseil Central d'Evangélisation de la région de Séoul pour la Réunification de la Nation' s'est tenue dans notre église, avec pour orateur, le pasteur Homun Lee.

Le 14 Juillet 1994, 'la Grande Croisade du Saint Esprit de Séoul' avec le Pasteur Jongjin Pee en tant que Président Représentatif s'est tenue au Gymnase Olympique. Reinhard Bonnke a prêché le message et j'ai prononcé la bénédiction. Le 5 septembre de la même année, j'ai participé à la 'Croisade des Dirigeants Chrétiens Féminins' tenue au Gymnase Olympique et organisée par le 'Comité de la Croisade de Jubilé de la Réunification de la Nation, et j'y ai pris part en faisant un rapport sur l'historique de l'organisation.

Une visite au palais présidentiel Cheong Wa Dae et la Croisade de Jubilé

Le 29 Juillet 1995, étant le président permanent de 'l'Assosiation du Mouvement de Réunification et d'Evangélisation de la Nation. J'ai fait une prière spéciale lors de la 'Réunion de Jeûne et Prières pour la Nation et les Peuples'. Le 12 août 1995 également, 10 pasteurs, qui étaient les dirigeants de la 'Croisade de Jubilé d'une Réunification Pacifique', commémorant le 50ème anniversaire du Jour d'Indépendance de la Corée, ont été invités au palais présidentiel Cheong Wa Dae. J'avais entendu que nous aurions une heure pour parler au président et lui faire des suggestions. Le jour précédent, je priais à Dieu en Lui demandant ce que je devais dire au président le lendemain. Mais il n'y avait pas de réponse. J'ai prié pour cette réunion, mais je n'ai reçu aucune parole du Saint Esprit. C'était étrange que la voix du Saint Esprit ne se fasse pas entendre.

Le 12 Août, à 11 heures, nous avions la réunion au Cheong Wa Dae, et j'ai compris pourquoi il n'y avait pas eu de réponse à ma prière pour cette réunion. Nous avions une réunion avec le président Youngsam Kim, mais nous n'avons reçu aucun temps pour lui parler et faire des suggestions. Le président n'a fait que parler et la réunion était terminée. Nous n'avions qu'à prier et à revenir.

Nous sommes allés au square Yoido pour assister à la Croisade du Jubilé de la Réunification Pacifique qui commençait à 14 heures. J'ai pu voir les membres de notre église faire le travail volontaire tel que l'organisation du trafic, le parking, les huissiers sur l'estrade et d'autres jouant à l'orchestre Nissi.

Quel est le Secret de la Croissance de l'Eglise?

Espérance et Vision du Pasteur Hyeon Gyoon Shin

Le 5 Décembre 1994, j'ai été invité au 'Centre de Training du Réveil' de l'Association du mouvement National d'Evangélisation et j'ai apporté un message, et le 8 décembre, s'est tenue à notre église, la 4.500^{ème} retransmission libre du programme CBS 'Renouvelle-nous', commémorant le 40ème anniversaire de CBS. J'ai délivré un message sous le titre 'La Vraie Voix' en pressant la chaîne de retransmission d'accomplir une tâche comme un prophète pour accomplir la justice et la paix au travers de la retransmission des messages. Le Pasteur Hyeon Gyoon Shin aimait notre église. Maintenant, il est décédé, mais on dit que le pasteur Hyeon Gyoon Shin a été le précurseur des hommes de réveil coréens et une grande étoile dans la chrétienté coréenne pendant plus de 40 ans. Il m'aimait beaucoup, ainsi que notre église. Il a montré l'espérance et la vision aux églises coréennes avec des messages insistant sur le Saint Esprit, et la réunification de la Corée, et avec un excellent sens de l'humour. Il était aimé de beaucoup et cela peu importe les dénominations. Depuis qu'il a su que j'étais une victime d'un abus d'autorité de la dénomination, il a visité notre église lors du culte d'anniversaire en octobre 1992, et il a prononcé la bénédiction. Depuis lors, il est venu pour divers événements et nous a encouragés avec de puissants messages.

Quel est le Secret de la Croissance de l'Eglise?

De nombreux pasteurs, non seulement en Corée, mais aussi d'autres pays sont très impressionnés et touchés par les contenances éclairées et gracieuses des membres de l'église, et ils me demandent en général, le secret de la croissance de l'église. On m'a souvent demandé, «Pasteur, je ne vois aucune organisation ou formation dans votre église, et quel est votre secret pour la croissance de l'église? Comment les membres peuvent-ils accomplir le travail volontaire aussi gracieusement?» Je n'ai en fait rien enseigné. Ils accomplissaient tout eux-mêmes par la grâce de Dieu.

Il peut y avoir diverses opinions à propos de la croissance de l'église. Certains pasteurs disent, «Dieu ne nous donne que ce nombre de membres,» ou «Cette taille est suffisante pour notre église.» La Bible dit que les premières églises qui plaisaient à Dieu, voyaient chaque jour augmenter le nombre de ceux qui étaient sauvés. Parce que la volonté de Dieu est que chacun reçoive le salut (1 Timothée 2 :4), les premières églises qui agissaient selon la volonté de Dieu voyaient le nombre de leurs fidèles augmenter chaque jour (Actes 2 :47). Lorsque j'entendais qu'une église grandissait, j'étais très heureux. Parce que chaque église est établie par le sang du Seigneur et je priais pour cette église et le pasteur.

Le 23 Février 1995, la Confrérie de Prières des Pasteurs Coréens a tenu la 149ème Conférence Pastorale Nationale dans notre église. Près de 1000 pasteurs y ont assisté. J'ai prêché sur le secret de la croissance de l'église. De même dans une conférence pastorale à Hawaï et une conférence de pasteurs en Argentine, j'ai prêché au sujet de certaines clés pour la croissance de l'église.

Tout d'abord, le Pasteur et l'Eglise doivent être aimés par Dieu

Proverbes 8 :17 dit, «*J'aime ceux qui m'aiment, Et ceux qui me cherchent me trouvent.*». Aimer Dieu est selon 1 Jean 5 :3, «Car l'amour de Dieu consiste à garder ses commandements.» Jésus a aussi dit, «*Celui qui m'aime est celui qui a mes commandements et qui les garde.*» Et, «*celui qui m'aime sera aimé de Mon Père et Je l'aimerai et je me Révèlerai à lui.*» (Jean 14 :21).

Deuxièmement, nous devons prier

Pour exercer un ministère qui a du succès, nous devons faire descendre la puissance de Dieu par la prière. Les patriarches de la foi qui ont accompli la volonté de Dieu étaient des combattants dans la prière. Les apôtres ont dit aux premières églises, «mais nous nous donnerons continuellement à la prière et au ministère de la parole.» Ils ont laissé tout le travail administratif de l'église aux diacres, et ils se concentraient uniquement à la parole de Dieu et aux prières. Lorsque nous prions, nous devons nous écrier dans la prière de toute nos forces et volonté (Jérémie 33 :3). En Genèse 3 :17, Dieu a dit à Adam qui avait péché, *«C'est à force de peine que tu en tireras ta nourriture tous les jours de ta vie,»* Tout comme les hommes ne peuvent récolter la moisson qu'après avoir travaillé et peiné en suant, même en esprit, nous ne pouvons recevoir la réponse que si nous prions de tout notre cœur et suons. Aujourd'hui, des milliers de membres de notre église viennent à l'église et prient chaque soir. La même chose se passe dans les paroisses et les sanctuaires locaux, les églises filiales et des maisons particulières dans le monde entier.

Troisièmement, nous devons posséder la foi spirituelle

La foi se réfère ici à la foi qui est donnée d'en haut avec laquelle nous pouvons réellement croire de tout notre cœur. C'est la foi pour créer des choses au départ de rien, et c'est la foi avec laquelle rien n'est impossible. Nous ne pouvons pas posséder une telle foi rien qu'en connaissant la Bible ou rien qu'en étant chrétien depuis longtemps. Elle ne peut être donnée que par Dieu d'en haut à ceux qui pratiquent la parole de Dieu. La Bible dit que la foi sans les œuvres est morte. Ce n'est que si nous prions avec ce type de foi spirituelle que nous pouvons recevoir des réponses à n'importe quelle prière comme il est dit dans Matthieu 21 :22, *«Tout ce que vous demanderez avec foi par la prière, vous le recevrez.»* Nous recevrons alors ici la réponse à la croissance de l'église.

Quatrièmement, nous devons entendre la voix et recevoir la direction du Saint Esprit

Le Saint Esprit demeure dans le cœur des enfants de Dieu qui sont sauvés, et le Saint Esprit nous conduit dans la volonté de Dieu. Si nous entendons la voix et suivons la direction du Saint Esprit, nous serons capables de voir le bon chemin pour la croissance de l'église. Pour pouvoir entendre la voix du Saint Esprit, il faut avant tout que le pasteur lui-même combatte ses péchés au point de verser le sang et chasse toutes natures du mal dans son cœur. C'est la manière dont il peut briser toutes les pensées charnelles et les cadres mentaux qui sont hostiles et opposés à Dieu. Même si la parole de Dieu n'est pas en accord avec ce que nous croyons ou pensons, nous devons être capables d'obéir à la parole de Dieu.

Cinquièmement, nous devons suivre l'exemple des premières églises

Dans le livre des Actes, les premières églises témoignaient du message de la croix. Elles pratiquaient la parole et manifestaient beaucoup de signes et de miracles. Parce que beaucoup de puissantes œuvres de Dieu se produisaient par les apôtres, beaucoup de gens ont accepté l'évangile en voyant ces miracles et l'église grandissait très rapidement.

Missions Locales et Outremer à Pleine Echelle

Commençant la mission en Afrique

En Janvier 1994, le Pasteur Charles Macom de l'Eglise Pentecôtiste de Tanzanie a visité notre église. Il a été touché par le message, et lorsqu'il est retourné dans son pays, il a parlé de moi. Du 4 au 6 juillet, j'ai parlé à la 'Conférence des Dirigeants de l'Eglise Africaine' organisée par l'Association des Eglises Pentecôtistes de Tanzanie à Dar Es Salaam, la capitale de la Tanzanie. J'avais le cœur brisé en voyant que tant de gens en Afrique souffraient de pauvreté et de diverses maladies y compris le Sida, parce que je savais que chacun peut être délivré de ce type de malédictions et vivre une vie saine à la fois spirituellement et physiquement s'il vit selon la parole de Dieu.

Pendant cette conférence, Dieu nous a montré de nombreux miracles. Lorsque notre team est arrivé en Tanzanie, les pasteurs locaux disaient, «Pasteur, c'est très étrange, cette fois nous n'avons pas de pluie, mais il a plu juste avant votre arrivée et maintenant le temps est très sec sans aucune poussière. Nous voyons que Dieu contrôle également les conditions atmosphériques.» Depuis le jour de l'arrivée de notre team à l'aéroport jusqu'au jour où nous avons quitté le pays, partout où j'allais, Dieu nous couvrait avec des nuages pendant les chaudes journées ensoleillées, et il nous donnait de la pluie le soir de sorte que nous ayons un temps très plaisant. De manière à ce que les dirigeants de l'église aient une vraie foi, j'ai prêché le 'Message de la Croix'. Ils ont compris la parole de Dieu et y ont trouvé de la vie, et ils répondaient avec leur mélodie unique, en frappant des mains et en dansant. Je pouvais voir leur attitude innocente d'enfant. Beaucoup d'entre eux ont confessé que leur foi avait été renouvelée et qu'ils avaient gagné de la confiance et de la foi en tant que pasteurs.

Après la conférence, nous avons visité une tribu Masai en Tanzanie. Le chef et beaucoup de membres de la tribu nous ont accueillis. Ils servent le sang d'une vache lorsqu'ils ont des invités de marque. Mais parce qu'ils savaient que boire le sang est interdit par Dieu et que nous le boirions pas, ils nous ont servi du coca.

Au village de la tribu Masaï

De manière à implanter la foi en eux, j'ai donné le propre témoignage de ma rencontre avec Dieu. Il a été traduit successivement en anglais, swahili et Masai. Le Révérend Dr. Myongho Cheong a traduit en anglais. Avant le ministère, il était un professeur de Littérature Anglaise à l'Université Hoseo. Plus tard, il a eu une volonté pour la Mission en Afrique et il a établi un centre de mission à Nairobi, Kenya. Aujourd'hui, le révérend Dr. Myongho Cheong prêche l'évangile à cinq dimensions dans 54 pays d'Afrique pour réveiller les âmes africaines.

Le Japon, une terre aride pour l'évangile

A peu près au même moment, la porte de l'évangélisation du Japon a commencé à s'ouvrir. Du 5 au 8 novembre, le 'Rallye de Mission de Réveil Goshien' s'est tenu au stade de baseball de Goshien, qui était le plus grand stade de baseball au Japon, et le 'Team de Performances Artistiques' de notre église a exercé si gracieusement pour toucher les coréens japonais qui y assistaient. Le 'Team de Performances Artistiques' a été invité par le pasteur Hyeon Gyoon Shin pour participer à la 'Croisade Chinoise et Réunion de Prières de Réunification à la Montagne Baekdu', en juillet de la même année.

En Juillet 1994, le pasteur Seung Gil Ryu a été envoyé au Japon en tant que missionnaire et c'était le début de notre mission au Japon. Du 22 au 23 novembre 1994, nous avions une croisade au Centre Culturel Ganae à Ida au Japon avec près de 1.000 participants sous le thème 'Fais tomber le feu du Saint Esprit'. Elle était organisée par l'église d'Ida (dirigée par Yoshikawa Noboru) et soutenue par diverses églises à Ida. J'ai apporté un message sous le titre 'L'Evidence Historique de la

Résurrection', et j'ai pressé les participants à avoir l'assurance de la résurrection de Jésus et à mener une vie chrétienne avec l'espérance de la résurrection. Le second jour, j'ai prêché sur la manière de rencontrer le Dieu vivant. Après le message, j'ai prié pour les malades et de nombreux signes se sont abondamment manifestés dans les œuvres enflammées du Saint Esprit. Je ne pouvais que rendre grâce à Dieu. Le Pasteur Yoshikawa Noboru qui présidait cette croisade a dit, «Beaucoup de croyants japonais ont été touchés par les messages profondément spirituels du Révérend Dr. Jaerock Lee et c'est inhabituel au Japon. Beaucoup de croyants japonais croient que les œuvres de guérison ne se sont produites que du temps de Jésus. En écoutant les messages du Dr. Jaerock Lee avec l'autorité divine, beaucoup ont été guéris et ont rencontré Dieu.

Je me souviens d'un patient qui a été guéri au cours de cette croisade. Son nom est Yoshizawa Motohisa. Il avait subi une intervention chirurgicale dans son dos pendant qu'il travaillait en tant qu'ingénieur de presse. Mais à cause des effets secondaires, il avait des difficultés à marcher et il a assisté à cette croisade avec de grandes douleurs. Le premier jour, il a gagné un peu de foi après avoir écouté le message. Le jour suivant, il est venu à mon hôtel pour recevoir la prière. J'ai prié pour lui avec ferveur et lorsqu'il est rentré après avoir reçu cette prière, sa douleur était partie et son dos tordu était fortifié.

Des couples avec l'infertilité ont reçu des réponses aux prières

En Février 1991, nous avons eu une réunion commémorative de réveil pour déménager vers un nouveau sanctuaire, avec le thème 'Comme prospère votre âme.' J'ai délivré 15 messages en 2 semaines et j'ai aussi conduit les réunions spéciales pour les malades.

Nous avons commencé en ayant une Réunion Spéciale de Réveil de Deux Semaines en 1993. La première Réunion Spéciale de Réveil de Deux Semaines s'est tenue en mai avec le titre, 'Péché, Justice et Jugement' (Jean 16 :8). En écoutant les messages deux fois par jour, un le matin et un le soir au sujet de ce qu'étaient le péché, la justice et le jugement, les participants ont réalisé quel mur de péché ils avaient devant Dieu. Ils se sont examinés eux-mêmes et se sont repentis avec des nez qui coulaient et des larmes qui coulaient sur leurs joues. Ils ont démoli les murs de péchés devant Dieu et ont expérimenté d'abondantes œuvres de guérison.

Ils ne savaient même pas ce qu'était la foi, mais tandis qu'ils écoutaient chaque message, ils ont expérimenté le Saint Esprit, ont compris la parole et prié et ils ont essayé de vivre selon la parole de Dieu. De nombreuses personnes de diverses églises du pays ont assisté peu importe les dénominations. Les croyants qui ont reçu la grâce et ont été guéris lors du réveil ont été remplis du Saint Esprit et ont servi leurs églises respectives avec plus de zèle. Des gens ont été guéris de cancer de l'utérus et de l'estomac par le feu du Saint Esprit. Il y avait de nombreux témoignages y compris de ceux qui ont recouvert leur capacité auditive et qui ont jeté leurs appareils auditifs, ceux qui ont recouvert une bonne vue et ont jeté leurs lunettes et ceux qui étaient stériles mais ont pu concevoir un bébé.

Il y avait spécialement de nombreux couples mariés qui n'avaient pas été capables de concevoir un bébé après plus de 5 années de mariage, et beaucoup d'entre eux ont reçu la bénédiction de la conception. Parce que de nombreux couples non fertiles m'ont demandé de prier pour eux, dans la session du soir du 5 mai 1993 de la réunion de réveil, lorsque je priais pour les malades, j'ai prié que «Ceux qui sont stériles reçoivent la bénédiction de la conception.» Après que la réunion de réveil soit terminée, j'ai appris que de nombreux couples avaient donné naissance à leurs enfants l'année suivante. Maintenant, il y a beaucoup d'enfants qui sont nés en ce temps là et qui sont gradués du jardin d'enfants de Manmin.

Je devais mener une vie de défis physiques, mais...

Nous avons eu la 2ème Réunion Spéciale de Réveil de Deux Semaines en mai 1994 sous le titre, «Je Ferai» (Jean 14:13). De puissantes œuvres du Saint Esprit se sont aussi déroulées dans ces réunions. Beaucoup de participants à ce réveil ont expérimenté la guérison divine. Je voudrais parler de Joanna Park qui était à l'hôpital en ce temps là après un gros accident de circulation.

Joanna Park a été impliquée dans une collision en chaîne de quatre véhicules en rentrant de son travail le 27 mai 1993. Elle est tombée dans le coma et a été amenée à l'hôpital. Sa joue était brisée et le joint de son menton était brisé. Ses intestins étaient endommagés. Elle était virtuellement couverte de blessures sur tout le corps. À cause de la dislocation du fémur, le bassin et les joints de la hanche étaient blessés et gonflés. Sa jambe droite était aussi engourdie et elle ne pouvait bouger les orteils et la cheville. À cause d'une paralysie nerveuse du péroné, l'une de ses jambes est devenue 5cm plus courte que l'autre. Les médecins ont dit qu'elle devrait vivre avec ce handicap pour le restant de sa vie.

Le 10 Mai 1994, Joanna Park a reçu difficilement la permission de l'hôpital d'assister à la Réunion Spéciale de Réveil de Deux Semaines. Elle est venue avec des béquilles, mais lorsque

Joanna Park devait vivre avec un handicap pour le reste de sa vie
Joanna Park a été complètement guérie et marche à une réunion de guérison avec le Rév Jaerock Lee
Joanna Park exerce maintenant son ministère avec un corps en bonne santé comme missionnaire

j'ai prié pour toute l'assemblée depuis l'autel, le travail de guérison eut lieu. Sa jambe tordue a été redressée. Elle n'avait pas été capable de bailler ni d'ouvrir sa bouche, mais elle n'a ressenti aucune douleur en baillant à plusieurs reprises. Lorsque j'ai prié personnellement pour elle, elle a ressenti le feu du Saint Esprit et elle a pu marcher par elle-même sans les béquilles. Les membres de l'église qui regardaient cette scène de miracle étaient si joyeux et rendaient grâce à Dieu avec de fracassants applaudissements. Après deux semaines, elle a été diagnostiquée à l'hôpital de l'Université de Hanyang. Sa jambe droite a été allongée de 5 cm et les deux jambes étaient maintenant de la même longueur.

Une fois, un bébé qui semblait n'avoir aucune chance de survivre a miraculeusement retrouvé la vie. La diaconesse Soonim Kim a donné prématurément naissance à un enfant qui ne pesait que 1kg 200. Le bébé a été placé dans un incubateur, mais les veines proches du cœur étaient rompues et elle avait une hémorragie cérébrale et une perte de vision. Les médecins ont dit que l'hémorragie cérébrale ne pouvait pas être traitée. Elle perdrait aussi complètement sa vue sans une opération, mais même si l'opération était un succès, elle n'aurait qu'un tiers de la vision d'une personne normale.

Le 7 Mai 1994, les médecins ont demandé aux parents de ramener le bébé à la maison étant donné qu'ils ne pouvaient rien faire de plus. Heureusement, la réunion de réveil avait lieu à ce moment. La Diaconesse Soonim Kim a amené le bébé à l'église. La condition du bébé était très critique. Après avoir souffert de beaucoup de médicaments et d'injections elle ne pesait même plus 1kg. Il semblait n'y avoir plus aucune espérance de survie. Le père avait déjà abandonné.

Le 8 Mai, lorsque j'ai prié avec ferveur pour le bébé, Dieu a commencé à travailler. Les pupilles qui étaient opaques ont commencé à retrouver une couleur noire et elle a retrouvé une vision normale. Elle a même retrouvé la force de boire le biberon. A partir de ce moment, elle a pris de plus en plus de nourriture et a grandi en bonne santé. Son nom est 'Hanna' et maintenant, elle est élève dans une école primaire et elle grandit merveilleusement dans le Seigneur.

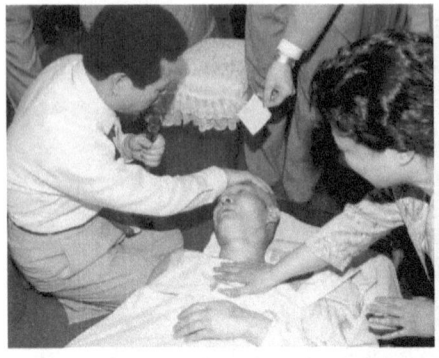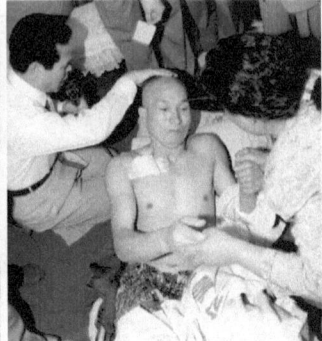

Un patient d'apoplexie cérébrale s'est levé après la prière

Une personne avec une apoplexie cérébrale

En 1995, la 3ème Réunion Spéciale de Réveil de Deux Semaines s'est tenue sous le titre «Le Juste Vivra par la Foi». Le dernier jour du réveil, tandis que se déroulait la prière pour les malades, il y avait une perturbation à l'entrée du sanctuaire et quelqu'un a été amené sur une civière. Il semblait qu'il ait été amené par une ambulance. Il était dans un état critique. Plus tard, j'ai appris qu'il s'agissait de l'ancien Moonki Kim qui avait été frappé par une apoplexie cérébrale. Un vaisseau sanguin avait éclaté dans son cerveau.

Sa femme était pasteur. Elle dirigeait une église récemment ouverte et elle venait de temps à autre dans notre église pour écouter la parole de Dieu. Lorsque cet homme a été amené à l'hôpital, les médecins ont dit qu'il avait peu de chances de survie. Ainsi, parce que le pasteur savait que le réveil se déroulait dans notre église, elle a conduit son mari à l'église dans une ambulance

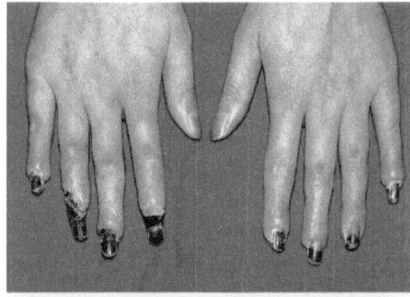

sang-yi Lee a été guérie de ses doigts en décomposition

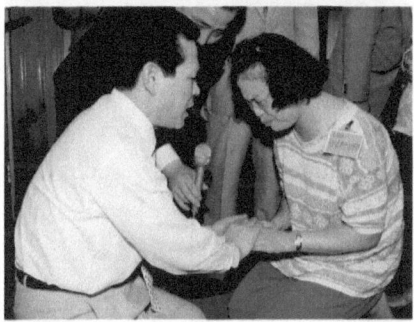

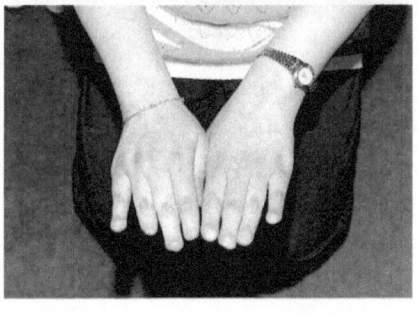

pour recevoir la guérison par la foi.

J'ai prié pour ce patient qui n'avait pas conscience, et dès que la prière fut terminée, il s'est redressé. C'était comme un film. Tous ceux qui observaient cette scène ont commencé à applaudir et à donner gloire à Dieu.

Recevoir la guérison juste avant l'amputation des mains

Dans cette réunion, il y avait la Diaconesse Sang-yi Lee qui avait huit doigts qui pourrissaient, mais elle a reçu sa guérison et a retrouvé des doigts normaux après la prière. Dans l'été de 1985, elle avait souffert d'engelures. Elle a reçu toutes sortes de traitements y compris l'acupuncture. Rien n'a fonctionné. Elle avait aussi de l'arthrite partout sur le corps. En 1990, lorsqu'elle était à Séoul, elle a été conduite à notre église et l'a fréquenté pendant un certain temps. Mais alors elle est retournée dans sa ville natale. Après être retournée là bas, elle s'est éloignée de Dieu et a été fainéante dans sa vie de foi.

En 1993, son corps a commencé à dépérir et son cou était raide. On a diagnostiqué une arthrite rhumatismale partout sur son corps, et les symptômes commençaient à se manifester tandis que cela se détériorait. Elle a été hospitalisée à l'hôpital Guro de l'Université de Corée, mais deux mois plus tard, ses huit doigts ont commencé à pourrir, mais pas les pouces. Ses mains sont devenues noires jusqu'aux poignets. Non seulement les ongles, mais aussi les os des doigts pourrissaient. Le médecin a dit que ses mains devaient être amputées jusqu'aux poignets pour empêcher que le pourrissement ne se propage aux bras, et la date a été fixée. À cause de la douleur, la diaconesse Sang-yi Lee a dû prendre une grande quantité de calmants. En mai 1994, juste un jour avant l'opération, elle a assisté à la Réunion Spéciale de Réveil de Deux Semaines. Elle a finalement reçu ma prière et elle a confessé qu'à ce moment, ses mains sont devenues chaudes et sa douleur insupportable avait disparu. Depuis lors, sa situation s'est beaucoup améliorée et le médecin a dit qu'elle n'avait plus besoin de l'opération et elle a pu rentrer à la maison.

Le pourrissement s'est arrêté et la partie pourrie qui était comme l'écorce d'un vieil arbre est tombée et une nouvelle chair a commencé à pousser. Même les ongles ont été restaurés. L'année suivante, en mai 1995, elle a assisté à nouveau à la Réunion Spéciale de Réveil de Deux Semaines. Lors de la réunion spéciale de prières pour les malades le deuxième jour du réveil, elle a de nouveau reçu ma prière. Après la prière, elle s'est sentie très légère partout sur son corps et la douleur causée par l'arthrite rhumatismale était partie. Elle était propre et intacte, non seulement ses doigts qui pourrissaient, mais tout son corps était libre de maladie et de douleurs.

Étant protégé dans l'écroulement du grand magasin Sampoong

Dans notre église, nous avons une organisation de mission appelée 'Mission lumière et Sel' qui est pour ceux qui travaillent dans des restaurants et les sociétés de distribution. Depuis sa fondation en octobre 1985, ce groupe a eu des cultes d'adoration et des réunions dans divers domaines. Ils travaillent pour l'évangélisation dans la distribution et l'industrie alimentaire. Parce que les membres de la 'Mission Lumière et Sel' travaillent le dimanche, ils assistent au culte après leur travail à 21h et 23h le dimanche.

Le 29 juin 1995 vers 18 heures, il y a eu un grand désastre. C'était l'écroulement du bâtiment qui renfermait le Grand Magasin Sampoong. Près de 10 membres de notre église travaillaient là bas et Dieu a pourvu pour eux à différents moyens pour échapper. Dans cette terrible situation, nous avons été capables d'expérimenter le miracle que tous ont été sauvés.

La sœur Jinsook Hong, qui travaillait au magasin Sampoong a été coincée au troisième sous-sol par les piliers de béton avec ses collègues et elle a été miraculeusement sauvée. Elle travaillait au snack bar des employés au troisième sous-sol de l'immeuble. Lorsque son heure de travail a été terminée, elle s'est rendue à l'infirmerie pour prendre un peu de repos. Le bâtiment s'est écroulé pendant qu'elle était là-bas, et elle a été coincée avec l'infirmière dans l'infirmerie. Comme le bâtiment s'effondrait,

Effondrement du grand magasin Sampoong

la tête de l'infirmière a été blessée et les os de son pied ont été brisés. Comme elles ne pouvaient absolument rien voir dans les ténèbres, elles ne pouvaient pas s'imaginer trouver une issue. Elles pouvaient de temps à autre entendre d'autres personnes qui demandaient de l'aide dans le lointain.

« Jinsook, je saigne de la tête. Lorsque tu m'as prêché l'évangile, je n'aimais pas, et je t'ai simplement évitée. Je suis désolée. Dieu ! Je suis désolée. Je croirai en toi maintenant ! » L'infirmière pleurait et s'écriait. La sœur Jimsook Hong a prié pour elle en lui tenant les mains et l'a réconfortée avec la parole de Dieu. La poudre de ciment dans l'air entrait dans sa gorge. La sœur Hong a prié, « Dieu, envoie-nous les sauveteurs, pas seulement pour moi, mais aussi pour tous ces gens, ne permets plus que ce bâtiment ne s'effondre et donne-nous aussi de l'air frais.»

Dieu a répondu à cette prière. Trois heures après qu'elles aient été coincées, vers 21 heures, elles ont pu voir la lumière d'une lampe et quelqu'un a dit, «Y a-t-il quelqu'un ici?» Elles ont crié, «Ici!» et deux sauveteurs sont venus après avoir entendu leurs voix. Cette infirmerie se trouvait près de la sortie d'urgence et heureusement, la sortie de secours et les escaliers ne s'étaient pas écroulés. Alors, lorsque les sauveteurs sont arrivés près de cet escalier, ils ont entendu les prières et le bruit des louanges. L'infirmière a été conduite en ambulance à l'hôpital, mais la sœur Jinsook Hong n'a pas du tout été blessée. Cela a été rapporté par plusieurs journaux le lendemain, en disant que les sauveteurs ont entendu le son de chants et ils ont trouvé des gens.

Qui chanterait dans une situation tellement urgente et dangereuse pour la vie? Le son était le son de la prière et des louanges à Dieu, et Dieu a remué le cœur des sauveteurs pour aller vers l'endroit où Son peuple était coincé. Jinsook Hong a toujours assisté au culte de dimanche le soir et elle donnait toutes ses dîmes. Lorsque nous gardons le jour du Seigneur correctement et donnons toutes nos dîmes, Dieu nous protège des accidents et des maladies.

Los Angeles 1995

L'église juste avant la rupture

Avant que la campagne de Mission soit tenue, du 27 au 29 avril, il y a eu une série de croisades unifiées de plus de 40 églises dans différentes régions, et j'ai eu une croisade dans l'église presbytérienne du pasteur 'O' qui était le président du comité d'organisation. Avant que je n'aille à Los Angeles, les membres de l'église m'ont donné un peu d'argent que je devais utiliser pendant le voyage missionnaire. Avant que je ne parte, j'ai dit à certains des ouvriers de notre église, «Dieu m'a donné cette fois, un merveilleux montant d'offrande missionnaire et je suis sûr qu'elle est sûrement nécessaire pour un but.» L'église presbytérienne précédente où j'avais tenu une croisade de 3 jours était une petite église. Le Pasteur qui était âgé de plus de 60 ans travaillait dur lui-même sans personne pour l'aider. C'était une petite réunion avec à peu près 100 personnes qui se sont réunies 3 jours, mais j'ai

Donnant la bénédiction au conseil municipal de Los Angeles

Recevant la citoyenneté d'honneur de Los Angeles

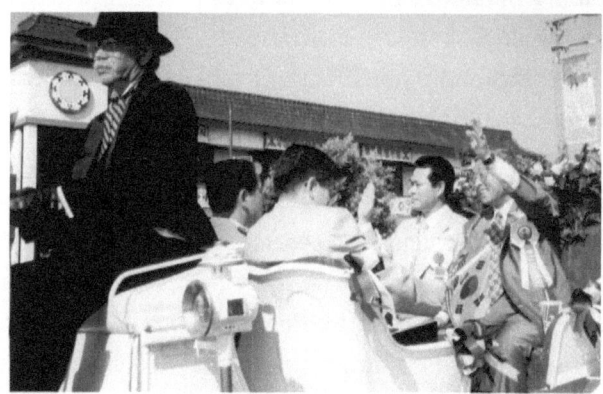

Lors de la Parade de la «Journée de la Corée» de Los Angeles

fait de mon mieux dans la prédication. Beaucoup de pasteurs qui dirigeaient de plus grandes églises ont dit qu'ils me voulaient en tant qu'orateur, et ils étaient désolés de m'avoir raté. J'ai cru qu'il y avait une raison divine pour que je conduise une croisade de 3 jours dans cette église.

Le 29 avril, lors de la dernière réunion, le pasteur de l'église priait pour l'église et il pleurait pendant sa prière en disant, «Dieu, résous ce problème financier de notre église, cette église est sur le point d'être livrée au monde.» J'avais déjà souffert de nombreuses situations inconfortables même en tant qu'orateur en ce temps là, mais en entendant cette prière, mon cœur était même encore plus anxieux. Dieu a remué mon cœur à ce moment là.

«Aide cette église. N'y a-t-il pas eu une belle somme d'offrande missionnaire pour une occasion comme celle-ci? Aide cette église.»

Comme j'entendais cette voix, j'ai dit dans le message, «Je ne sais pas combien de dettes a cette église, mais l'église de Dieu ne doit pas souffrir à cause des gens de ce monde. Je vais donner une petite aide, alors nous, tous les membres participons ensemble,» et j'ai promis 20.000 dollars d'offrandes.

J'ai pu comprendre que Dieu m'avait envoyé dans cette église parce que j'étais capable de venir et de combler des situations d'inconfort. Je ne voulais pas être servi en tant qu'orateur, mais mon cœur était rempli par le désir d'aider le pasteur et de lui donner du réconfort dans son cœur. J'ai fait de mon mieux pour que le pasteur ne ressente aucun inconfort et son temps n'aurait pas été perdu à cause de moi. Pendant la croisade, le team de louanges de mon église a dirigé les louanges. Ils ont aussi essayé de donner autant de grâce et la plénitude de l'Esprit aux membres.

Le jour suivant, le dimanche 30 avril, le pasteur est venu vers moi avec un visage souriant en disant, «Pasteur, jusqu'à hier, des membres d'autres églises qui vous connaissaient sont venus à cette réunion, mais aujourd'hui, je suis sûr que tous nos membres sont partis. Tu ne dois même pas aller à l'église pour voir cela.» J'étais surpris d'entendre ce qu'il avait dit et je lui ai demandé ce qui s'était passé. Il m'a dit que le pasteur assistant de cette église avait échoué à l'examen d'ordination pastorale, et il avait des plaintes contre ce pasteur. Il avait démissionné de l'église et il y avait aussi des anciens de l'église qui se sont opposés au pasteur et ils étaient aussi divisés. L'église était dans le chaos. De plus, l'église avait des problèmes financiers à cause de dettes, et les membres de l'église ont perdu la force de se réveiller.

Mais lorsque je suis venu à l'église, nous avons constaté que les membres n'avaient pas quitté l'église mais qu'au contraire l'église était pleine. Même les chaises des choristes étaient occupées et leurs visages rayonnaient. Dieu connaissait la situation de cette église, et pour la sauver, il m'a envoyé là-bas pour prêcher la parole de Dieu et aider financièrement le pasteur.

Campagne Missionnaire de Los Angeles 1995

Le 30 avril 1995, la 'Campagne Missionnaire Mondiale LA 1995' s'est tenue au Centre de Conventions organisée par le Comité Mondial d'Evangélisation et le Comité du Mouvement de Spiritualité Chrétienne Corée-Amérique, et j'ai été invité en tant qu'orateur principal. La 'Campagne Missionnaire Mondiale' s'est déroulée avec succès par la grâce de Dieu. Quelques jours plus tard, j'ai lu le Quotidien Chrétien Américain. Il était écrit,

Invité en tant que président honoraire de la 22e Journée coréenne de Los Angeles et participant au Centre de Culture

«Le 30 avril, près de 50 hommes de réveil et plus de 8.000 croyants se sont rassemblés et ont tenu une réunion de réveil pour l'union de nombreuses races. Le Révérend Dr. Jaerock Lee, l'orateur principal a prêché sous le titre, 'Soyons unis', et il a pressé les participants en disant, 'Nous sommes tous les mêmes frères dans la foi, peu importe la région, la race et la culture et avec cette foi unifiée, posons la fondation de l'évangélisation mondiale.' La voix de la foule criant le thème de cette campagne, 'Prêche l'évangile aux extrémités de la terre ; fais de cette ville la ville des anges ; la victoire nous appartient!' a résonné dans toute la salle de convention.»

J'ai aussi assisté au déjeuner de prières où à peu près 300 dirigeants de la région métropolitaine de la ville de Los Angeles ont participé. Ils ont apprécié les performances des équipes de louanges de notre église et nos teams de danse, et certains d'entre eux versaient des larmes en ayant été touchés par leur performance.

Jour de Festival de Corée

En Septembre 1995, j'ai assisté au 22ème 'Jour de Festival Coréen' du Koreatown de Los Angeles, en tant que président honoraire. J'ai présenté la prière d'introduction pour la fondation d'un monument et j'ai offert cette prière à l'événement de 'La Nuit Coréenne'. J'ai aussi participé au point culminant de tout cet événement, la Parade du Festival avec des chariots décorés de fleurs. Il y avait quatre chevaux pour un char spécifique et c'était pour un hôte très spécial. Je n'étais pas à l'aise de paraître devant tant de gens, mais avec une gêne dans le cœur, j'ai été assigné et j'ai circulé sur ce char. D'autres véhicules et chars suivaient dans le cortège de la parade.

Il y avait quelques désordres et interruptions destinés à m'empêcher d'assister à cet événement en tant que président honoraire. L'association des Coréens de Los Angeles a eu une réunion à ce sujet et a émis un document de protestation contre les perturbations en disant que si quelqu'un était trouvé en train de répandre de fausses rumeurs à mon sujet, le président honoraire, ils entameraient une procédure légale contre ces gens. Les œuvres de Satan ont été détruites par les gens que Dieu avait préparés d'une manière inattendue.

- Fin du Livre 1 -
Sera continué (Livre 2)

L'Auteur
Dr. Jaerock Lee

Dr. Jaerock Lee est né à Muan, dans la province de Jeonnam, en République de Corée, en 1943. Dans la vingtaine, le Dr. Lee a souffert d'une variété de maladies incurables pendant sept ans et il attendait la mort sans espoir de guérison. Un jour du printemps de 1974, il fut cependant conduit à l'église par sa soeur et quand il s'est agenouillé pour prier, le Dieu vivant l'a instantanément guéri de toutes ses maladies.

Dès l'instant où le Dr. Lee a rencontré le Dieu vivant au travers de cette merveilleuse expérience, il a aimé Dieu de tout son cœur et en toute sincérité, et en 1978 il fut appelé en tant que serviteur de Dieu. Il pria avec ferveur pour qu'il puisse clairement comprendre la volonté de Dieu, l'accomplir entièrement, et il a obéi à toute la Parole de Dieu. En 1982, il a fondé l'Eglise Centrale Manmin à Séoul, en Corée, et d'innombrables œuvres de Dieu, y compris des guérisons miraculeuses et des prodiges ont eu lieu dans son église.

En 1986, le Dr.Lee fut ordonné en tant que pasteur à l'Assemblée annuelle de l'église Sungkyul de Jésus de Corée, et quatre ans plus tard, en 1990, ses sermons commencent à être retransmis par la Société de Radiodiffusion d'extrême orient, la Station de Retransmission et le Système de Radio Chrétienne de Washington vers l'Australie, la Russie, les Philippines, et beaucoup d'autres.

Trois ans plus tard en 1993, l'église Centrale Manmin fut sélectionnée comme l'une des «50 premières églises au Monde» par le magazine *Monde chrétien* (USA) et il reçut un doctorat honoraire en Divinité du Collège Chrétien de la foi, en Floride, aux Etats-Unis, et en 1996, un Ph. D. dans le ministère par le Séminaire Théologique Kingsway, à Iowa, aux Etats-Unis.

Depuis 1993, le Dr Lee a pris la tête dans la mission mondiale au travers de nombreuses croisades outre-mer en Tanzanie, en Argentine, à Los

Angeles, à Baltimore City, à Hawaii, et à New York City des Etats-Unis, en Ouganda, au Japon, au Pakistan, aux Philippines, au Honduras, en Inde, en Russie, en Allemagne, au Pérou, en République démocratique du Congo, et en Israël. En 2002, il fut appelé «pasteur mondial» par les principaux journaux chrétiens en Corée, pour son oeuvre dans diverses grandes croisades de l'unité.

Depuis Septembre 2011, l'église Centrale Manmin a une assemblée de plus de 120.000 membres. Il y a 9000 églises branches en Corée et outremer partout dans le monde, et à ce jour elle a envoyé plus de 138 missionnaires vers 23 pays, y compris les États-Unis, la Russie, l'Allemagne, le Canada, le Japon, la Chine, la France , l'Inde, le Kenya et de nombreux autres.

À ce jour, le Dr. Lee a écrit 63 livres, parmi lesquels les best-sellers *Goûter à la vie éternelle vie avant la mort, Ma Vie Ma Foi, I & II, le Message de la Croix, la Mesure de foi, le Ciel I & II, Enfer* et *La Puissance de Dieu*. Ses œuvres ont été traduites en plus de 67 langues.

Ses chroniques chrétiennes paraissent sur les journeaux : *Hankook Ilbo, JoongAng Daily, Dong-A Ilbo, Munhwa Ilbo, Seoul Shinmun, Kyunghyang Shinmun, Hankyoreh Shinmun, Korea Economic Daily, Korea Herald, Shisa News et Christian Press*.

Le Dr Lee est en ce moment leader de nombreuses organisations missionnaires et associations: y parmi lesquelles l'Eglise de Sanctification unifiée de Jésus-Christ (président); la Mission Mondiale Manmin (président); l'Association pour la Mission du Réveil Mondial du Christianisme (président permanent); Manmin TV(fondateur) ; Réseau Global Chrétien (GCN) (fondateur et président du Conseil) ; Réseau de Médecins Chrétiens du Monde (WCDN) (fondateur et président du conseil); Séminaire International Manmin (MIS) (fondateur et président du conseil).

Ciel I & II

Une esquisse détaillée de l'environnement merveilleux dont jouissent les citoyens célestes au milieu de la gloire de Dieu

Le Message de la Croix

Un puissant message réveil pour tous ceux qui sont spirituellement endormis! Dans ce livre, vous trouverez la raison pour laquelle Jésus est notre seul Sauveur et le véritable amour de Dieu

Enfer

Un message sérieux de Dieu à toute l'humanité, qui souhaite que même pas une seule âme ne tombe dans les profondeurs de l'Enfer! Vous découvrirez le compte rendu jamais révélé de la réalité cruelle de l'Hadès et de l'Enfer

Goûter à la Vie Éternelle avant la Mort

Les mémoires témoignage du Dr. Jaerock Lee, qui est né de nouveau et sauvé de la vallée de l'ombre de la mort et mène une vie chrétienne exemplaire

La Mesure de Foi

Quel type de lieu de séjour céleste et quelles espèces de couronnes et de récompenses sont préparés pour vous dans le ciel? Ce livre donne sagesse et direction pour mesurer votre foi et cultiver la foi la plus parfaite et mature

Réveille-toi Israël

Pourquoi Dieu a-t-il gardé ses yeux sur Israël depuis le début du monde jusqu'à ce jour? Quel genre de sa providence est préparé pour Israël dans les derniers jours, qui attend le Messie?

Ma Vie, Ma Foi II

Un récit émouvant de la vraie foi pour surmonter toutes sortes d'épreuves et des œuvres enflammées du Saint Esprit manifestées dans une église de la vraie foi

La Puissance de Dieu

Un livre à lire absolument qui sert de guide essentiel par lequel on peut posséder la vraie foi et expérimenter la merveilleuse puissance de Dieu

www.ingramcontent.com/pod-product-compliance
Lightning Source LLC
Chambersburg PA
CBHW030357130626
46549CB00004B/1526